FUTH · EDV-Organisation

Band 1

EDV-Organisation

Band 1
Entwicklung eines EDV-Systems

von Dipl. Kfm. **Horst Futh**

Mit 47 Abbildungen

R. Oldenbourg Verlag München - Wien 1970

Druck: Graph. Anstalt E. Wartelsteiner, Garching-Hochbrück

Printed in Germany

Inhalt

Vorwort zur Gesamtausgabe

Die Anzahl der in der Bundesrepublik installierten Datenverarbeitungsanlagen steigt von Jahr zu Jahr. In der Vergangenheit war damit ein rascher technischer Fortschritt verbunden, der sich inzwischen etwas abgeflacht hat. Man spricht jedoch heute schon von den Datenverarbeitungsanlagen der 4. Computergeneration, obwohl die Ablösung der Anlagen der 2. Computergeneration noch lange nicht vollzogen ist. In diesem Zusammenhang werden phantastische Leistungen genannt, die von den neuen Anlagen zu erwarten sein werden.

Es liegt auf der Hand, daß die Computer immer komplexer werden und immer diffiziler zu handhaben sind, wenn man sie ihren theoretischen Leistungen entsprechend einsetzen will. Auf der anderen Seite steigen die Anforderungen, die an Organisationssysteme zu stellen sind, die mit Hilfe dieser komplexen Datenverarbeitungsanlagen realisiert werden sollen. Es kann wohl kein Zweifel darüber bestehen, daß zur Zeit die meisten Computer für die Abwicklung von Teilaufgaben (Inselprobleme), insbesondere aus dem Abrechnungsbereich, eingesetzt werden. Dadurch sind enorme qualitative Überkapazitäten entstanden, die sich auf die Wirtschaftlichkeit der Datenverarbeitung und des gesamten Unternehmens negativ auswirken.

Mit zunehmender Komplexität und Leistungsfähigkeit der verfügbaren Anlagen erhöht sich die Gefahr unwirtschaftlicher Datenverarbeitung. Diese Gefahr kann nur beseitigt werden, wenn es gelingt, die Anzahl und die Qualifikation von Organisatoren auf dem Gebiet der Datenverarbeitung (Systemanalytiker, Systemspezialisten) wesentlich zu erhöhen. Als unabdingbare Voraussetzung muß weiterhin angesehen werden, daß sich die Führungskräfte in den Unternehmen und die Sachbearbeiter in den Fachabteilungen Grundkenntnisse der Datenverarbeitung aneignen. Es wird immer wieder verkannt, daß Führungskräfte und Sachbearbeiter diese Grundkenntnisse brauchen, um zusammen mit den Spezialisten der Datenverarbeitung die alten Organisationssysteme analysieren zu können, neue Organisationssysteme zu entwickeln und diese vor allen Dingen auch handhaben zu können.

Mit der Darlegung dieser Probleme ist die Zielsetzung der vorliegenden Arbeit umrissen. Durch sachliche Informationen soll ein Beitrag für die Aus- und Weiterbildung von Führungskräften, Organisatoren und Sachbearbeitern geleistet werden. Während sich Band 1 mit der Entwicklung eines Datenverarbeitungssystems einschließlich der Problemanalyse, der Anlagenauswahl und des Aufbaus der Datenverarbeitungs-Abteilung beschäftigt, befaßt sich Band 2 mit der Einführung des entwickelten Datenverarbeitungssystems selbst.

Der für Laien manchmal schwierige Stoff wird so verständlich wie nur möglich dargeboten. Die Theorie wird durch praktische Erfahrungen des Verfassers und durch Anwendungsbeispiele ergänzt. Grafische Darstellungen, Begriffserklärungen und ausführliche Literaturverzeichnisse erleichtern die Stoffaufnahme und ermöglichen ein tiefergehendes Studium in Spezialfragen.

Karlsruhe, im Januar 1969

L.J. Heinrich
Privatdozent an der Universität Karlsruhe

Vorwort zu Band 1

Die elektronische Datenverarbeitung hat ihren ersten Entwicklungsabschnitt hinter sich gebracht. Doch alle grandiosen Leistungen, die diese Technik uns bietet, können nicht darüber hinweg täuschen, daß zwischen Leistungsangebot und Leistungsnutzung eine große Diskrepanz herrscht. Nicht wenige Unternehmen haben ihr bestehendes Organisationssystem nahezu unverändert auf diese Maschinen übertragen, andere lösen mit der DV-Technik nur Inselprobleme. Hinzu kommen, zum Teil unvorstellbare, Schwierigkeiten bei der Umstellung und ein Kosteneinsatz, der in keinem Verhältnis zum Ergebnis steht. Als Leiter einer Unternehmensberatung hat der Verfasser täglich Gelegenheit, diese Probleme an der "EDV-Front" kennenzulernen.

Analysiert man die Schwierigkeiten, die in vielen Unternehmen bei Einsatz der EDV-Technik auftreten, so stößt man immer wieder darauf, daß eine schlechte und mangelnde Information der Unternehmensführung und der Mitarbeiter in den Fachabteilungen hierfür die Hauptursache sind. Fast immer fehlt es an guten EDV-Fachkräften, oder es werden von der Unternehmensführung nicht die notwendigen Voraussetzungen bei der Einführung der EDV geschaffen.

Den einzigen Ausweg aus dieser Situation bilden eine richtige und gründliche Schulung, Ausbildung und Aufklärung. Dieses Ziel möchte der Verfasser mit der vorliegenden Arbeit

EDV-Organisation

Band 1: Entwicklung eines EDV-Systems und

Band 2: Einführung eines EDV-Systems

unterstützen. Hierbei kommen ihm ein Jahrzehnt Erfahrungen auf allen Gebieten der EDV-Schulung und -Praxis zugute.

Da es bisher keine einheitliche Begriffsfassung gibt und in Literatur und Praxis sowohl von

DV (=Datenverarbeitung, allgemein) als auch
EDV (=Elektronische Datenverarbeitung) und
ADV (=Automatische Datenverarbeitung)

die Rede ist, haben wir uns diesem Gebrauch angeschlossen. Wir verwenden die Begriffe DV und EDV abwechselnd und in Übereinstimmung.

Mein Dank gilt Herrn Dr. Heinrich, Privatdozent an der Universität Karlsruhe, der diese Arbeit eingeleitet hat, und meinen Mitarbeitern für ihre Unterstützung bei der Abfassung des Manuskripts.

Wuppertal, im Januar 1969 *Horst Futh*

1. *Planung der Entwicklung und Einführung eines EDV-Systems*

1.1 Planung mit Hilfe der Netzwerktechnik

Bevor die Organisatoren an die Entwicklung und Einführung eines EDV-Systems gehen, müssen die einzelnen Schritte geplant und in ihrer Reihenfolge festgelegt werden. In der Praxis bedient man sich hierzu vielfach der Netzwerktechnik. Die Anwendung dieser Technik bedeutet, daß alle Tätigkeiten graphisch und in Form eines Netzwerkes dargestellt werden. Das Netzwerk hat gegenüber anderen Methoden den Vorteil, daß das Neben- und Nacheinander der einzelnen Tätigkeiten sowie ihre gegenseitige Abhängigkeit in anschaulicher Weise aufgezeigt werden.

1.2 Einführung in die Netzwerktechnik

Bei der Netzwerktechnik handelt es sich um ein Verfahren zur Abstimmung von Einzelvorgängen. Alle Einzelschritte zur Erfüllung eines Projektes werden als Netzwerk dargestellt mit dem Ziel,

- einen Überblick über die neben- und nacheinander ablaufenden Tätigkeiten zu schaffen und
- kritische Stellen in der Planung zu ermitteln und aufzuzeigen.

Die Netzwerktechnik wurde 1958 durch die amerikanische Marine für Lenkwaffenprogramme entwickelt und wird meist als PERT (engl. **P**rogram **E**valuation and **R**eview **T**echnique, zu deutsch Technik der Programmbewertung und kritischen Programmprüfung) bezeichnet. Ein anderes, von UNIVAC entwickeltes, Netzwerksystem ist CPM (engl. **C**ritical **P**ath **M**ethod, zu deutsch Methode des kritischen Weges).

Zur Darstellung der Zusammenhänge bedienen sich sowohl PERT als auch CPM grafischer Netzwerk-Diagramme. Die Aufgabe eines solchen Netzwerkes ist es, die logische Reihenfolge der Einzelvorgänge eines Projektes darzustellen. Elemente des Netzwerkes sind Aktivitäten und Ereignisse. Während jede Aktivität einen Vorgang (eine Tätigkeit) bedeutet, stellen Ereignisse Zeitpunkte dar, in denen bestimmte Einzelvorgänge beendet sein und andere beginnen müssen.

Zwischen dem Beginn und dem Ende eines Ereignisses liegt jeweils eine Aktivität. Immer muß ein Vorgang abgeschlossen sein, bevor die nächste Aktivität beginnen kann.

In der Darstellung wird eine Aktivität durch einen Pfeil und ein Ereignis durch einen Kreis bezeichnet. Die Ereignisse werden außerdem fortlaufend numeriert. Die Anordnung der Pfeile und Kreise weist auf die Reihenfolge hin, in der die Aktivitäten ablaufen bzw. in der die Ereignisse eintreten. Der Vollständigkeit halber sei vermerkt, daß es Programme gibt, die den Aufbau und Änderungsdienst eines Netzwerkes mit Hilfe von DV-Anlagen gestatten.

1.3 Beispiel eines Netzwerkes

Bild 1 (Falttafel im Anhang) zeigt das Beispiel eines Netzwerkes zur Entwicklung und Einführung eines EDV-Systems. Es geht in seinem Umfang über die in Band 1 behandelten Tätigkeiten hinaus und erstreckt sich auf alle Arbeiten bei der Umstellung auf die elektronische Datenverarbeitung.

2. *Problemanalyse*

2.1 Einführung und Übersicht

Am Anfang steht immer die Idee. Woher die Idee stammt, die elektronische Datenverarbeitung im Unternehmen einzuführen, ist ohne Bedeutung. Der Anstoß hierzu kann von der Geschäftsführung kommen oder ein Vorschlag der Organisation oder des Rechnungswesens sein. Während die Neueinrichtung einer DV-Abteilung zumeist von der Geschäftsführung ausgeht, wird die DV-Abteilung selbst rechtzeitig für eine notwendig gewordene Erweiterung sorgen.

Auch die Ursachen für die Anschaffung einer DV-Anlage sind für den EDV-Organisator ohne besonderen Wert. Ob es die gestiegenen Personalkosten, eine weitere Rationalisierung der Verwaltung, die Einführung neuer Verfahren oder der Einsatz der Datenverarbeitung bei der Konkurrenz sind oder ob die bereits vorhandene DV-Anlage keine zusätzlichen Aufgaben mehr übernehmen kann, spielt für die Vorgehensweise bei der Entwicklung und Einführung eines EDV-Systems keine Rolle. Auch der allgemeine technische Fortschritt kann ein Grund für den möglichen Einsatz einer DV-Anlage sein.

Genauso wie die Idee nur Ausgangspunkt, nicht aber Bestandteil der Systemuntersuchung und -entwicklung ist, wirkt sich auch der gegenwärtige Stand der Datenverarbeitung im Unternehmen nicht auf den Ablauf der Untersuchung aus. Hiermit meinen wir, daß es gleichgültig ist, ob das Unternehmen gegenwärtig eine manuelle, eine lochkartenmaschinelle oder bereits eine elektronische Datenverarbeitung besitzt, die nur auf die nächste Stufe erweitert werden soll. In jedem Fall ist eine gewissenhafte Untersuchung vorzunehmen und systematisch vorzugehen. Ungeachtet dieser Tatsache wird es für ein Unternehmen naturgemäß leichter sein, eine vorhandene elektronische Datenverarbeitung zu erweitern, als sie in einem Unternehmen einzuführen, das gegenwärtig noch nach manuellen Verfahren arbeitet.

Die organisatorische Tätigkeit bei der Entwicklung und Einführung der elektronischen Datenverarbeitung beginnt immer mit der Problemanalyse. Die Problemanalyse soll zeigen, ob die Voraussetzungen für den wirtschaftlichen Einsatz einer DV-Anlage bzw. die Anschaffung eines größeren DV-Systems gegeben sind bzw. sich schaffen lassen. Im einzelnen gehören zur Problemanalyse die Vorbereitungsarbeiten mit der Analyse des Organisationsauftrages und der Bildung des Untersuchungsteams

die Analyse des Istzustandes mit der Aufnahme, Darstellung und Beurteilung.

Zur zeitlichen Reihenfolge der einzelnen Vorgänge sei angemerkt, daß sie, wie im Netzwerk des Bildes 1 dargestellt, sowohl nacheinander als auch nebeneinander bzw. überlappt ablaufen. So ist es beispielsweise möglich, daß zur gleichen Zeit, in der die Mitglieder des Untersuchungsteams ausgebildet werden, ihr Leiter den Organisationsauftrag analysiert, die Arbeit noch einmal mit der Unternehmensführung abstimmt und – ebenfalls parallel zu den anderen Vorgängen – die Methode und Vorgehensweise festlegt, die einzelnen Termine plant und die Untersuchungsmethode bestimmt.

2.2 Vorbereitungsarbeiten

Bevor nun der erste Schritt der Problemanalyse beginnen kann, sind noch eine Reihe von Vorbereitungen zu treffen: Der erteilte Organisationsauftrag ist zu analysieren, und es muß dazu ein Untersuchungsteam gebildet werden. Bei der Auswahl für dieses Team ist zu klären, ob die Untersuchung durch betriebseigene Organisatoren, durch eine Unternehmensberatung oder durch eine Kombination der beiden Gruppen durchgeführt werden soll.

2.21 *Analyse des Organisationsauftrages*

Grundlage und Ausgangspunkt der organisatorischen Untersuchung bildet der Organisationsauftrag. Dies sollte nicht nur für das Gebiet der elektronischen Datenverarbeitung, sondern für jede organisatorische Tätigkeit schlechthin gelten. Um Fehldeutungen und Mißverständnisse auszuschließen, sind folgende Punkte bei der Erteilung des Organisationsauftrages zu beachten:

der Organisationsauftrag sollte direkt von der Unternehmensführung erteilt werden

der Organisationsauftrag sollte in schriftlicher Form vorliegen

der Organisationsauftrag muß klar und unmißverständlich die organisatorischen Tatbestände und Pläne des Unternehmens nennen

die Durchführung des Organisationsauftrages sollte zeitlich begrenzt sein

es ist sicherzustellen, daß ein Mitglied der Unternehmensführung die Durchführung des Organisationsauftrages überwacht und kontrolliert.

Bild 2 zeigt noch einmal die einzelnen Punkte, die bei der Erteilung eines Organisationsauftrages zu beachten sind.

Bild 2. Die wichtigsten Punkte des Organisationsauftrages

Da sich die Anwendung der maschinellen Datenverarbeitung heute selten nur auf einen einzigen Bereich oder eine einzige Abteilung im Unternehmen erstreckt, sollte der Organisationsauftrag von höchster Stelle im Unternehmen, also von der Unternehmensführung, der Direktion oder Generaldirektion, erteilt werden. Soweit das Ergebnis der Untersuchung positiv ist, d.h. die Einführung der maschinellen Datenverarbeitung bzw. ihre Erweiterung beschlossen wird, ist der Organisationsauftrag zugleich richtungweisend für die sich anschließende Einführung des EDV-Systems.

Um Unklarheiten und Mißverständnisse von vornherein auszuschließen, sollte der Organisationsauftrag schriftlich erteilt werden. Geschieht dies nicht oder wird dies von der Unternehmensführung abgelehnt, sollte der mit der Leitung der Voruntersuchung beauftragte Teamleiter ein Protokoll anfertigen, das dann allen Mitarbeitern zugeleitet wird, die bei der Auftragserteilung zugegen waren, bzw. hierfür verantwortlich sind. Als zweckmäßig erscheint es auch, die einzelnen Punkte des Auftrages mit den Mitgliedern des Untersuchungsteams durchzusprechen. Hierbei muß klar hervorgehoben werden, auf welche Arbeitsgebiete sich die Untersuchung erstreckt und wann sie abgeschlossen sein soll.

Der Organisationsauftrag umfaßt neben der zeitlichen Begrenzung (bis wann muß der Auftrag ausgeführt sein?) und der sachlichen Abgrenzung (auf welche Arbeitsgebiete erstreckt sich der Auftrag?) alle Tatbestände, die als unabänderlich anzusehen sind, auch die Bekanntgabe der Pläne der Unternehmensführung für die nächsten Jahre.

2.211 Ziel des Organisationsauftrages

Ziel des Organisationsauftrages selbst ist es, eine Untersuchung durchzuführen und zu prüfen, ob die Voraussetzungen für einen sinnvollen und wirtschaftlichen Einsatz der elektronischen Datenverarbeitung, bzw. deren Erweiterung, im Unternehmen gegeben sind. Wie bereits angeführt, ist der Organisationsauftrag zudem richtungweisend für alle weiteren organisatorischen Tätigkeiten, die sich der Untersuchung anschließen. Zum Abschluß der Untersuchung muß klar feststehen, welche wirtschaftlichen Einsatzmöglichkeiten die Datenverarbeitungstechnik im Unternehmen besitzt, welche DV-Anlage mit Größe und Ausrüstung sich am besten eignet und welche wirtschaftlichen Vorteile durch den Einsatz der neuen Technik im Unternehmen zu erwarten sind. Die Untersuchung endet mit der Ausarbeitung eines Berichtes, seiner Prüfung und der Bestellung der DV-Anlage, soweit die Untersuchung ein positives Ergebnis bringt.

2.212 Inhalt des Organisationsauftrages

Aus dem Organisationsauftrag muß zunächst klar hervorgehen, welche *organisatorischen Tatbestände* im Unternehmen als unabänderlich anzusehen sind und wo ein Wechsel vorgenommen werden darf. Die Unternehmensführung sollte bei dieser Gelegenheit prüfen, ob unantastbare Gegebenheiten und jahrzehntealte Überlieferungen auch im Zeitalter der Büroautomation noch Gültigkeit besitzen. Eine zu starke Einengung bei der Gestaltung der neuen maschinellen Abläufe kann dazu führen, daß die gegenwärtigen Arbeitsabläufe kritiklos und ohne Änderungen auf die DV-Anlage übernommen werden. Die bloße Nachbildung vorhandener Abläufe würde aber nicht die Möglichkeiten elektronischer DV-Anlagen nutzen. Diese Aussage gilt gleichermaßen auch für die Umstellung von einem maschinellen System auf ein anderes. Nur selten und in Ausnahmefällen ist es gerechtfertigt, die gleichen Programme in unveränderter Form auf eine DV-Anlage der nächst höheren Stufe zu übernehmen.

Der Unternehmensführung sollten die Kosten vorgerechnet werden, die dem Unternehmen durch das Festhalten an überholten Traditionen entstehen. Auch sollte Klarheit darüber bestehen, daß die elektronische Datenverarbeitung, will man sie wirtschaftlich und sinnvoll einsetzen, neue Wege und Lösungen erfordert, die man nicht von vornherein einengen oder gar versperren darf. Hiermit meinen wir jedoch nicht diejenigen organisatorischen Tatbestände, die auch im Zeitalter der Büroautomation ihre Berechtigung haben. Der Einsatz von DV-Anlagen erfordert keineswegs eine völlige "Umkrempelung" des Unternehmens oder eine Änderung der Unternehmenspolitik. Es müssen nur Voraussetzungen geschaffen werden, wie sie vergleichsweise bei der Umstellung von der manuellen Einzelfertigung auf das Fließbandprinzip getroffen wurden.

Der Organisationsauftrag muß weiter Auskunft darüber geben, welche *organisatorischen Pläne* die Unternehmensführung für die nächsten Jahre hat. Da DV-Anlagen niemals zur Lösung gegenwärtiger, sondern immer für die Durchführung künftiger Aufgaben eingesetzt werden (allein bis zur Installation der Anlage vergehen in der Regel 1 1/2 bis 2 Jahre), ist es unerläßlich, daß die Organisatoren die Planung der Unternehmensführung für die nächsten 5 bis 10 Jahre kennen. Nur so können Kapazität und Ausrüstung der DV-Anlage richtig gewählt, bzw. der Entwicklung des Unternehmens angepaßt werden. Eine Änderung des einmal gewählten maschinellen Systems und der umgestellten Arbeitsabläufe ist meist nur langfristig und unter erheblichem Zeit- und Kostenaufwand möglich. Auf diesen wichtigen Punkt wird deshalb besonders hingewiesen, weil nicht selten der gegenwärtige Istzustand und der derzeitige Geschäftsumfang bei der Planung und Einführung der elektronischen Datenverarbeitung zugrundegelegt werden.

Beispielsweise ist es in einem Industrieunternehmen wichtig zu wissen, ob die Produktion nach Art und Menge beibehalten werden soll, weil die Fertigungssteuerung und die Lohn- und Materialabrechnung sehr eng mit der Fertigung zusammenhängen. Auch die künftige Personalpolitik im Hinblick auf neue Lohnformen, die Art der Lohnzahlung (z.B. bargeldlos) oder die Umstellung von Lohn auf Gehalt bei den Arbeitern müssen den untersuchenden Organisatoren bekannt sein. Überlegungen hinsichtlich der Lagerhaltung (Zentralisierung oder Dezentralisierung), geplante Maßnahmen im Bereich des Vertriebs (Errichtung von Auslieferungslagern, Zweigstellen oder Verkaufsbüros, Änderung des Vertriebsweges usw.), erhöhte oder verminderte Vorratshaltung oder die Einführung neuer Abrechnungsmethoden sind dem Untersuchungsteam ebenfalls mitzuteilen.

Bei Konzernen oder Unternehmen mit Zweigbetrieben oder Filialen ist die geplante Änderung des Verhältnisses zwischen der zentralen Verwaltung und den einzelnen Gesellschaften oder Betrieben von besonderem Interesse. Auch die Frage nach einer allgemeinen Verwaltungszentralisation oder -dezentralisation ist von entscheidender Bedeutung für die Untersuchung. Die Organisatoren müssen eine geplante zusätzliche Verwendung der DV-Anlage für technische oder mathematische Aufgaben genauso kennen, wie die Haltung der Unternehmensführung zu den Fragen einer integrierten Daten- und Informationsverarbeitung. Schließlich muß dem Untersuchungsteam mitgeteilt werden, wie die Geschäftsführung die Anwendung neuer Verfahren auf dem Gebiet der Zukunftsplanung, der Marktforschung oder des Rechnungswesens beurteilt und ob diese in die Planung und Einführung einzubeziehen sind.

Mit allem Nachdruck ist die Unternehmensführung auf die Tatsache hinzuweisen, daß eine Änderung der einmal gewählten Systeme und Verfahren einschließlich der technischen Einrichtungen nur längerfristig und unter erheblichem Arbeits-

und Kostenaufwand durchgeführt werden kann. Ein Wechsel der Verfahren und Maßnahmen bedeutet in den meisten Fällen eine erhebliche Änderung der Unternehmensorganisation.

2.22 *Bildung und Zusammensetzung des Untersuchungsteams*

Der Analyse des Organisationsauftrages folgt die Verteilung der einzelnen Arbeiten auf die Organisatoren, welche die Untersuchung und Systementwicklung durchführen. Hier ergibt sich die Frage, welche Personen zweckmäßigerweise die Untersuchung vornehmen. Grundsätzlich kann die Unternehmensführung eigene oder betriebsfremde Organisatoren mit der Untersuchung betrauen. Auch eine gemischte Gruppe aus betriebseigenen und betriebsfremden Organisatoren ist für die Untersuchung gut geeignet.

2.221 Betriebseigene Organisatoren

Der Einsatz betriebseigener Organisatoren hängt zunächst davon ab, ob entsprechende Fachkräfte im Unternehmen überhaupt vorhanden sind. Das wird jedoch in der Regel nur der Fall sein, wenn bereits eine Organisations- und Datenverarbeitungsabteilung besteht. Aber selbst dann ist es fraglich, ob die vorhandenen Mitarbeiter allein die neue Aufgabe erfüllen können. Auch wird selten ausreichend Zeit für die Aus- oder Weiterbildung eigener Kräfte zur Durchführung der Untersuchung zur Verfügung stehen.

Gerade an die Mitglieder des Untersuchungsteams sind außerordentlich hohe Ansprüche zu stellen, die nicht allein in der Kenntnis der eigenen Betriebsorganisation liegen. Betriebseigene Organisatoren besitzen zwar den Vorzug, daß sie die Organisation und die organisatorischen Eigenheiten des Unternehmens besonders gut kennen, nachteilig wirkt sich dagegen eine gewisse Betriebsblindheit aus, insbesondere dann, wenn der betreffende Organisator seit längerer Zeit im Unternehmen beschäftigt ist. Er kennt jeden Arbeitsablauf (vielleicht hat er ihn sogar selbst entworfen) und ist nicht so unvoreingenommen wie ein betriebsfremder Organisator. Auch mangelndes Durchsetzungsvermögen gegenüber den eigenen Kollegen kann ein weiterer Nachteil sein.

2.222 Betriebsfremde Organisatoren

Betriebsfremde Organisatoren gehören entweder einer unabhängigen Beratungsgesellschaft an oder sind bei einer Herstellerfirma für DV-Anlagen beschäftigt. Denkbar ist es auch, daß vor Beginn der Untersuchung ein fachkundiger Organisator auf dem Arbeitsmarkt angeworben wird. Der letzte Weg wird vor allem dann beschritten, wenn die Einführung der elektronischen Datenverarbeitung als sicher gilt und mit der Untersuchung hauptsächlich Einzelheiten (wie beispielsweise die Auswahl der DV-Anlage) geklärt werden sollen. Betriebsfremde Organisatoren haben im allgemeinen den Vorteil der fachlichen Qualität, verbunden mit einer langjährigen Erfahrung im Umgang mit der elektronischen Datenverarbeitungstechnik. Sie kennen die Einsatzmöglichkeiten der Maschinen, die auf dem Markt angebotenen Anlagen und Ausrüstungen und haben gleiche Untersuchungen bereits in anderen Unternehmen, vielleicht sogar derselben Branche, durchgeführt. Es versteht sich von selbst, daß sich die geschilderten Vorzüge nur auf wirklich gute Berater oder Mitarbeiter von Herstellerfirmen beziehen.

Ein gewisser Nachteil des betriebsfremden Organisators ist seine Unkenntnis von der Organisation des zu untersuchenden Unternehmens. Betriebsfremde Organisatoren benötigen meist eine Einarbeitungszeit, um den Aufbau und die Eigenschaften eines Unternehmens kennenzulernen. Dieser Mangel kann im Einzelfall zu Fehleinschätzungen und zu falschen Ergebnissen der Untersuchung führen. Den Organisatoren und Verkäufern der Herstellerfirmen fehlt es zusätzlich an Unparteilichkeit. Häufig untersuchen sie nicht, welche DV-Anlagen und Ausrüstungen sich am besten zur Lösung der anstehenden Aufgaben eignen, sondern passen die Organisation des Unternehmens der von ihnen vorgeschlagenen DV-Anlage an. Sollte dieser Weg, der scheinbar die geringsten Kosten verursacht, beschritten werden, so empfiehlt es sich unbedingt, die Untersuchung von mehreren Herstellerfirmen gleichzeitig durchführen und die Ergebnisse der Untersuchung dann von einem erfahrenen und unabhängigen Berater überprüfen zu lassen.

Die Nachteile der beiden genannten Gruppen führen in der Praxis häufig zu einer Kombination aus betriebseigenen und betriebsfremden Organisatoren, die sich in der Regel gut bewährt. Dies gilt besonders dort, wo zwar eigene Organisatoren oder andere Fachkräfte zur Verfügung stehen, diese aber nicht über die erforderlichen Kenntnisse und Erfahrungen auf dem Gebiet der elektronischen Datenverarbeitung verfügen. Hier gibt es verschiedene Möglichkeiten einer erfolgversprechenden Zusammenarbeit. Einmal können betriebseigene Organisatoren oder andere befähigte Mitarbeiter des Unternehmens unter Beratung und Anleitung eines Unternehmensberaters mit der Untersuchung betraut werden. Gilt der Einsatz oder die Erweiterung der Datenverarbeitungstechnik als nahezu sicher, können die eigenen Kräfte auch durch angeworbene Mitarbeiter verstärkt werden. Beide Möglichkeiten haben den Vorteil, daß eine Untersuchungsmannschaft besteht, die den Vorzug der Kenntnis in der eigenen Organisation mit denen der Erfahrung im Einsatz elektronischer Anlagen in anderen Unternehmen verbindet. Außerdem erhalten die Mitarbeiter des eigenen Unternehmens neue Anregungen und Impulse. Auch trägt die gegenseitige Unterstützung und Kontrolle zusätzlich dazu bei, daß Fehlwege und Irrtümer vermieden werden. Bei allen Vorteilen, die eine gemischte Untersuchungsgruppe bietet, sollte auf eine gute persönliche Zusammenarbeit der einzelnen Mitglieder des Teams geachtet werden.

Die Unternehmensführung sollte Wert darauf legen, daß in jedem Falle Mitarbeiter des eigenen Unternehmens an der Untersuchung und den Vorbereitungen beteiligt sind. Jedoch ist sicherzustellen, daß nur solche Kräfte an der Untersuchung teilnehmen, die eine ausreichende Kenntnis der Zusammenhänge im Unternehmen sowie eine gute Anpassungsfähigkeit besitzen und in der Lage sind, sich kurzfristig die Grundlagen der elektronischen Datenverarbeitung anzueignen. Die Einführung oder Erweiterung der elektronischen Datenverarbeitung erfordert neue Lösungen, deren Durchsetzung ohne eigene und fähige Fachkräfte nicht möglich ist.

Für welchen Weg sich die Unternehmensführung in der Zusammensetzung des Untersuchungsteams auch entscheidet, in jedem Falle muß gewährleistet sein, daß erfahrene Fachleute die Untersuchung gewissenhaft vornehmen, weil das Ergebnis mitbestimmend ist für den Erfolg oder Mißerfolg bei der Einführung der elektronischen Datenverarbeitung. Enttäuschungen und Fehlschläge, die sich oft erst viel später bemerkbar machen, können so von vornherein vermieden, zumindest aber eingeschränkt werden. Bild 3 zeigt noch einmal eine Übersicht über die Vor- und Nachteile der einzelnen Untersuchungsgruppen.

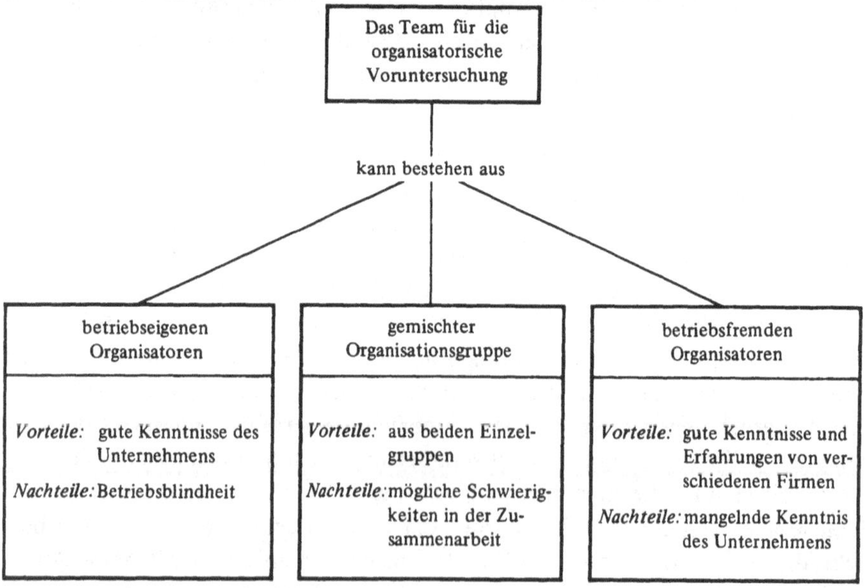

Bild 3. Möglichkeiten bei der Aufstellung eines Teams für die organisatorische Voruntersuchung

2.3 Analyse des Istzustandes

2.31 *Ziel der Analyse*

Sobald das Untersuchungsteam gebildet ist, beginnt der erste Schritt der organisatorischen Untersuchung: die Ermittlung des Istzustandes. Sie schließt Aufnahme, Darstellung und kritische Beurteilung ein. Die Ermittlung des Istzustandes soll Klarheit darüber bringen, welche Daten die einzelnen Abteilungen erhalten, wie sie verarbeitet werden und welche Ergebnisse die Abteilungen wieder verlassen. Hierbei kommt es jedoch weniger auf den gegenwärtigen Arbeitsablauf selbst, d.h. auf die Art und Reihenfolge der Arbeitserledigung, als auf den mengenmäßigen Beleg- und Datenanfall je Zeiteinheit sowie auf andere Kenntnisse an, die für die geplante Datenverarbeitung wichtig sind oder von Interesse sein können. Die Untersuchung ist auf den Zweck ausgerichtet, das Datenmengengerüst einschließlich der geplanten oder erwarteten Änderungen im Unternehmen sowie erste Zielvorstellungen zu erfassen und festzuhalten.

Im Gegensatz zu der für andere organisatorische Arbeiten üblichen Analyse erstreckt sich die hier angewandte Ermittlung nicht auf letzte Feinheiten. Eine Feinuntersuchung ist deshalb nicht erforderlich, weil es hier nicht um die Verbesserung eines Teilablaufs selbst, sondern allein um die Prüfung der Einsatzmöglichkeit der elektronischen Datenverarbeitung geht. Eine etwas gröbere Analyse ist schneller und mit weniger Aufwand durchzuführen. Sie gewährt dennoch einen klaren Überblick über den Arbeitsablauf und die organisatorischen Zusammenhänge der einzelnen Arbeitsgebiete. Da meist nur 6 bis 12 Monate für die Problemanalyse und die Systementwicklung zur Verfügung stehen, ist eine Detailuntersuchung des organisatorischen Istzustandes allein aus zeitlichen Gründen unmöglich.

2.32 *Untersuchungsmethoden*

Bevor die Aufnahme des Istzustandes beginnt, ist zunächst die Untersuchungsmethode festzulegen. Dabei sollte davon ausgegangen werden, daß die Untersuchung des Istzustandes zwangsläufig in enger Zusammenarbeit mit den Mitarbeitern der betreffenden Fachabteilung erfolgen muß, weil nur sie die Daten und Abläufe ihrer Arbeitsgebiete genau kennen. Von der Art und dem Umfang, in dem die Fachabteilungen an der Untersuchung beteiligt sind, hängt die Wahl der verwendeten Untersuchungsmethode ab.

Bei der *Konferenzmethode* kommen die Organisatoren und die maßgeblichen Mitarbeiter der Fachabteilung zusammen und erörtern gemeinsam die gegenwärtigen Arbeitsabläufe mit allen interessierenden Einzelheiten. Diese Methode hat den Vorteil, daß die Untersuchenden nicht auf einseitige, persönliche Darstellungen Einzelner angewiesen sind und fehlerhafte oder mißverständliche Beschreibungen sofort von anderen Gesprächsteilnehmern berichtigt werden. Nachteile können sich dann ergeben, wenn der Teilnehmerkreis zu groß oder nicht richtig zusammengesetzt ist. Diese letzte Schwierigkeit umgeht der Organisator dadurch, daß er das Gespräch auf ein fest umrissenes Thema begrenzt und nur diejenigen Personen einlädt, die zur Klärung beitragen können.

Eine zweite Methode der persönlichen Befragung ist die Einzelbesprechung, auch *Interviewmethode* genannt. Bei diesem Verfahren sucht der Organisator die einzelnen, nach dem Istzustand arbeitenden, Personen an ihrem Arbeitsplatz auf und befragt sie über ihre Aufgaben und Tätigkeiten. Die Interviewmethode kann sehr zeitraubend und unergiebig sein, weil jeder Mitarbeiter die Dinge anders sieht und nicht immer bereit ist, die Untersuchenden in die Einzelheiten "seines Systems" mit zahlreichen Zettelchen, Listen und Karteien einzuweihen. Sie wird aus diesem Grunde und wegen des damit verbundenen erheblichen Zeitaufwandes bei der Untersuchung für die elektronische Datenverarbeitung nur selten angewandt.

Sollen die Mitarbeiter der Fachabteilung stärker und aktiv in die Untersuchungstätigkeit einbezogen werden, so wählt der Organisator die *Methode der schriftlichen Befragung.* Bei diesem Verfahren verlagert sich ein Teil der Arbeiten von den Organisatoren auf das Personal der zu untersuchenden Abteilung. Der Organisator händigt den Sachbearbeitern Fragebogen oder Tätigkeitsberichtsblätter aus, die sie ausfüllen müssen. Der Nachteil der schriftlichen Befragungsmethode – die abgesprochene und gemeinsame Beantwortung der gestellten Fragen – kann durch geschickte Formulierungen oder inhaltsähnliche Gegenfragen abgeschwächt werden. Eine sich anschließende Besprechung wird dann die restlichen Einzelheiten klären. Diese Methode hat den Vorteil, daß die gemachten Angaben meist genau stimmen. Jeder wird sich schriftlich nur festlegen, wenn er die niedergeschriebenen Angaben auch vertreten oder beweisen kann.

Welche Methode im Einzelfalle auch immer für richtig gehalten wird, stets muß der Organisator berücksichtigen, daß ihm für die Untersuchung verhältnismäßig wenig Zeit zur Verfügung steht und es auf verfahrensmäßige Einzelheiten des gegenwärtigen Ablaufs nicht ankommt. In Bild 4 ist noch einmal eine Übersicht über die Untersuchungsmethoden dargestellt.

2.33 *Aufnahme, Darstellung und Beurteilung des Istzustandes*

Die Aufnahme und Darstellung des Istzustandes erstreckt sich überwiegend auf den Datenfluß des betreffenden Arbeitsgebietes mit allen wichtigen Einzelheiten, insbesondere auf Mengen- und Zeitangaben. Hierbei wird der Umfang der Arbeit,

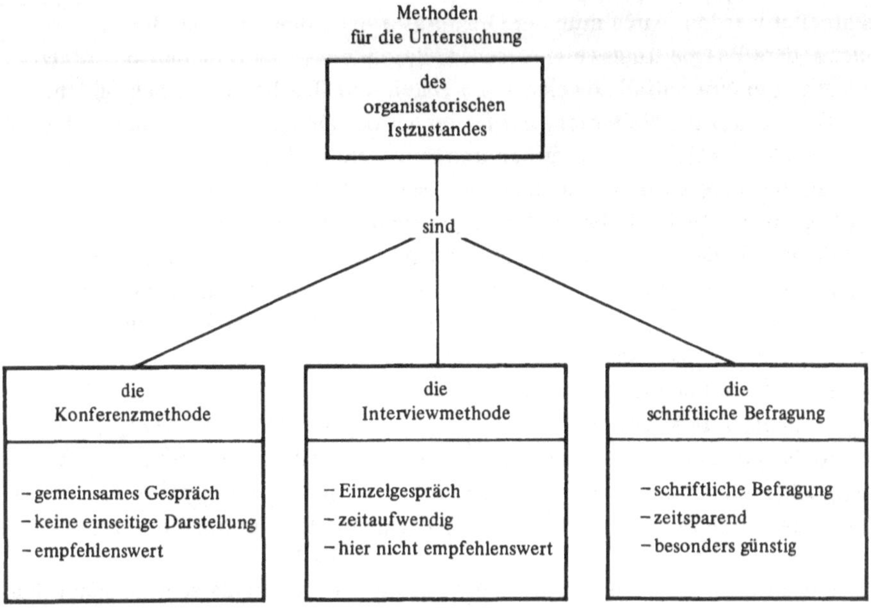

Bild 4. Methoden für die Untersuchung des organisatorischen Istzustandes

welche die untersuchenden Organisatoren bei der Aufnahme zu leisten haben, vorwiegend vom organisatorischen Reifegrad und der Qualifikation der Personen in den Fachabteilungen bestimmt, die an der Untersuchung teilnehmen. Unter dem organisatorischen Reifegrad ist der Organisationszustand der betreffenden Abteilung einschließlich der vorhandenen Organisationsunterlagen zu verstehen. Wird beispielsweise die Lagerdisposition bisher nach "Fingerspitzengefühl" vorgenommen, so ist der organisatorische Reifegrad an dieser Stelle außerordentlich gering. Stehen dagegen Datenflußdiagramme, Arbeitsbeschreibungen und Organisationspläne als Arbeitsunterlagen zur Verfügung, so wird die Arbeit der Organisatoren beträchtlich erleichtert. Jedoch ist zu prüfen, ob diese Unterlagen dem neuesten Stand entsprechen. Auch muß der Organisator feststellen, ob ein Ablaufplan den tatsächlichen Datenfluß wiedergibt und nicht etwa nur einem organisatorischen Wunschgebilde entspricht.

Die Ermittlung des Istzustandes besteht, wie eingangs erwähnt, in der Untersuchung des gegenwärtigen Datenflusses. Der Organisator muß den Weg von der Erfassung der Daten über ihre Verarbeitung bis zur Auswertung der Verarbeitungsergebnisse verfolgen. Wichtig sind vor allem die Art und Menge der Geschäftsvorfälle und Belege, ihr Entstehungsort sowie der zeitliche Anfall und der Verbleib der Belege. Für die Bearbeitung der eingehenden Daten interessiert, ob sie einzeln und sofort oder in bestimmten Zeitabständen gesammelt und paketweise bearbeitet werden. Auch muß der Organisator nach den Ursachen für die eine oder andere Bearbeitungsweise forschen. Besondere Beachtung müssen zusätzlich alle vom Normalfall abweichenden Daten und Bearbeitungsgänge finden. Im Hinblick auf die Weitergabe der Daten hat der Organisator zu prüfen, ob diese einzeln oder verdichtet weitergehen und zu welcher Abteilung sie weitergeleitet werden. Besonders wichtig ist auch die Frage nach der Prüfung und Abstimmung der Ergebnisse. Nicht fehlen dürfen Angaben über die künftige Entwicklung des Daten- und Beleganfalls, weil sie die Kapazität und Leistungsfähigkeit der DV-Anlage entscheidend beeinflussen. Zweckmäßig ist es auch, bereits bei der Aufnahme des Istzustandes Angaben über erste Zielvorstellungen des neuen Systems zu sammeln. Beispielsweise wird auf dem Fragebogen vermerkt, daß es vielleicht günstiger sei, in kürzeren Zeitabständen als bisher zu fakturieren oder Mahnungen zu schreiben. Zu dieser Zeit kommt es bei den Zielvorstellungen weniger darauf an, ob die Vorschläge später technisch und wirtschaftlich realisierbar sind. Vielmehr sollen die Organisatoren von den Mitarbeitern der untersuchten Fachabteilung erste Anregungen für die Gestaltung der neuen Konzeption erhalten.

Der Organisator kann nun entweder die Fachabteilung veranlassen, seine auf den Aufnahmebögen (siehe Bild 5,1+2, S. 20,21) eingetragenen Fragen zu beantworten, oder aber er füllt die Fragebogen, zusammen mit den Führungskräften und Sachbearbeitern der betreffenden Fachabteilung, selbst aus. Für welche Maßnahme er sich entscheidet, hängt von der verfügbaren Zeit und der Übung der Personen in den Fachabteilungen ab, mit solchen Fragebogen umzugehen. Auch im Falle der Verlagerung dieser Tätigkeit auf die Fachabteilung wird es sich nicht ganz vermeiden lassen, daß der Organisator einige Ratschläge für die Beantwortung der Fragen erteilt und in einzelnen Fällen Hilfe leistet. Scheint ihm eine Antwort zweifelhaft und kommt es gerade auf die genaue Kenntnis eines bestimmten Tatbestandes an, so wird er im Einzelfalle eine gründlichere Untersuchung vornehmen. Dies kann beispielsweise so weit gehen, daß er die genaue Datenmenge mit Hilfe einer Zählung feststellen läßt.

Auf diese Weise wird der Organisator einen guten Überblick über den gegenwärtigen Istzustand, die geplanten oder erwarteten Änderungen und über erste Vorstellungen für die Neugestaltung der Arbeitsabläufe erhalten. Ist der Organisator mit dem Unternehmen, seinen Abläufen und Zusammenhängen bereits gut vertraut, so werden ihm die Daten des Fragebogens einschließlich einiger zusätzlicher Bemerkungen genügen. Ist dies nicht der Fall und nehmen insbesondere betriebsfremde Organisatoren an der Untersuchung teil, empfiehlt es sich zusätzlich, einige grobe Skizzen über den gegenwärtigen Ablauf mit Mengen- und Zeitangaben anzufertigen und für wichtige Arbeitsgebiete Zeitdiagramme aufzustellen. Bild 6 (Seite 22) zeigt den vereinfachten Ablauf eines solchen Datenflusses, während in Bild 7 ein Zeitdiagramm dargestellt ist.

Die Analyse schließt mit der kritischen Beurteilung des gegenwärtigen Istzustandes, bei der die Organisatoren die Schwachstellen und Engpässe der untersuchten Arbeitsabläufe besonders hervorheben. Obwohl die Ermittlung des Istzustandes auf die Prüfung der Einsatzmöglichkeiten einer DV-Anlage ausgerichtet ist, sollte sich der Organisator davon lösen, die Verbesserung der bestehenden Organisation allein unter dem Gesichtspunkt der elektronischen Datenverarbeitungstechnik zu sehen. Hinzu kommt, daß der mögliche Einsatz einer DV-Anlage von diesem Zeitpunkt an noch mindestens 2 bis 3 Jahre entfernt ist, so daß häufig kurzfristige Maßnahmen, die sich aus der Durchleuchtung des Istzustandes ergeben, zur wirksamen Verbesserung eines Ablaufes beitragen können. Auch sollte der Organisator berücksichtigen, daß nicht immer die technisch vollkommenste Lösung auch der wirtschaftlichsten Erfüllung einer Aufgabe entspricht. Die elektronische Datenverarbeitung stellt nur *einen* Weg zur Verbesserung der Büro- und Verwaltungsarbeit dar. Da sie zugleich die Endstufe im Einsatz technischer Hilfsmittel ist, die nur unter Einsatz hoher Kosten zu verwirklichen ist, sollte der Organisator prüfen, ob er eine Verbesserung eines Ablaufes auch mit einfacheren und weniger aufwendigen Mitteln erzielen kann. Dieser Forderung steht die Erfüllung des Organisationsauftrages nicht entgegen.

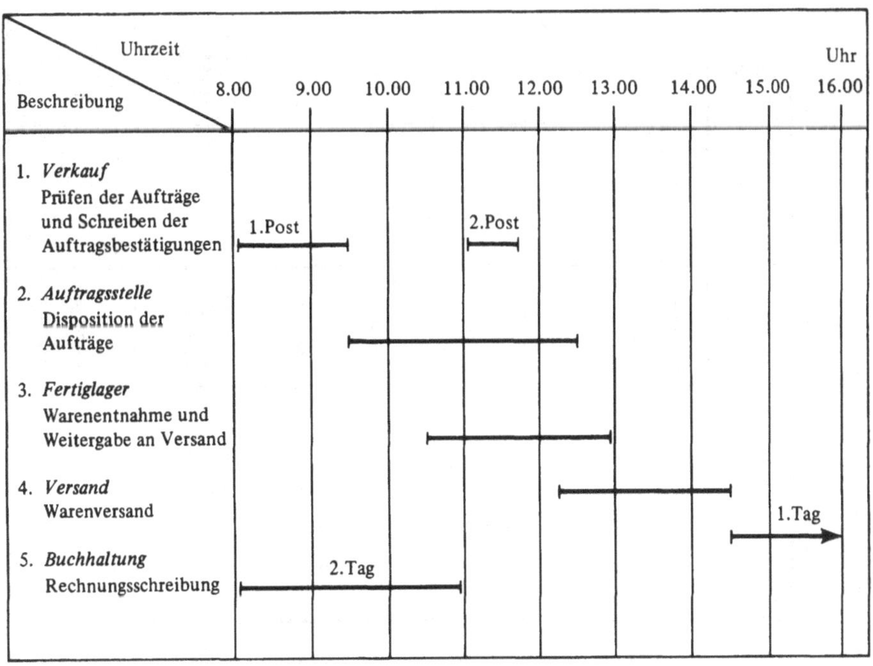

Bild 7. Zeitdiagramm Auftragsdurchlauf (in Verbindung mit Bild 6)

UNTERNEHMENSBERATUNG H. Futh - Wuppertal	ERFASSUNG DES DATEN- UND BELEGFLUSSES

PROJEKT: DV-Untersuchung	ISTAUFNAHME BEI FIRMA: Haltenau-Brauerei	EDV-ORGANISATOR: Schulz	DATUM: 1. 3. 69
SACHBEREICH: Auftragsbearbeitung und Fakturierung	SACHGEBIET: Fahrerabrechnung	FACHABTEILUNG: Expedition SACHBEARBEITER: Meyer	BLATT 1 VON 5

LFD. NR.	TEILGEBIET/ BEZEICHNUNG	ABSENDER/ AUSSTELLER	EINGABEBELEGE JE ZEITEINHEIT MIN	Ø	MAX	PRÜFUNGEN/ KORREKTUREN/ VERARBEITUNG	KARTEIEN/ VERWENDETE HILFSMITTEL	AUSGABEBELEGE JE ZEITEINHEIT MIN	Ø	MAX	WEITERLEITUNG AN/ ANSCHLUSSPUNKTE	BEMERKUNGEN/ ZIELVORSTELLUNGEN
01	Ladescheine a) für Verkaufsfahrer b) für sonstige Abnehmer	*Expedition*	50 30	60 40 täglich	70 50	*zusammen mit der Fahrerabrechnung*					*Buchhaltung*	*unverändert*
02	Rechnungen/Lieferscheine a) Verkaufsfahrer b) Expedition	*Verkaufsfahrer* *Expedition*	400 30	450 40	500 50	*Rechnungskontrolle*	*Kundenkartei*	100	150 dekadisch	200	*bei Lieferscheinen dekadische Fakturierung*	
03	Rückgaben	*Verkaufsfahrer*	40	45	50	*Expedition*						
04	Fahrerabrechnungen	*Expedition*				*Expedition/ Buchhaltung*	*Fahrerdifferenzkartei*	40	45 täglich	50	*Lohnbüro wegen Prov.-Abrechnung*	*in Zukunft tgl. mit Fahrerabrechnung*
05	Inkasso-Quittungen der Fahrer	*Expedition*	40	50 täglich	70	*zusammen mit der Fahrerabrechnung*					*Buchhaltung*	
06	Rückbier	*Rückbierblock in Expedition*	30	40 täglich	50	*Stapelhalle*		150	170	200	*wöchentliche Weiterleitung an Buchhaltung wegen Rückbiergutschriften*	
07	Leerguterfassung a) auf den Rechn./Liefersch. b) auf den Fahrerabrechnungen c) in den Kundenkarten	*Verkaufsfahrer* b), c): *Expedition*	450	480	600	*auf den Rechnungen erfaßt*		2 000	2 000	2 000	*monatliche Leergutaufstellung je Kunde (im Kontoauszug)*	

Bild 5. (Blatt 1) Fragebogen für die Erfassung des Daten- und Belegflusses

UNTERNEHMENSBERATUNG H. Futh - Wuppertal	ZUSATZFRAGEN		
PROJEKT: DV - Untersuchung	ISTAUFNAHME BEI FIRMA: Haltenau-Brauerei	EDV-ORGANISATOR: Schulz	DATUM: 1.3.69
SACHBEREICH: Auftragsbearbeitung und Fakturierung	SACHGEBIET: Fahrerabrechnung	FACHABTEILUNG: Expedition SACHBEARBEITER: Meyer	BLATT 5 VON 5

LFD. NR.	FRAGEN	ANTWORTEN	BEMERKUNGEN
01	Gibt es unterschiedliche Provisionssätze für die Verkaufsfahrer?	*ja, je Kunde und Artikel*	*jedoch gleich für Fahrer und Beifahrer*
02	Welche Differenzen werden erfaßt?	*Leergut-, Inkasso- und Warendifferenzen*	
03	Wer ist für die Differenzen verantwortlich?	*Fahrer*	

Bild 5. (Blatt 2) Fragebogen für die Zusatzfragen

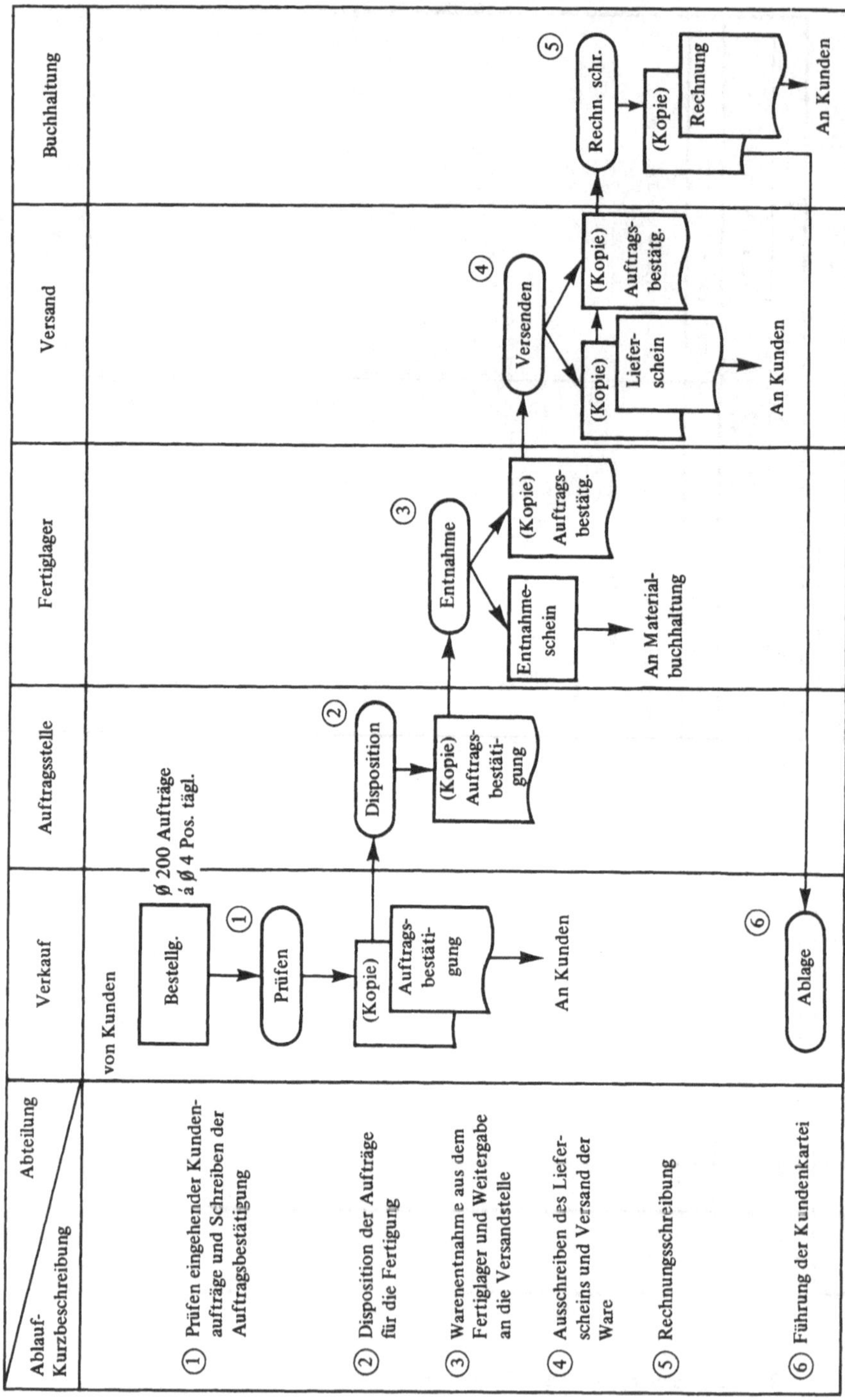

Bild 6. Datenfluß beim Auftragsdurchlauf (organisatorischer Istzustand)

3. *Entwicklung des EDV-Systems und Auswahl der DV-Anlage*

3.1 Entwurf des Gesamtsystems

3.11 *Formulierung der Ziele und Forderungen*

Im Anschluß an die Ermittlung des Istzustandes und bevor das neue EDV-System entwickelt werden kann, müssen die Organisatoren die Ziele und Forderungen kennen, die mit der neuen Datenverarbeitungstechnik erreicht werden sollen und die die Unternehmensführung an das neue EDV-System stellt. Diese Ziele reichen ganz allgemein von der Senkung der Personalkosten und Verbesserung der Arbeitsabläufe bis zu gewünschten Einzelmaßnahmen. So sollen beispielsweise durch die elektronische Datenverarbeitung Personaleinsparungen erzielt bzw. Neueinstellungen bei Ausdehnung des Geschäftsumfangs vermieden, die Durchlaufzeiten der Aufträge gesenkt oder die Fertigungsdisposition und die Lagerhaltung verbessert werden. Durch eine zentrale und schnellere Abrechnung möchte die Unternehmensführung den Zahlungseingang beschleunigen, um hierdurch Zinsverluste zu vermeiden.

Andere *Ziele und Forderungen* können sein:

die ständige Kontrolle und Überwachung der Lagerbestände

die Verbesserung des Berichtswesens durch gleichzeitige Führung und Speicherung der Daten in der DV-Anlage

die Erhöhung der Lieferbereitschaft und Verbesserung des Kundendienstes

die bessere Belegung und Auslastung der Produktionsmaschinen durch maschinelle Fertigungssteuerung

ein besserer Ausgleich von Arbeitsspitzen am Monatsende

die Ausnutzung von Skonti durch genaue Rechnungsregulierung

die Anwendung völlig neuer Verfahren auf dem Gebiet der Unternehmensforschung (Operations Research), der Marktforschung sowie der Produktions-, Finanz- und Investitionsplanung die Verminderung der Lagerkosten und der Kapitalbindung durch geringere Lagerhaltung

die maschinelle Prüfung der Rechnungen sowie Gewinnung der Zahlungsträger und Regulierungsschreiben

der Übergang zur Offenen-Posten-Buchhaltung mit maschinellem Kontenausgleich

die maschinelle Führung des Finanzplanes mit Soll/Istvergleichen

die maschinelle Gewinnung des Zahlungseingangsjournals mit Überwachung des Kreditlimits und Wechselobligos

der automatische Ausdruck von Mahnungen

die maschinelle Gewinnung eines Kunden-"Röntgenbildes" auf Anforderung mit Umsatz, Umsatzvergleich, Zahlungsweise und anderen Daten

die maschinelle Sammelverbuchung der Debitoren und Kreditoren auf den Sachkonten

der monatliche Ausdruck der Saldenaufstellung aller Konten sowie die Bilanz und Gewinn- und Verlustrechnung

die schnellere Gewinnung der Kosten- und Ergebnisrechnung sowie die bessere Gestaltung des Kostenstellenbogens

die Lieferung aussagefähiger Informationen für die Unternehmensführung.

3.12 *Vorstudie über Größe und Ausrüstung der DV-Anlage*

Zur Entwicklung des neuen EDV-Systems müssen die Organisatoren nicht nur das Datenmengengerüst und die Ziele und Forderungen der Unternehmensführung kennen, sondern auch bereits eine erste Vorstellung über Größe und Ausrüstung der geplanten DV-Anlage haben. Sind Größenordnung und Ausrüstung nicht ohnehin durch ein von der Unternehmensführung vorgegebenes Kostenlimit begrenzt, so ist es meist verhältnismäßig leicht herauszufinden, ob eine kleine, mittelgroße oder größere DV-Anlage zur Lösung der geplanten Aufgaben eingesetzt werden muß.

Die Organisatoren werden sich in einer Vorstudie, die der eigentlichen Anlagenauswahl vorausgeht, mit der Größe und Ausrüstung der künftigen DV-Anlage beschäftigen, ohne hier bereits die genaue Maschinenkonfiguration festzulegen. Diese bleibt dann der Anlagenauswahl selbst überlassen.

In der Vorstudie kommt es auf folgende Tatbestände an:

Welche Größenordnung (Klein-, Mittelgroß- oder Großanlage) muß dem neuen EDV-System zugrundegelegt werden?

Besteht ein Kostenlimit der Unternehmensführung und wie hoch ist die vorgegebene Kostengrenze?

Welche Größenordnung muß der interne Speicher der DV-Anlage voraussichtlich haben?

Welche Ein-/Ausgabegeräte sollte die geplante DV-Anlage besitzen? (z.B. Lochkarten- und/oder Lochstreifengeräte, ein oder zwei Drucker ?)

Muß die DV-Anlage mit Geräten für die Ein- und Ausgabe von Einzelinformationen (beispielsweise Eingabetastaturen und Fernsehschirme) ausgerüstet sein?

Welche Speicher (z.B. Magnetbandgeräte und/oder Magnetplattenspeicher) werden für die extern zu speichernden Dateien benötigt?

Ist eine Datenfernübertragung vorzusehen?

Welche grundsätzlichen Anforderungen werden an die Software gestellt? (z.B. gleichzeitige Abwicklung mehrerer Programme?)

Im allgemeinen wird es genügen, wenn die Organisatoren vor der Systementwicklung die obengestellten Fragen beantworten können. Sollte sich dann bei der Anlagenauswahl die eine oder andere Abweichung gegenüber der Vorstudie ergeben (wird beispielsweise, entgegen den Überlegungen bei der Vorstudie, der Einsatz einer Magnetband-Anlage gegenüber einer Plattenspeicherausrüstung für günstiger gehalten), so würde dies auf die Gestaltung des EDV-Gesamtsystems keine oder nur eine geringe Auswirkung haben. Denn bei der Entwicklung des neuen Gesamtsystems handelt es sich noch nicht um die maschinentechnisch bedingten Abläufe, als vielmehr darum, den problemorientierten Gesamtablauf mit seinem Datenfluß zwischen den einzelnen Arbeitsgebieten aufzuzeigen. Ob die Datenbestände dann später statt auf Magnetplatten auf Magnetbändern gespeichert werden, hat wenig mit dem sachlichen Problem zu tun, sondern ist technisch-organisatorischer Natur.

3.13 *Beispiel eines Gesamtsystems*

Ausgehend vom Datenmengengerüst und anderen, bei der Analyse des Istzustandes festgestellten, Tatbeständen und Erwartungen entwickeln die Organisatoren das neue EDV-Gesamtsystem. Hierbei werden sie sich nicht an die gegenwärtigen Verfahren halten, sondern nach Lösungen und Wegen suchen, die die Möglichkeiten der neuen Datenverarbeitungstechnik voll ausschöpfen. Außer den Daten des Istzustandes haben die Organisatoren die Zielvorstellungen und Forderungen der Unternehmensführung zu berücksichtigen.

Bei der Entwicklung des neuen Systems geht der Organisator nun so vor, daß er zunächst ein grobes Gesamtmodell des Datenflusses und der Zusammenhänge zwischen den Arbeitsgebieten entwirft. Aus diesem Gesamtmodell heraus wird er dann später die einzelnen Abläufe entwickeln, wie sie mit Hilfe der geplanten DV-Anlage ablaufen sollen. Da es jedoch im ersten Band nur um die Entwicklung des Gesamtsystems geht, sei wegen der detaillierten Darstellung auf den *Band 2* dieser Arbeit, *Einführung eines EDV-Systems,* verwiesen. Zur Zeit der organisatorischen Voruntersuchung würde die Darstellung von Feinabläufen einen zu hohen Zeitaufwand beanspruchen. Auch ist eine Notwendigkeit hierzu nicht gegeben, weil eine grobvereinfachte Darstellung für die Entscheidung, welche Größe und Ausrüstung die einzusetzende DV-Anlage haben muß, vollauf genügt.

Bild 8 (Falttafel im Anhang) zeigt das Beispiel eines EDV-Gesamtsystems für eine Brauerei mit den Arbeitsgebieten

Auftragsbearbeitung und Fakturierung

Debitoren- und Darlehensbuchhaltung

Kreditorenbuchhaltung

Lohn- und Gehaltsabrechnung

Sachkontenbuchhaltung (mit Kostenstellenrechnung) und

Anlagenbuchhaltung.

Bei dem dargestellten Modell handelt es sich um eine integrierte maschinelle Datenverarbeitung. Dies bedeutet, daß die einzelnen Arbeitsgebiete in ihrer maschinellen Bearbeitung als Einheit betrachtet und als Gesamt-Datenfluß in den Umstellungsprozeß einbezogen werden. Es steht also nicht mehr die Datenverarbeitung einzelner Arbeitsgebiete im Vordergrund, sondern der gesamte Datenfluß des Unternehmens mit seinen Zusammenhängen und Wechselwirkungen. Doch hindert es diese Betrachtungsweise nicht, wenn aus technischen und wirtschaftlichen Gründen nicht alle Aufgaben von der DV-Anlage übernommen werden.

Wie in Bild 8 dargestellt, werden die Primärdaten (= neue Geschäftsvorfälle und betriebliche Erstdaten) nur einmal erfaßt, in die Anlage eingegeben und nach der maschinellen Prüfung auf Magnetplatten zwischengespeichert. Auch alle Stamm- und Bestandsdaten werden ständig innerhalb des maschinellen Systems aufbewahrt. Sie unterliegen einem periodischen Änderungsdienst oder werden fortgeschrieben. Ebenfalls bleiben alle Zwischen- und Endergebnisse des Datenverarbeitungsprozesses, sofern sie nicht von aktuellem Interesse sind oder als Grundlage für Handlungen und Entscheidungen dienen, innerhalb des EDV-Systems. Eine Druckausgabe erfolgt nur, wenn sie gesetzlich vorgeschrieben oder für den Geschäftsablauf erforderlich ist.

3.2 Auswahl der DV-Anlage

Die Auswahl der geeigneten DV-Anlage gehört ohne Zweifel zu den schwierigsten Aufgaben,die der EDV-Organisator bei der Voruntersuchung zu lösen hat. Etwa zwei Dutzend Herstellerfirmen bieten in der Bundesrepublik mehr als 50 verschiedene Datenverarbeitungssysteme an. Nimmt man noch die Möglichkeiten der Ausbaustufen und unterschiedlichen Ausrüstungen hinzu, so hat der Benutzer die Wahl zwischen einigen hundert Maschinenkonfigurationen. Kaum eine Anlage ist mit einer anderen voll vergleichbar. Genauso wenig, wie es nur gute oder nur schlechte DV-Anlagen gibt, hat wohl jede Anlage Eigenschaften, die besonders gut, und andere, die nicht so vorteilhaft gelöst sind. Zum anderen geht es ja nicht darum, die leistungsfähigste Anlage (allgemein gesehen) auszuwählen, sondern diejenige Maschine herauszufinden, die sich besonders gut für die Lösung der Aufgaben im Unternehmen eignet. Selten wird die technisch vollkommenste zugleich auch die wirtschaftlichste Lösung einer Aufgabe sein. Aber nicht nur die DV-Anlage selbst, auch ihre Programmierung, der Kundendienst und ihre Verbreitung (um nur einige Beispiele zu nennen) spielen eine Rolle bei der Anlagenauswahl.

3.21 *Beurteilung der Leistungsfähigkeit von DV-Anlagen*

Die Leistungsfähigkeit von DV-Anlagen (völlig losgelöst von ihren Kosten und ihrem besonderen Verwendungszweck) läßt sich ganz allgemein beurteilen:

nach ihrer technischen Leistungsfähigkeit (engl. Hardware)

nach der Leistungsfähigkeit ihrer Steuer-, Übersetzungs- und Anwendungsprogramme (engl. Software) sowie

nach der Kundendienst-Leistung ihres Herstellers.

Die beiden englischen Ausdrücke Hardware und Software werden auch im deutschen Sprachgebrauch benutzt. Während sich die *Hardware* nun allein auf die Maschine mit allen Ausrüstungen und Einzelaggregaten bezieht, umfaßt der Begriff *Software* im weiteren Sinne alles Übrige, was zum Betrieb einer DV-Anlage gehört. Ohne die Software wäre die Hardware eine kalte, leblose Materie. Anders ausgedrückt: Was die Herstellerfirma beim Benutzer installiert, ist die Hardware, und was sie an Unterlagen, Handbüchern und Standardprogrammen liefert, beinhaltet die Software.

Bild 9 zeigt noch einmal eine Übersicht über die Merkmale zur Beurteilung der Leistungsfähigkeit von DV-Anlagen, unterteilt nach Hardware, Software und Hersteller-Service, getrennt für kleine, mittelgroße und große DV-Anlagen. Eine gesonderte Unterteilung nach der Größenordnung wurde deshalb vorgenommen, weil Ausrüstung und Geschwindigkeit der DV-Anlagen einerseits und die Anforderungen, die an sie gestellt werden, andererseits zu unterschiedlich sind, um sie gemeinsam beurteilen zu können. Eine Einteilung in kleine, mittelgroße und große DV-Anlagen kann naturgemäß nur nach überwiegenden Gesichtspunkten vorgenommen werden, weil eine eindeutige Größenklassifizierung der meisten DV-Anlagen nur schwer durchzuführen ist. Auch erschwert die Ausbaufähigkeit der Anlagen und ihrer Modelle die eindeutige Zuordnung.

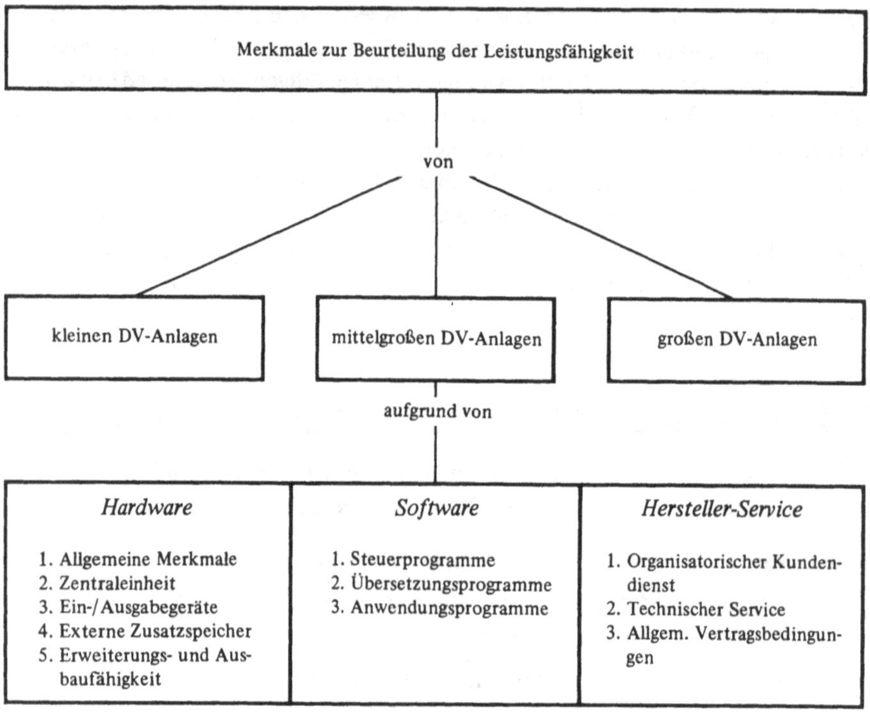

Bild 9. Merkmale zur Beurteilung der Leistungsfähigkeit von DV-Anlagen

Anhand der Einteilung in kleine, mittelgroße und große DV-Anlagen wollen wir im folgenden analysieren, welche Merkmale diese Anlagen besitzen und was der Organisator im Hinblick auf die Beurteilung ihrer Hardware und Software besonders zu beachten hat. Es sollen typische Eigenschaften herausgestellt werden, um dem Organisator seine Arbeit bzw. seine Gespräche mit den Herstellerfirmen zu erleichtern. Hierbei müssen wir jedoch voraussetzen, daß dem Leser wesentliche Einzelheiten aus dem Aufbau und der Arbeitsweise von DV-Anlagen sowie ihrer Programmierung gut bekannt sind. Beispielsweise kann nicht die

Funktion eines Lochkartenlesegerätes oder Magnetplattenspeichers erklärt werden, und es sei deshalb auf einschlägige Fachliteratur verwiesen. Auch die Programmierung und die Beschreibung von Programmsprachen kann nicht Gegenstand dieser Arbeit sein. Jedoch werden wichtige Tatbestände, die moderne DV-Anlagen kennzeichnen, und Fragen, auf die es zur Beurteilung besonders ankommt, im einzelnen und ausführlich behandelt.

Auch stellt die hier durchgeführte Anlagenanalyse kein Patentrezept für jeden Anwendungsfall dar. Stets kann der Organisator nur von den in der Vergangenheit gewonnenen Erfahrungen und den theoretischen Kenntnissen ausgehen, die sicher für den Regelfall, nicht aber für jede einzelne Maschinenauswahl zutreffen. In gar keinem Falle enthebt der hier dargestellte Ratgeber für die Anlagenauswahl den Organisator der eigenen, gewissenhaften Untersuchung seines Einzelfalls. Hierzu wird ihm jedoch das in diesem Buch vermittelte Wissen nützlich sein können.

3.211 Die Leistungsfähigkeit kleiner DV-Anlagen

Die Größenordnung von DV-Anlagen läßt sich am besten nach der Höhe ihrer Kosten bestimmen. So sind beispielsweise für eine kleine DV-Anlage zwischen 5000 und 15000 DM monatlicher Miete aufzuwenden. Etwa 5000 bis 10000 DM betragen die monatlichen Mietkosten für eine Anlage, die mit einem Lochkartenlesegerät, einem Lochkartenstanzer und einem Schnelldrucker ausgerüstet ist. Kommen ein Lochstreifenleser, 2 bis 4 Magnetbandgeräte oder 1 bis 2 wechselbare Magnetplattenspeicher hinzu, so sind meist zwischen 10000 und 15000 DM, in einzelnen Fällen auch darüber zu zahlen. Bild 10 zeigt eine kleine DV-Anlage, die außer mit Lochkartenlesegerät und Schnelldrucker mit 2 Magnetbandeinheiten ausgerüstet ist und 2 Datenkanäle besitzt. Die Angabe "4 bis 16 K" bedeu-

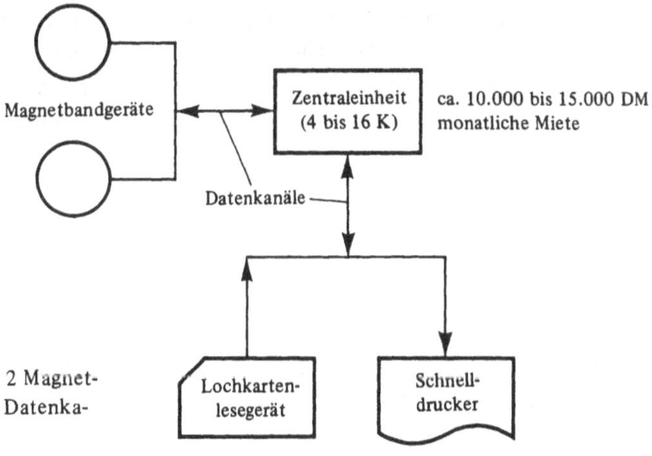

Bild 10.
Kleine DV-Anlage mit 2 Magnetbandgeräten und zwei Datenkanälen

tet, daß der interne Arbeitsspeicher 4000 bis 16000 (K = Kilo) Stellen bzw. Bytes umfaßt.

3.2111 *Hardware*

A. Allgemeine Merkmale

An dieser Stelle soll zunächst der Ausdruck *"Datenkanal"* (kurz Kanal) erläutert werden. Ein Kanal verbindet die Zentraleinheit mit ihren peripheren Geräten, also den Ein-/Ausgabegeräten und den externen Speichern, und sorgt für die Übertragung der Daten. Wichtig für die Beurteilung des Datenkanals ist es, mit welcher Geschwindigkeit die Daten durch den Kanal fließen und ob die Daten zwischen den verschiedenen Geräten und der Zentraleinheit gleichzeitig fließen können (wenn beispielsweise zwei oder mehrere Datenkanäle vorhanden sind). Eine DV-Anlage mit nur einem Datenkanal hat den Nachteil, daß die Daten nur zwischen dem Lesegerät, dem Stanzgerät *oder* dem Schnelldrucker zur zentralen Recheneinheit bzw. umgekehrt fließen können. Ein gleichzeitiger Datentransport von oder zu mehreren Geräten ist nicht möglich. Dem Nachteil einer eingeschränkten Leistungsfähigkeit steht bei dieser Ausrüstung der Vorteil geringerer Kosten gegenüber. Im allgemeinen sind Kleinanlagen standardmäßig mit nur einem Datenkanal ausgerüstet. Werden jedoch externe Zusatzspeicher (Magnetbandgeräte oder Magnetplattenspeicher) angeschlossen, so sollten zwei Kanäle oder ein sog. Multiplex-Kanal gewählt werden. Den Multiplex-Kanal werden wir bei den mittelgroßen Anlagen näher erläutern.

Eine weitere Einrichtung ist, besonders bei kleinen Anlagen, sehr wichtig: die Ausrüstung mit *Pufferspeichern* (kurz Puffer genannt). Ein Puffer ist ein Speicher, der zwischen Ein-/Ausgabegerät und Arbeitsspeicher geschaltet ist. Der Druckpuffer nimmt die Daten auf, die von der Zentraleinheit zum Schnelldrucker übertragen werden sollen. Im Gegensatz zum langsamen, mechanisch arbeitenden, Drucker übernimmt der Puffer die Daten mit der gleichen Geschwindigkeit, mit der sie vom Kanal angeboten werden. Der Datenkanal wird auf diese Weise wesentlich kürzer in Anspruch genommen und kann schon früher wieder freigegeben werden, um danach Daten vom Lesegerät zur Zentraleinheit zu transportieren.

Bei einer DV-Anlage *ohne* gepufferte Ein-/Ausgabe kann jeweils nur eine periphere Einheit in Tätigkeit sein. Wie in Bild 11 dargestellt, wird der erste Datensatz (der Inhalt einer Lochkarte) eingegeben, verarbeitet, und die Ergebnisse werden (als Druckzeile) ausgegeben. Anschließend folgt die Eingabe, Verarbeitung und Ausgabe des zweiten Datensatzes. Die Darstellung zeigt, daß sowohl Eingabeals auch Verarbeitungs- und Ausgabeeinheit schlecht ausgenutzt sind, weil jedesmal Wartezeiten auftreten.

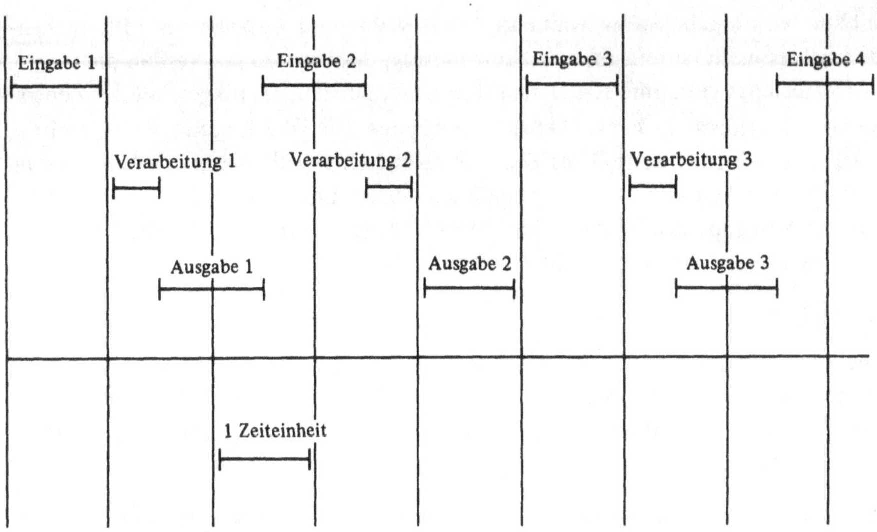

Bild 11. Arbeitsweise einer ungepufferten DV-Anlage

Die Arbeitsweise einer vollgepufferten DV-Anlage (Eingabe *und* Ausgabe sind gepuffert) zeigt Bild 12. Hier überlappen sich Ein- und Ausgabe voll, was bedeutet, daß die Ein- und Ausgabegeräte kontinuierlich arbeiten können. Lediglich die Recheneinheit muß aufgrund ihrer vergleichsweise hohen Geschwindigkeit mit der Verarbeitung warten. Im Gegensatz zur ungepufferten Anlage werden bei der gepufferten DV-Anlage etwa die doppelte Anzahl von Datensätzen je Zeiteinheit verarbeitet. Das Eingabegerät überträgt schon den nächsten Daten-

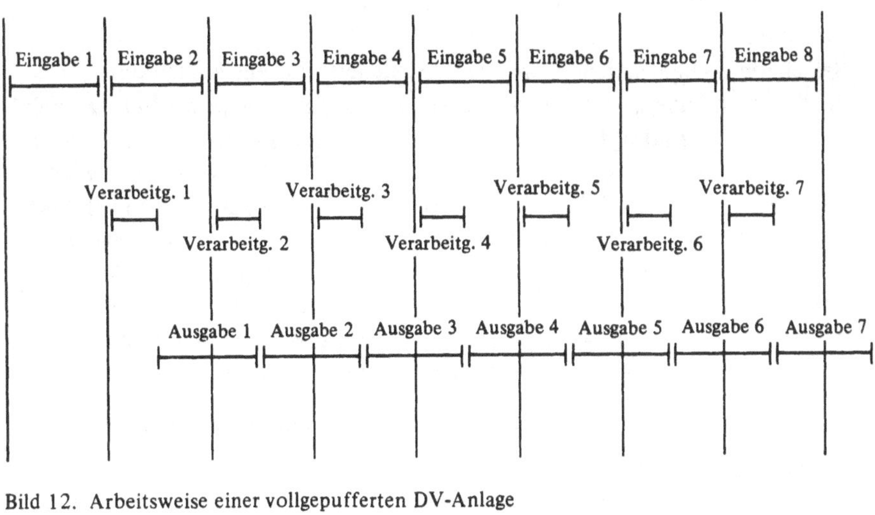

Bild 12. Arbeitsweise einer vollgepufferten DV-Anlage

satz in den Eingabepuffer, während Verarbeitung und Ausgabe des vorhergehenden Satzes noch laufen. Erst auf Anforderung des Programms werden die im Pufferspeicher gesammelten Datensätze einzeln in den Hauptspeicher der Zentraleinheit übertragen und anschließend verarbeitet. Die Übertragung beansprucht hierbei nur einen Bruchteil der Zeit, die erforderlich wäre, wenn die Eingabeeinheit direkt in den Arbeitsspeicher einlesen würde. Entsprechend verhält es sich auf der Ausgabeseite. Ist die Anlage nur mit Eingabe- *oder* Ausgabepuffer ausgerüstet, so liegt der Nutzeffekt etwa in der Mitte.

B. Zentraleinheit

Die Zentraleinheit (engl. CPU = Central Processing Unit) umfaßt den internen Haupt- oder Arbeitsspeicher, die Verarbeitungs- oder Recheneinheit und das Steuerwerk. Bei der Beurteilung der Zentraleinheit sind folgende Einzelheiten zu beachten:

a) Wie groß ist der interne Speicher, in welchen Stufen ist er ausrüstbar, und kann der Speicher ohne Umtausch der ganzen Zentraleinheit beim Kunden erweitert werden?

Hinweise:
Der interne Speicher einer Kleinanlage sollte mit 4, 8 und 16 K ausrüstbar sein und beim Kunden ("im Feld") erweitert werden können; als reine Kartenanlage genügen meist 4 oder 8 K, während für eine Anlage, die mit Magnetbandgeräten oder Magnetplattenspeichern ausgerüstet ist, in der Regel 16 K erforderlich sind.

b) Handelt es sich beim Aufbau des internen Speichers um einen Stellen-, Byte- oder Wortspeicher?

Hinweise:
Bei einem Stellenspeicher kann jede Speicherstelle ein alphanumerisches Zeichen (d.h. eine Ziffer, einen Buchstaben oder ein Sonderzeichen) aufnehmen (= 6 Datenbits). Bei einem Bytespeicher beinhaltet jede Speicherstelle dagegen 8 Datenbits und kann ein alphanumerisches Zeichen oder – in gepackter Form – 2 Ziffern speichern. Ein Wortspeicher besteht (je nach Maschinensystem) in der Regel aus 16 - 36 Datenbits, und ein Speicherwort kann mehrere Ziffern und/oder Buchstaben umfassen. Wortspeicher werden bei Kleinanlagen selten angeboten, wohingegen der Einsatz von Bytespeichern immer mehr zunimmt. Bytespeicher sind vorteilhafter als reine Stellenspeicher, weil innerhalb eines Bytes 2 Ziffern gespeichert werden können.

c) Wie hoch ist die Übertragungsgeschwindigkeit des internen Speichers?

Hinweise:
Die interne Übertragungsgeschwindigkeit ist – absolut gesehen – sehr schlecht

zu beurteilen und muß statt dessen im Vergleich zu anderen Anlagen als Merkmal der gesamten Leistungsfähigkeit einer Anlage betrachtet werden.

d) Steht der Arbeitsspeicher für die Kundenprogramme voll zur Verfügung oder sind bestimmte Bereiche durch den Hersteller reserviert, die nicht genutzt werden können?

Hinweise:
Die Größe des internen Speichers muß allein aus der Sicht des Benutzers gesehen werden. Reservierte Bereiche sind von der nutzbaren Gesamtkapazität abzuziehen.

e) Wieviele unterschiedliche Befehle besitzt die Anlage und welche Zeit benötigt ihre Ausführung?

Hinweise:
Je mehr Befehle eine Anlage kennt, desto anpassungsfähiger und schneller kann sie im allgemeinen arbeiten. Manche Kleinanlagen haben aus Kostengründen keine verdrahtete Multiplikations- und Divisionseinrichtung, und die Multiplikation und Division werden statt dessen über ein Standardprogramm durchgeführt, was zusätzliche Rechenzeit und erhöhten Speicherplatzbedarf für die Aufnahme des Programms erfordert. Die Zeit für die Ausführung einzelner Befehle muß wieder vergleichsweise zu Kleinanlagen anderer Hersteller gesehen werden.

f) Besitzt die Anlage Indexregister und wieviele?

Hinweise:
Indexregister zur leichten Änderung von Adressen sind nicht unbedingt notwendig, erleichtern aber die Programmierung und sparen Speicherplatz. Sie sind als vorteilhaft anzusehen.

C. Ein-/Ausgabegeräte

Die nächsten Fragen und Hinweise wenden sich nun den Ein- und Ausgabegeräten zu:

a) Sind alle anschließbaren Ein-/Ausgabegeräte standardmäßig gepuffert, ist eine Pufferung gegen Mehrpreis erhältlich oder ist die Anlage ganz oder teilweise ungepuffert?

Hinweise:
Die Bedeutung der Pufferung wurde bereits hervorgehoben. Sollte eine Pufferung nur gegen Mehrpreis erhältlich sein, muß geprüft werden, ob die dadurch erzielte höhere Leistungsfähigkeit überhaupt benötigt wird.

b) Erfordern die einzelnen Ein- und Ausgabegeräte gesonderte Steuereinheiten und wie teuer sind diese?

Hinweise:
Im allgemeinen sind die Steuereinheiten bei Kleinanlagen in der Zentraleinheit oder in den Geräten selbst eingebaut. Hier handelt es sich nur um die Frage zusätzlicher Kosten.

c) Wird die Umwandlung Lochkarten- in Maschinencode bzw. umgekehrt Maschinen- in Ausgabecode bereits im Gerät durchgeführt oder bedarf es eines gesonderten Umwandlungsprozesses im Arbeitsspeicher?

Hinweise:
Durch eine gesonderte Umwandlung im Arbeitsspeicher geht wertvolle Maschinenzeit verloren.

d) Die im Prospekt genannten Sollzeiten der Ein-/Ausgabegeräte unterscheiden sich häufig von den in der Praxis wirklich erreichten Istzeiten. Das gilt insbesondere für Kleinanlagen. Deshalb ist genaue Auskunft vom Hersteller zu fordern, unter welchen Bedingungen und mit welchen Einschränkungen die angegebenen Leistungen erzielt werden. Ein aufwendiges Verarbeitungsprogramm kann die zwischen zwei Zeittakten zur Verfügung stehende Verarbeitungszeit überschreiten, so daß die Geschwindigkeit auf der Ein- und Ausgabeseite um 30 bis 50 % absinkt.

e) Werden die Lochkarten zeilen- oder spaltenweise gelesen?

Hinweise:
Bei der Zeilenlesung besteht der Abfühlvorgang immer aus 12 Impulsketten (entsprechend den 12 Lochzeilen), und die Einlesegeschwindigkeit ist gleichbleibend hoch. Im Gegensatz hierzu ist die Anzahl der Impulsketten bei der Spaltenabfühlung verschieden und hängt von der Anzahl der aufeinanderfolgend gelochten Spalten ab. Entsprechend der Anzahl der gelochten Spalten erhöht oder verringert sich die Geschwindigkeit.

f) Welche automatischen Kontrollen besitzt das Lesegerät?

Hinweise:
Im allgemeinen findet eine Lochzahlprüfung mit Hilfe zweier Lesestationen statt. An beiden Stationen werden die Anzahl der Löcher in der Karte gezählt und auf Übereinstimmung geprüft. Auf jeden Fall muß das Lesegerät eine zuverlässige automatische Prüfung auf richtige Abfühlung besitzen.

g) Wieviele Ablagefächer sind vorhanden und wie können die Karten ausgesteuert werden?

Hinweise:
Manche Lesegeräte besitzen 2 oder 3 Kartenablagefächer. Meist kann dann über das Programm die Karte in das eine oder andere Fach gesteuert werden

(was meist einen gesonderten Lauf auf der Sortiermaschine erspart), um im Anschluß an die Verarbeitung das Kartenpaket nach Kartenarten wieder zu trennen.

h) Wie hoch ist die Geschwindigkeit des Lesegerätes?

Hinweise:
Annehmbare Geschwindigkeiten liegen zwischen 24.000 und 40.000 Karten je Stunde.

i) Wie hoch ist die Geschwindigkeit des Lochkartenstanzgerätes?

Hinweise:
Durchschnittliche Geschwindigkeiten sind 8 000 bis 15 000 Karten je Stunde.

j) Wird die Stanzkontrolle auf die übliche Weise durchgeführt?

Hinweise:
Hinter der Stanzstation liegt eine Lesestation, die die gerade gestanzten Angaben liest und mit den gespeicherten vergleicht. Gibt es eine andere Stanzprüfung, muß ebenfalls die Sicherung durch automatische Kontrolle gewährleistet sein.

k) Ist die Zusatzeinrichtung "Stanzen in die gleiche Karte" einzubauen, und was kostet sie?

Hinweise:
Diese Zusatzeinrichtung kann gerade bei Kleinanlagen sehr wertvoll sein. Vor der Stanzstation liegt noch eine Lesestation. Die abgefühlten Daten werden verarbeitet und die Ergebnisse wieder in die gleiche Karte gestanzt, so daß beispielsweise eine Artikelkarte für die Rechnungsschreibung den im selben Durchlauf errechneten Betrag (Menge mal Preis) aufnimmt. Auch für die Lohn- und Materialabrechnung gibt es ähnliche Anwendungsbeispiele. Auf diese Weise können viele Lochkarten (Zwischen- und Summenkarten) eingespart werden.

l) Wie beim Lesen, so kann auch die Geschwindigkeit beim Stanzen der Lochkarten von der Art der Stanzung abhängen.

Hinweise:
Der Organisator muß also wissen, ob die Karten zeilenweise, spaltenweise oder en bloc (im ganzen mit einer einzigen Bewegung der Stanzstempel) gestanzt werden und sich die Geschwindigkeit hierdurch ändern kann.

m) Ist an der Anlage eine sogenannte Mehrfunktions-Karteneinheit anschließbar?

Hinweise:
Ein solches Gerät kann außer dem Lesen und Stanzen von Lochkarten verschiedene zusätzliche Aufgaben, wie Mischen, Duplizieren und Beschriften

der Lochkarten, durchführen. Die zusätzliche Anschaffung der entsprechenden Lochkartenmaschinen (Mischer, Doppler, Lochschriftübersetzer) entfällt hierdurch, und die Gesamtmiete wird verringert. Da das Gerät jedoch in erster Linie zum Lesen und Stanzen von Karten (in Verbindung mit der DV-Anlage) benutzt wird, ist die Gesamtbelastung zu berücksichtigen. Werden beispielsweise Lochkarten gestanzt, die dann im selben Durchlauf zu beschriften sind, so sinkt die Gesamtgeschwindigkeit auf die Leistung der langsamsten Station (das ist in diesem Falle die Lochschriftübersetzung) in der Mehrfunktionseinheit. Wird die DV-Anlage vielleicht nur insgesamt zu 40 oder 50% ausgelastet, kann die Mehrfunktionseinheit von Interesse für den Benutzer sein. Im anderen Falle kann sie einen besonderen Engpaß bedeuten.

n) Ist ein Lochstreifenleser anschließbar?

Hinweise:
Der Anschluß eines Lochstreifenlesers ist nur interessant für Arbeitsgebiete, deren Datenerfassung sich besonders gut für den Einsatz von Lochstreifen eignet. Wegen der schlechten Sortierfähigkeit der einzugebenden Daten ist der Lochstreifenleser aber meist für eine Kleinanlage schlecht geeignet, es sei denn, daß die Maschine mit Magnetbandgeräten oder -platten ausgerüstet ist. Angaben über den Lochstreifenleser sind dem Abschnitt über mittelgroße DV-Anlagen zu entnehmen.

o) Sind externe Speicher (Magnetbandgeräte und/oder Magnetplattenspeicher) anschließbar, wie viele und mit welchen Leistungen?

Hinweise:
Die Ausrüstung mit externen Zusatzspeichern läßt die Kleinanlage in die Nähe einer mittelgroßen Anlage rücken. Deshalb ist zunächst zu prüfen, ob eine solche Ausrüstung die Kleinanlage nicht überfordert. Andererseits kann der Anschluß von Magnetbandgeräten oder kleinen Wechsel-Magnetplattenspeichern in organisatorischer Hinsicht von Vorteil sein, weil lochkartenmaschinelle Sortier- und Mischarbeiten, die meist einen Engpaß darstellen, eingeschränkt werden oder ganz wegfallen können. Stamm- und Bestandsdaten werden statt dessen auf Magnetbändern oder Magnetplatten gespeichert bzw. fortgeschrieben. Doch ist immer zu bedenken, daß die interne Leistungsfähigkeit einer Kleinanlage eine bestimmte Grenze hat, die bei der Ausrüstung mit externen Speichern sehr schnell erreicht sein kann. Magnetbandgeräte und Magnetplattenspeicher werden in einem späteren Abschnitt näher beschrieben.

p) Auch beim Schnelldrucker interessiert natürlich die Geschwindigkeit (wie viele Zeilen werden je Stunde gedruckt?). Der Organisator muß wissen, ob ein Druckpuffer eingebaut ist oder angeschlossen werden kann und ob die Druckgeschwindigkeit beim Druck von Buchstaben und Sonderzeichen (oder bei ganz bestimmten Sonderzeichen) absinkt und um wieviel Prozent.

Hinweise:
Die Druckgeschwindigkeit sollte bei 18 000 bis 36 000 Zeilen in der Stunde liegen.

q) Weitere wichtige Angaben beim Schnelldrucker sind: die Anzahl der Druckzeichen (vor allem im Hinblick auf die Sonderzeichen), die Zeilenbreite (höchstmögliche Anzahl Zeichen je Zeile), die Zeichen- und die Zeilendichte je Zoll.

Hinweise:
Diese Angaben sind besonders dann wichtig, wenn der Organisator einen Wechsel der DV-Anlage vornimmt oder herkömmliche Lochkartenmaschinen ersetzt werden sollen. Eine Abweichung von Zeilenbreite, Zeilen- und Zeichendichte kann unter Umständen eine Änderung der bisher verwendeten Formulare erforderlich machen.

r) Wie viele Kopien kann der Schnelldrucker liefern?

Hinweise:
Hier sind oft große Unterschiede zwischen den Prospektangaben der Hersteller und der wirklichen Nutzleistung festzustellen. Die meisten Drucker liefern zwischen 3 und 5 gut lesbare Kopien außer dem Original, doch hängt die Anzahl im Einzelfalle auch von der Qualität und Stärke der verwendeten Endlosformulare ab.

s) Besitzt der Schnelldrucker eine automatische Druckkontrolle, und wie funktioniert sie?

Hinweise:
Die automatische Druckkontrolle prüft, ob die gedruckten mit den im internen Speicher für den Druck bereitgestellten Daten übereinstimmt. Sie darf auf keinen Fall fehlen. Die meist gebräuchliche Druckkontrolle ist die sogenannte Echoprüfung.

t) Ist für die Anlage eine Klimaanlage erforderlich?

Hinweise:
Für kleinere Anlagen, die ohne Magnetbänder oder Magnetplatten arbeiten, kann vielfach auf eine besondere Anlagenklimatisierung verzichtet werden. Allerdings sollte der Hersteller dann verbindlich erklären, bei welcher Raumtemperatur die Anlage noch sicher arbeitet. Es besteht sonst die Gefahr, daß die Anlage an besonders heißen Sommertagen ausfallen kann, wenn nicht mindestens eine normale Raumklimatisierung vorhanden ist.

3.2112 *Software*

Die von der Herstellerfirma zur Verfügung gestellte Software bildet den Beurteilungsmaßstab

für die bestmögliche Nutzung der Hardware und

für die Einfachheit und Beschleunigung der Programmierung.

In technischer Hinsicht wird die Software einer DV-Anlage als Betriebssystem bezeichnet, das aus einer Reihe von Programmen zum Betrieb der Hardware besteht.

A. Aufgaben eines Betriebssystems

Zu Funktionen zusammengefaßt übernimmt ein Betriebssystem folgende Aufgaben:

die Überwachung des Arbeitsablaufes (Steuerprogramm)

die Übersetzung symbolischer in echte Maschinenprogramme (Übersetzungsprogramme) und

die Durchführung allgemein anwendbarer und wiederkehrender Arbeiten (Anwendungsprogramme).

B. Das Betriebssystem bei kleinen DV-Anlagen

Das *Steuerprogramm* übernimmt eine Reihe von Aufgaben, wie beispielsweise die Überwachung und Kontrolle des Arbeitsablaufes in der DV-Anlage, die Zusammenarbeit der Zentraleinheit mit den peripheren Ein-/Ausgabe- und Speichergeräten, die Verbindung von Programmablauf in der Zentraleinheit und Kanalsteuerung sowie die Steuerung des Übergangs von einer Arbeit zur anderen. Da Steuerprogramme, wegen des erforderlichen Aufwandes, bei kleineren DV-Anlagen entweder nicht verwendet werden oder aber einen geringen Nutzeffekt haben, erfolgt eine nähere Erläuterung bei den mittelgroßen DV-Anlagen.

Von der *Programmsprache*, die bei einer bestimmten DV-Anlage verwendet werden kann, hängen Aufwand und Einfachheit der Programmierung entscheidend ab. Im allgemeinen werden kleinere Anlagen in der Assembler-Sprache (= eine symbolische, maschinenorientierte Programmsprache) programmiert. Das hierzu gehörende Übersetzungsprogramm heißt Assembler. Wegen des verhältnismäßig großen Speicherbedarfs ist die problemorientierte Sprache COBOL (engl. **CO**mmon **B**usiness **O**riented **L**anguage), mit dem Compiler als Übersetzungsprogramm, bei kleineren DV-Anlagen selten zu finden. Da diese Maschinen überwiegend zur Lösung einfacher Abrechnungsaufgaben und Statistiken eingesetzt werden, ist die Bereitstellung besonders einfacher Programmsprachen, wie FARGO, RPG, STAR und anderer zu fordern. Programme in diesen Sprachen (ihre Übersetzungsprogramme sind Generatoren) sind einfach und schnell zu programmieren. Sie sind, zum Teil unter anderer Bezeichnung, bei allen Herstellern zu finden, werden jedoch häufig bei neuen DV-Anlagen den Kunden erst später zur Verfügung gestellt.

Anwendungsprogramme zur Durchführung allgemein verwendbarer und häufig wiederkehrender Arbeiten werden von der betreffenden Herstellerfirma selbst programmiert und den Kunden zur Verfügung gestellt. Soweit es sich nur um Programmteile handelt, werden sie in die eigenen Programme eingebaut. Beispiele für Anwendungsprogramme sind das Sortieren und Mischen von Datenbeständen auf Magnetbändern und Magnetplatten, die Verwaltung von Datenbibliotheken sowie standardmäßige Ein- und Ausgabeprogramme. Beispielsweise bedeutet das Programm "Karte-Band", daß die Daten eines beliebigen Lochkartenpaketes 80 : 80 (d.h. aus den 80 Spalten der Lochkarte entsteht ein 80-stelliger Satz auf dem Magnetband) auf Magnetband übertragen werden. Das Programm "Band-Band" führt die Duplizierung eines Datenbestandes auf Magnetband auf ein anderes Magnetband durch. Testprogramme dienen schließlich dazu, den Programmierern das Austesten (Prüfen) ihrer Programme zu erleichtern. Da die von den Herstellern bereitgestellten Testhilfen hinsichtlich ihrer Anzahl und Nutzeffekte stark voneinander abweichen, ist diesem Punkt besondere Aufmerksamkeit zu schenken.

Gerade dem "Software-Paket" (wie die Gesamtheit der Steuerprogramme, Übersetzungs- und Anwendungsprogramme in Bezug auf eine bestimmte DV-Anlage bezeichnet wird) ist bei der Anschaffung einer kleinen DV-Anlage große Bedeutung beizumessen. Hierbei geht es jedoch in erster Linie nicht so sehr um die bestmögliche Ausnutzung der DV-Anlage, als vor allem um eine einfache und schnelle Programmierung, weil kleine Unternehmen sich weder eine längere Vorbereitungszeit noch einen größeren Stab an Programmierern leisten können. Die Beurteilung der Software kann nur am Vergleich der Betriebssysteme verschiedener DV-Anlagen vorgenommen werden.

3.212 Die Leistungsfähigkeit mittelgroßer DV-Anlagen

Für eine mittelgroße DV-Anlage ist ein monatlicher Mietpreis von etwa 15 000 bis 50 000 DM aufzuwenden. Auch hier sind die Grenzen fließend, und manche Anlage ist in Wirklichkeit den Kleinanlagen, eine andere bereits größeren Anlagen zuzurechnen. Um die Bestimmung der Größenordnung zu erleichtern, wurden in den Bildern 13 bis 15 drei mittelgroße Anlagen, und zwar der unteren Grenze, des mittleren Bereiches und der oberen Grenze mit typischen Ausrüstungen dargestellt. An der Größenordnung ändert sich nichts, wenn beispielsweise anstelle eines Lochkartenlesers ein Lochstreifenleser oder anstelle eines Magnetplatten- ein Magnettrommelspeichers angeschlossen ist.

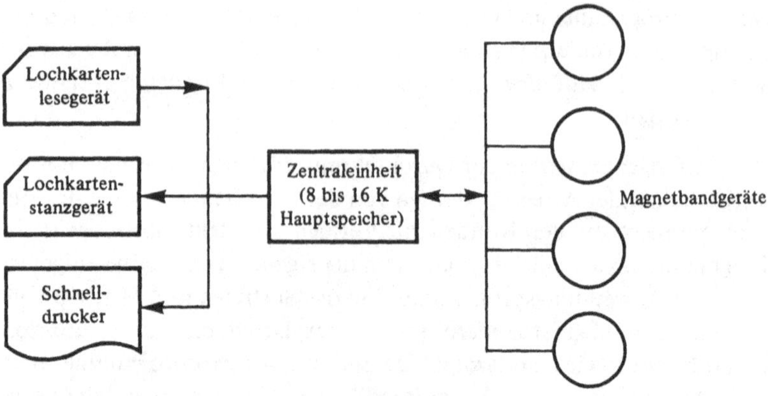

Bild 13. Mittelgroße DV-Anlage (untere Größe)

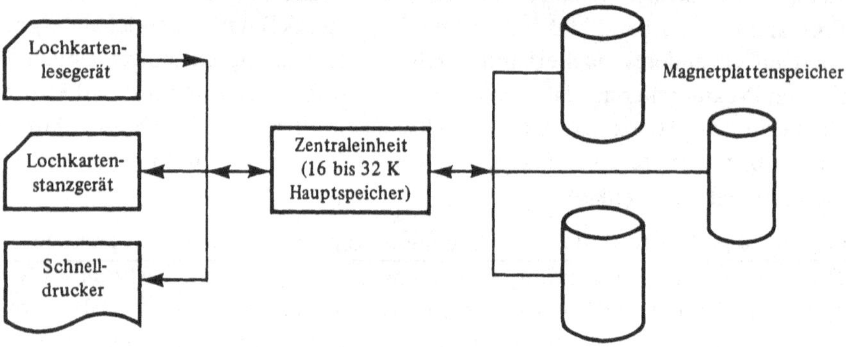

Bild 14. Mittelgroße DV-Anlage (mittlere Größe)

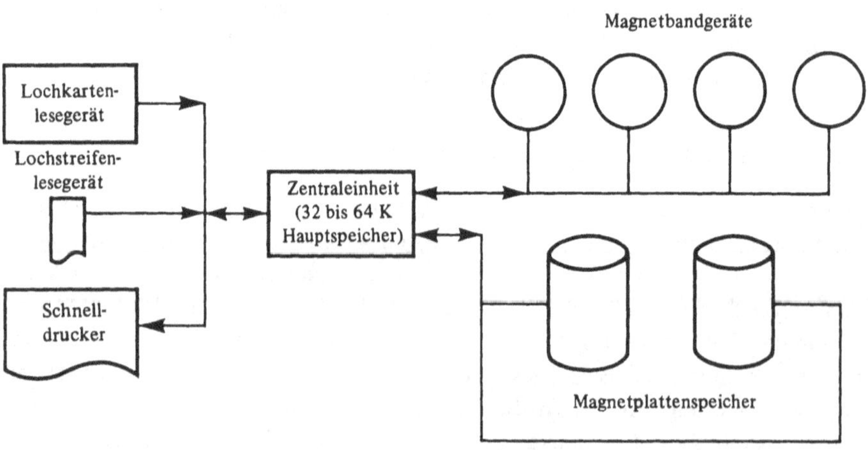

Bild 15. Mittelgroße DV-Anlage (obere Größe)

3.2121 *Hardware*

A. Allgemeine Merkmale

Um uns nicht zu wiederholen, werden Einrichtungen, die bei kleinen DV-Anlagen bereits besprochen wurden und bei DV-Anlagen einer höheren Größenordnung mehr oder weniger selbstverständlich sind, nicht noch einmal erläutert. Beispielsweise ist die Pufferung der Ein-/Ausgabegeräte (oder die der Pufferwirkung entsprechenden Einrichtungen) bei mittelgroßen oder größeren Anlagen selbstverständlich. Wichtiger sind dagegen Einrichtungen und Geräte, die bei mittelgroßen Anlagen typisch sind und deren Leistungsfähigkeit besonders kennzeichnen. Auf sie werden wir hier in erster Linie eingehen.

Eine mittelgroße DV-Anlage wird im allgemeinen mehrere Datenkanäle haben. Das gilt vor allem im Hinblick auf moderne und leistungsfähige Maschinen, die in der Regel nicht nur mehrere, sondern sogar unterschiedliche Kanalarten besitzen: Der Multiplexkanal verbindet die Zentraleinheit mit den langsameren Ein-/Ausgabegeräten, während die Selektorkanäle dazu dienen, die Daten zwischen den schnellen externen Speichern und der Zentraleinheit zu übertragen. Im allgemeinen ist eine mittelgroße DV-Anlage mit einem Multiplexkanal (= Vielfachkanal) und einem oder zwei Selektorkanälen (= Auswahlkanälen) ausgestattet.

Der hauptsächliche Unterschied zwischen Multiplex- und Selektorkanal besteht darin, daß der *Multiplexkanal gleichzeitig* Daten zwischen *mehreren* Ein-/Ausgabeeinheiten und der Zentraleinheit transportiert, während beim *Selektorkanal* immer nur Daten zwischen *einem* externen Speicher und der Zentraleinheit übertragen werden. Der Multiplexkanal ist in seiner Funktion mit einem Paternoster vergleichbar. Genauso wie ein Paternoster Personen von irgendeinem Stockwerk zu einem anderen befördern kann (sofern ein Fahrkorb frei ist), überträgt der Multiplexkanal Daten von und zu jeder Ein-/Ausgabeeinheit.

Vergleichen wir den Multiplexkanal mit einem Paternoster, so ähnelt der Selektorkanal einem Expreßfahrstuhl. Denn der Expreßfahrstuhl befördert eine Gruppe Menschen auf- oder abwärts zu einem bestimmten Stockwerk, und der Selektorkanal überträgt die Daten von oder zu einem bestimmten externen Speicher; und das zusätzlich mit hoher Geschwindigkeit. Dadurch wird der Selektorkanal schnell wieder für die nächste Anforderung frei.

Eine Ein-/Ausgabeeinheit, die in einem Arbeitstakt nur wenige Daten überträgt (das Lochkartenlesegerät liest zum Beispiel in 0,1 Sekunden nur 80 Zeichen), würde den Selektorkanal, der in der Sekunde bis zu 400 000 Zeichen übertragen kann, zu lange blockieren. Hier ist statt dessen die Arbeitsweise des Multiplexkanals angebracht, der gleichzeitig mehrere langsame Einheiten bedienen kann. Die unterschiedlichen Arbeitsweisen der beiden Kanalarten sind in den Bildern

16 und 17 noch einmal zeichnerisch dargestellt. Natürlich bedarf es einer zusätzlichen Steuerung in der DV-Anlage, um beim Multiplexkanal die verschiedenen Daten zu trennen und an die vorgesehenen Plätze im Hauptspeicher bzw. umgekehrt vom Hauptspeicher zu den richtigen Ausgabegeräten zu transportieren.

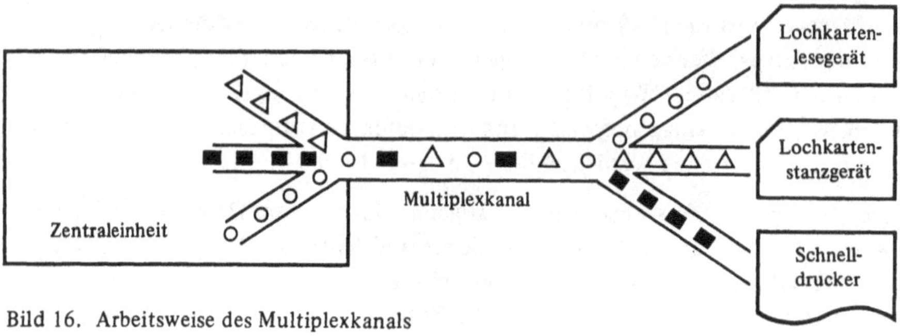

Bild 16. Arbeitsweise des Multiplexkanals

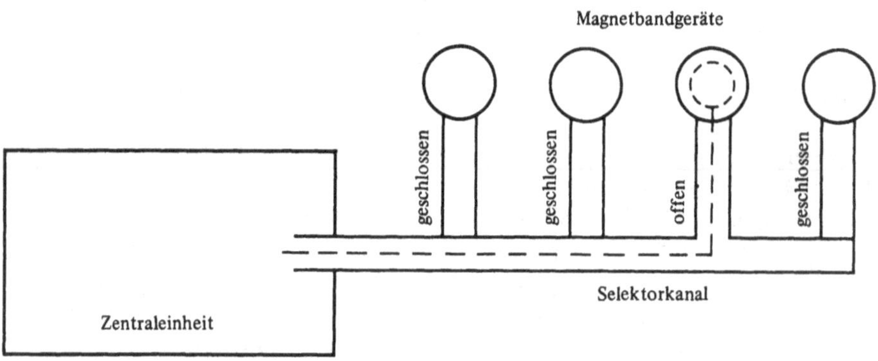

Bild 17. Arbeitsweise des Selektorkanals

Moderne DV-Anlagen mittlerer (und höherer) Größenordnung besitzen die Möglichkeit des *Multiprogramming* (etwa mit Vielfachverarbeitung zu übersetzen). Beim Multiprogramming befinden sich zwei oder mehr Programme zur gleichen Zeit im internen Speicher und laufen gleichzeitig (genauer: überlappt) in der Anlage ab. Dem Multiprogramming liegt folgender Gedanke zugrunde: Selbst bei einer voll gepufferten DV-Anlage ist die Zentraleinheit nicht voll ausgenutzt, weil die mechanisch ablaufende Ein-/Ausgabe weit mehr Zeit benötigt als der interne Bearbeitungsprozeß. Wenn aber *ein* Programm die Zentraleinheit nicht voll beschäftigen kann, so vermögen das zwei oder mehr Programme besser zu tun. Bild 18 zeigt das Beispiel eines Multiprogramming mit zwei Programmen. Der Einfachheit halber wurde angenommen, daß die beiden Programme je etwa

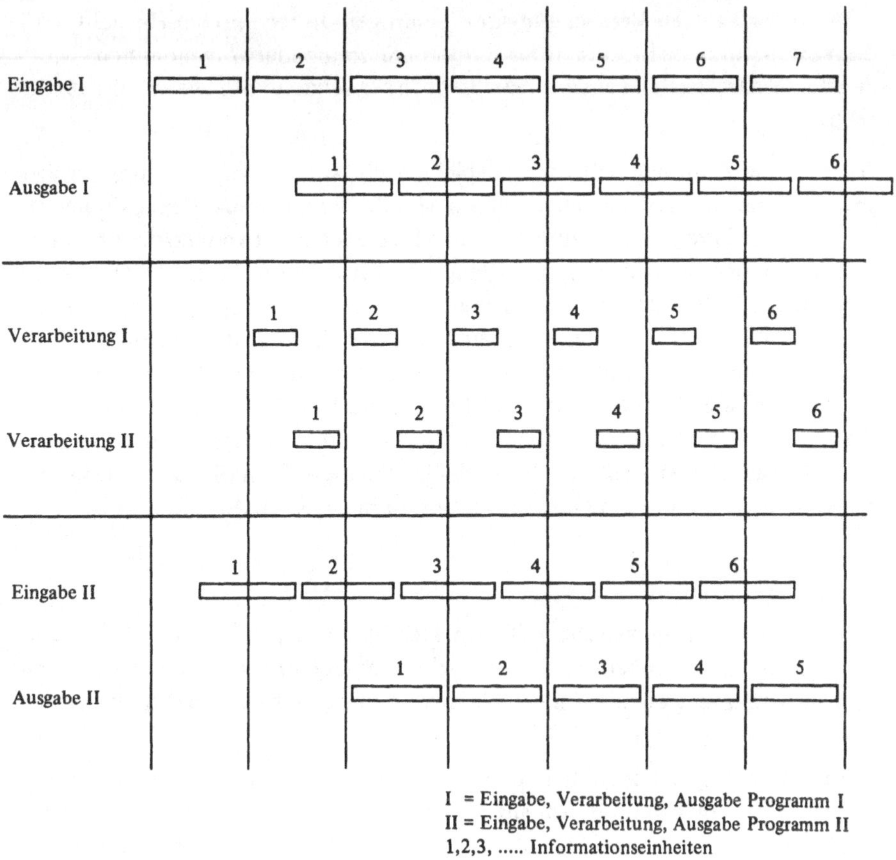

Bild 18. Multiprogramming (Gesamtablauf bei 2 Programmen)

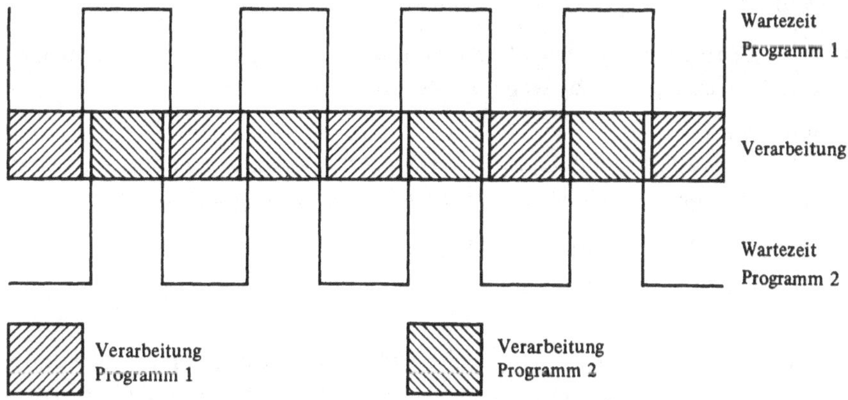

Bild 19. Multiprogramming (Verzahnung)

50% der verfügbaren Verarbeitungszeit benötigen. In technischer Hinsicht wird die Verarbeitung nicht Einheit für Einheit hintereinander vorgenommen (wie in Bild 18 dargestellt), sondern läuft ineinander verzahnt ab, wie es Bild 19 zeigt.

Während die Zentraleinheit zum Beispiel auf die Anlieferung der Daten für Programm 1 wartet, führt sie einige Befehle von Programm 2 aus. Danach schaltet sie wieder auf Programm 1 zurück und so fort. Jede nicht vom ersten Programm ausgenutzte Rechenzeit (wegen der langsamen An- und Ablieferung der Daten) wird für ein anderes Programm ausgenutzt. Durch das Multiprogramming ist es möglich, sowohl Zentraleinheit als auch periphere Ein-/Ausgabegeräte und externe Speicher gut zu nutzen. Natürlich entstehen auch hier hin und wieder Wartezeiten, die aber vergleichsweise gering sind. Das Multiprogramming stellt jedoch eine Reihe zusätzlicher Anforderungen an die Hardware und Software einer Anlage. Das ist auch der Grund dafür, daß diese Technik nur bei DV-Anlagen von einer bestimmten Größenordnung an möglich ist.

B. Die Zentraleinheit

Die Zentraleinheit mittelgroßer DV-Anlagen muß genügend leistungsfähig sein, einen ausreichend großen internen Speicher besitzen und sich für die Arbeit im Multiprogramming eignen. Im einzelnen sind folgende Eigenschaften besonders wichtig:

a) Der interne Speicher sollte mindestens 16 K groß sein und "im Felde" bis auf 64 K, mindestens jedoch auf 32 K, auszubauen sein. Seine internen Übertragungsgeschwindigkeiten sollten in einer Größenordnung weniger Mikrosekunden liegen.

b) Im Hinblick auf die Überlappung mehrerer Programme (Multiprogramming) ist zu prüfen,

- ob Multiprogramming allein durch die Hardware möglich ist oder ob hierzu (was die Regel ist) ein zusätzliches Steuerprogramm benötigt wird.

  Hinweise:
  Wenn das Multiprogramming über ein Steuerprogramm erfolgt, muß gewährleistet sein, daß es rechtzeitig verfügbar und bereits erprobt ist.

- ob es möglich ist, Vorgänge zu bilden, so daß bei Stauungen bestimmte Ein- oder Ausgabegeräte bevorzugt bedient werden können.

  Hinweise:
  Diese Frage ist besonders dann wichtig, wenn eine größere und zeitgebundene Arbeit nicht durch andere Programme behindert werden darf (das Engpaßprogramm besitzt dann Vorrang).

- ob die Abfrage auf Beendigung einer Ein-/Ausgabeoperation bzw. einer Vorrangoperation nach jeder Operation oder erst nach Abschluß des gesamten Maschinentaktes erfolgt.

  Hinweise:
  Da Ein-/Ausgabeoperationen wegen ihrer Dauer immer einen Engpaß bilden, muß die Maschine das betreffende Ein- oder Ausgabegerät jeweils abfragen, ob die Operation beendet ist, damit sofort die Daten des nächsten Programms bzw. des Vorrangprogramms verarbeitet werden können. Das Vorrangprogramm soll immer mit höchstmöglicher Geschwindigkeit ablaufen. Als sog. Background- (engl. Hintergrund-) Programm wählt man eine zeitlich nicht so gebundene bzw. nicht ein-/ausgabeintensive Arbeit. Das Backgroundprogramm wird sich nur dann dazwischen schieben, wenn das Vorrangprogramm (wegen der Ein- und Ausgabeoperation) warten muß. Während nun das Backgroundprogramm läuft, muß die Maschine zwischendurch immer wieder abfragen, ob der Ein- oder Ausgabevorgang für das Vorrangprogramm beendet ist. Ist das der Fall, so verzweigt das Programm sofort wieder zur Vorrangarbeit zurück. Die Abfrage kann nun nach jedem Befehl des Backgroundprogramms erfolgen oder aber erst nach Beendigung eines Maschinentaktes. Es ist verständlich, daß eine Abfragemöglichkeit nach jeder Operation (und nicht erst nach jedem Maschinentakt) weitaus günstiger für die Gesamtleistung ist.

- ob es bestimmte Operationen oder Ein-/Ausgabegeräte gibt, die nicht in ein volles Multiprogramming eingeschlossen sind.

  Hinweise:
  Es kommt vor, daß einzelne Geräte (ein Beispiel ist der optische Belegleser) aus technischen Gründen nicht in das Multiprogramming eingeschlossen werden können. Hier ist zu berücksichtigen, daß zu bestimmten Zeiten nur dieses Gerät mit dem dazugehörigen Programm (Beispiel: Übertragen der Daten vom Klarschriftbeleg auf Magnetband) arbeiten kann. Multiprogramming ist während dieser Zeit ausgeschlossen.

C. Ein-/Ausgabegeräte

Bei den Ein-/Ausgabegeräten soll auf die folgenden Besonderheiten hingewiesen werden:

a) Gibt es für die Eingabe einzelner Daten nur eine Steuerpulttastatur oder kann auch eine Schreibmaschine angeschlossen werden?

   Hinweise:
   Eine Steuerpultschreibmaschine sollte bei einer mittelgroßen DV-Anlage auf jeden Fall anschließbar sein.

b) Sind alle Ein-/Ausgabegeräte nur am Multiplexkanal anschließbar, oder können einzelne auch mit einem der Selektorkanäle verbunden werden?

Hinweise:

Da bei einem Multiplexkanal schon einmal Stauungen und Wartezeiten auftreten können, kann diese Frage für Maschinen mit besonders schnellen und mehreren Ein-/Ausgabegeräten von Interesse sein.

c) Auch hier sind die Fragen und Hinweise aus dem Abschnitt über kleine DV-Anlagen wichtig. Eine Ausnahme hiervon bildet die Mehrfunktionseinheit, weil der Anschluß eines solchen Gerätes an eine mittelgroße DV-Anlage unwirtschaftlich ist. Die Leistung der Anlage würde hierdurch zu stark verringert. Die Geschwindigkeiten der Ein-/Ausgabegeräte liegen im allgemeinen um 50 bis 100% höher als bei Kleinanlagen, also etwa 36 000 bis 60 000 Karten je Stunde beim Kartenleser und 36 000 bis 90 000 Zeilen je Stunde beim Drucker. Die Zusatzeinrichtung "Stanzen in die gleiche Karte" ist bei mittleren Anlagen uninteressant, weil in der Regel externe Speicher angeschlossen sind, die diese Einrichtung überflüssig machen.

d) Von Bedeutung ist außerdem, ob die Ein-/Ausgabegeräte technisch gewartet werden können, ohne daß die Zentraleinheit stillgelegt werden muß. Das gilt vor allem dann, wenn mehrere Ein-/Ausgabegeräte angeschlossen sind, damit die Anlage auch bei Abschaltung einzelner Geräte arbeitsfähig bleibt.

e) Bietet die Herstellerfirma ein Lochstreifenlesegerät an, das an die Anlage angeschlossen werden kann (einschließlich der Möglichkeit des Multiprogrammings für Lochstreifeneingabe)?

Hinweise:

Der Lochstreifen erfreut sich in letzter Zeit zunehmender Beliebtheit, zumal bei mittleren und größeren Anlagen (die ja in der Regel mit externen Speichern ausgerüstet sind) das Problem der Datensortierung wegfällt. Die Daten werden vom Lochstreifen auf Magnetband oder Magnetplatte gelesen und danach maschinenintern sortiert. Der Lochstreifenleser sollte bewährt sein und mindestens 500 Zeichen je Sekunde lesen sowie eine automatische Lesekontrolle besitzen.

D. Externe Speicher

Als externe (Zusatz- oder Großraum-) Speicher werden Magnetbandgeräte, Magnetplatten-, Magnettrommel-, Magnetkarten- und Magnetstreifenspeicher angeboten, doch hat der Organisator bei den einzelnen Herstellern außer Magnetbandgeräten nicht immer die Wahl zwischen allen aufgeführten Speichern. Auch kommt heute, nach den Magnetbändern, den wechselbaren Magnetplatten die Hauptbedeutung als externer Speicher zu.

Je nach den Aufgaben für eine mittelgroße DV-Anlage wird man die Maschine mit Magnetbandgeräten und/oder einem der genannten Speicherarten ausrüsten. Typische Ausrüstungen werden in den Bildern 13 bis 15 gezeigt. Die meisten der im Einsatz befindlichen mittelgroßen Anlagen sind mit 4 bis 8 Magnetbandgeräten, mit 2 bis 4 Magnetplattenspeichern (deren Magnetplatten meist auswechselbar sind) oder sowohl mit Magnetbandgeräten als auch Magnetplattenspeichern ausgestattet. Ist ein besonders schneller Zugriff zu größeren Datenbeständen nötig, rüstet man (vor allem größere) DV-Anlagen auch mit Magnettrommeln aus, während Magnetkarten- und Magnetstreifenspeicher relativ selten anzutreffen sind.

D 1. Magnetbandgeräte

a) Wie viele Magnetbandgeräte können an der DV-Anlage höchstens angeschlossen werden?

Hinweise:
Es sollten mindestens 6 bis 8 Bandgeräte anschließbar sein, damit während eines Hauptprogramms auch noch Daten ein- und ausgegeben werden können (z.B. Lochkarte auf Magnetband und Magnetband zum Drucker über Standardprogramme).

b) Benötigen die Bandgeräte gesonderte Steuereinheiten, wie teuer sind diese und wie viele Bandgeräte können an einer Steuereinheit angeschlossen werden?

Hinweise:
Diese Frage bezieht sich nur auf die Kosten, die für etwaige zusätzliche Steuereinheiten zu berücksichtigen sind.

c) Gibt es Magnetbandeinheiten mit mehreren Laufwerken?

Hinweise:
Bei Bandgeräten mit mehreren Laufwerken werden Kosten gespart, wobei jedoch zu berücksichtigen ist, daß bei Ausfall eines Laufwerkes (entspricht einem einfachen Magnetbandgerät) die ganze Einheit von 2 oder 3 Laufwerken ausfällt.

d) Wie hoch sind die Geschwindigkeiten der angebotenen Bandgeräte?

Hinweise:
Durchschnittliche Schreib-/Lesegeschwindigkeiten für mittlere DV-Anlagen liegen etwa zwischen 24 und 60 kHz. kHz bedeutet kilo Hertz = 1000 Hertz = 1000 Schwingungen pro Sekunde, das ist eine Schreib-/Lesegeschwindigkeit von 1000 Zeichen je Sekunde; die Maßeinheit Hertz ist nach dem deutschen Physiker Hertz benannt.

e) Wie viele Spuren haben die verwendeten Magnetbandgeräte?

Hinweise:

Die Aufzeichnung der Zeichen auf Magnetband wird heute immer mehr innerhalb 9 Spuren (oder Kanälen) vorgenommen, wobei der 9. Kanal als Prüfkanal dient. 7-Kanal-Bandgeräte sind seltener geworden und werden in einigen Jahren ganz vom Markt verschwunden sein.

f) Ist das gleichzeitige Schreiben und Lesen (wichtig für überlappte Arbeitsweise) auf mehreren Bandeinheiten möglich?

Hinweise:

Diese Technik ist natürlich nur dann anwendbar, wenn die Bandeinheiten an verschiedenen Selektorkanälen (z.B. je 2 oder 4 Einheiten an einem Kanal) angeschlossen sind. Doch selbst dann ist das gleichzeitige Lesen und Schreiben nicht immer möglich, so daß diese wichtige Frage dem Hersteller unbedingt gestellt werden muß.

g) Ist sowohl Vorwärts- als auch Rückwärtslesen möglich?

Hinweise:

Die Möglichkeit des Rückwärtslesens (die gespeicherten Daten können auch von hinten gelesen werden) ist von zeitlichem Vorteil bei der Bandsortierung, doch nicht unbedingt erforderlich.

h) Ist die Schreib- und Leseprüfung im üblichen Sinne gelöst?

Hinweise:

Üblich bedeutet hier, daß die geschriebenen Daten durch eine hinter dem Schreibkopf befindliche Lesestation gelesen und mit den Daten im internen Speicher auf Übereinstimmung verglichen werden (= Schreibprüfung). Die übliche Leseprüfung erfolgt mit Hilfe der vertikalen und horizontalen Bitzahlprüfung. Bei anderen Verfahren muß ebenfalls eine volle Prüfmöglichkeit gegeben sein.

i) Mit welcher Zeichendichte arbeiten die Bandgeräte?

Hinweise:

Übliche Zeichendichten (=Anzahl der gespeicherten Bytes je Zoll oder cm) sind bei modernen Bandgeräten 800 Bytes je Zoll bzw. 320 Bytes je cm. Doch sind schon Bandgeräte mit 1600 Bytes je Zoll bzw. 640 Bytes je cm auf dem Markt. Je höher die Zeichendichte, desto höher ist die Speicherkapazität je Band.

j) Wie lange dauert das Rückspulen einer vollen Magnetbandrolle?

Hinweise:

Rückspulen bedeutet Wartezeit. Deshalb sollte der Vorgang möglichst schnell ablaufen. Die Zeit von 0,5 bis 2 Minuten ist bei einer vollen Rolle normal.

k) Wie groß sind die Zwischenräume zwischen den Datenblöcken, und wie hoch sind die Start- und Stoppzeiten?

Hinweise:
Die Zwischenräume trennen die Bandblöcke voneinander. Sie sollten so klein wie möglich sein, wobei 1,5 bis 2,5 cm als normal gelten. Start- und Stoppzeit bedeutet das Anlaufen bzw. Stoppen des Gerätes bei der Verarbeitung eines Blockes. Auch sie sollten so günstig wie möglich sein; 5 bis 12 msec (Millisekunden = tausendstel Sekunden) sind üblich.

l) Können nur bestimmte Magnetbänder (des Herstellers selbst) und müssen nichthandelsübliche Bandlängen benutzt werden?

Hinweise:
Im allgemeinen können handelsübliche Bänder von 730 m Länge aller Bandhersteller verwendet werden. Bei Abweichungen von dieser Regel ist Vorsicht am Platze, weil der Benutzer dann an den Hersteller der DV-Anlage (und seine Preise!) gebunden ist.

m) Ist die Anzahl der Zeichen je Block begrenzt?

Hinweise:
Diese Begrenzung sollte nur durch die Größe des internen Speichers bedingt sein. Andere Begrenzungen sind unüblich und sollten genau geprüft werden.

n) Sind alle Speicher- und Verarbeitungsmethoden sowie Formate möglich?

Hinweise:
Es sollten sowohl eine geblockte und ungeblockte Speicherung und Verarbeitung als auch eine feste und variable Blocklänge möglich sein. Geblockt bedeutet, daß mehrere Datensätze zu einem physischen Datenblock zusammengefaßt werden können, was Speicherplatz und Maschinenzeit spart. Gleichzeitig sollte die Anzahl der Stellen je Satz (oder Block) sowohl fest als variabel lang (= die Anzahl der Zeichen je Satz oder Block ist unterschiedlich groß) sein können.

o) Welche Sortierverfahren sind anwendbar, und wie viele Bandeinheiten werden für jedes Verfahren benötigt?

Hinweise:
Üblicherweise werden Standard-Misch-Sortierprogramme (die der Hersteller innerhalb seines Betriebssystems zur Verfügung stellen muß) verwandt, die je nach Verfahren 4 oder 6 Bandgeräte zum Sortieren benötigen. Wichtig sind die Sortierzeiten und der für das Sortierprogramm benötigte interne Speicherraum. Beide Fragen prüft man am besten anhand eines Beispiels bei verschiedenen Herstellern (Ausrechnen oder besser auf der Anlage testen!).

p) Können die Bandgeräte im gleichen Raum mit der DV-Anlage untergebracht oder müssen sie (wegen besonders großer Staubempfindlichkeit) in einem getrennten Raum aufgestellt werden?

Hinweise:
Getrennte Unterbringung ist recht selten. Sollte sie erforderlich sein, ist Vorsicht am Platze; diese Geräte können überempfindlich sein und häufig ausfallen.

D 2. Random Access-Speicher

Die nächsten Fragen beziehen sich auf Speicher mit wahlfreiem Zugriff (engl. Random Access), insbesondere (wegen ihrer großen Verbreitung) auf Magnetplattenspeicher.

a) Welche Random Access-Speicher und wie viele je Typ sind anschließbar?

Hinweise:
Die Frage bezieht sich auf Magnetplatten- und Magnettrommelspeicher, in einzelnen Fällen auch auf Magnetkarten- und Magnetstreifenspeicher. Es sollten mindestens 3 bis 4 Einheiten anschließbar und die Nachrüstung auch "im Felde" möglich sein.

b) Sind zusätzliche Steuereinheiten (eine Einheit für wie viele Speicher?) erforderlich, und was kosten sie?

Hinweise:
Hierbei handelt es sich nur um eine Kosten- und gegebenenfalls auch um die Raumfrage.

c) Können die Steuereinheiten bzw. Speichereinheiten (bei Direktanschluß) an verschiedenen Datenkanälen (Selektorkanälen) angeschlossen werden?

Hinweise:
Diese Frage ist für die Anwendung von Multiprogramming wichtig, damit mit 2 oder mehreren Speichern (je nach der Anzahl der Datenkanäle) gleichzeitig gearbeitet werden kann.

d) Sind die Speichermittel wechselbar?

Hinweise:
Magnettrommeln sind nie, Magnetkarten- und Magnetstreifenspeicher immer und Magnetplattenspeicher je nach Typ wechselbar. Die Möglichkeit, eine Magnetplatte oder einen Magnetplattenstapel auswechseln zu können, dürfte – besonders bei mittelgroßen Anlagen – von Vorteil sein und Kosten sparen.

e) Wie groß ist die Speicherkapazität und wie hoch die minimale, maximale und durchschnittliche Zugriffszeit zu den gespeicherten Daten?

Hinweise:
Hierbei handelt es sich um die wichtigsten Fragen beim Einsatz von Random Access-Speichern. Speicherkapazität und Zugriffszeit verhalten sich meist umgekehrt proportional zueinander. Während ein externer Speicher mit großer Kapazität (z.B. ein Magnetstreifenspeicher) eine hohe Zugriffszeit besitzt, weist umgekehrt ein Speicher mit verhältnismäßig niedriger Kapazität (z.B. eine Magnettrommel) eine günstigere Zugriffszeit auf. Die folgende Tabelle gibt Anhaltspunkte über die durchschnittlichen Kapazitäten und Zugriffszeiten bei Random Access-Speichern, die üblicherweise bei den meisten mittelgroßen DV-Anlagen angeschlossen werden können.

Speichertyp	Ø Zugriffszeit	Ø Kapazität
Magnetplattenspeicher (nicht wechselbar)	100 bis 250 msec *)	50 - 200 Mio Zeichen
Magnetplattenspeicher (wechselbar)	50 bis 150 msec	7 - 15 Mio Zeichen
Magnettrommelspeicher	10 bis 30 msec	5 - 20 Mio Zeichen
Magnetkarten- und -streifenspeicher	300 bis 800 msec	300 - 800 Mio Zeichen

*) msec = Millisek. = 1/1000 Sek.

f) Sind mehrere Zugriffseinrichtungen vorhanden?

Hinweise:
Die Zugriffszeit hängt insbesondere von der Anzahl der Zugriffseinrichtungen ab. Bei Wechsel-Magnetplattenspeichern ist üblicherweise ein Zugriffsarm für jeden Plattenzwischenraum (= Kammzugriff) vorhanden.

g) Sind alle üblichen Verarbeitungs- und Speicherformen möglich?

Hinweise:
Die möglichen Speicher- und Verarbeitungsformen hängen nicht allein von der Hardware, sondern vor allem vom Betriebssystem ab. Der Organisator muß deshalb in dieser Frage sein Augenmerk auch auf das Software-Paket des Herstellers richten. Übliche Speicherformen sind die starr fortlaufende, die logisch fortlaufende und die gestreute Speicherung und Verarbeitung. Alle Verfahren sollten anwendbar sein.

h) Ist die Blocklänge festgelegt oder kann auch mit variablen Längen gearbeitet werden?

Hinweise:
Die Verwendung variabler Blocklängen macht die Maschine anpassungsfähiger an ihre Aufgaben und spart Speicherplatz und Zeit.

i) Wie viele Zeichen sind mit einer einzigen Einstellung der Zugriffseinrichtung im Zugriff?

Hinweise:

Jede Einstellung der Zugriffseinrichtung kostet Zeit, weil sie mechanisch bedingt ist. Die Zugriffseinrichtung muß von einer Spur zu einer anderen Spur bewegt werden, wobei es sich um einen mechanischen, verhältnismäßig zeitraubenden, Vorgang handelt. Umso wichtiger ist es, mit einer einzigen Einstellung eine größere Anzahl Zeichen gleichzeitig im Zugriff zu haben. Besonders günstig ist hier die Einrichtung des Zylinderzugriffs, bei dem mit einer einzigen Einstellung des Zugriffsarms alle übereinanderliegenden Spuren des gesamten Plattenstapels gleichzeitig im Zugriff sind.

j) Welche Prüfungen und Datensicherungen sind eingebaut bzw. im Steuerprogramm vorgesehen?

Hinweise:

Bei allen möglichen Methoden muß unbedingt sichergestellt sein, daß jeder Schreib- und Lesevorgang automatisch durch die Hardware und/oder Software überprüft wird. Zusätzliche Frage: Ist die Schreib- und Leseprüfung in der Zugriffszeit enthalten oder muß sie hinzu gerechnet werden?

k) Wie groß ist die Zeit zum Duplizieren eines ganzen Speichers (Platte auf Platte oder Platte auf Magnetband)?

Hinweise:

Da die Speicher aus Gründen der Datensicherung häufig (beispielsweise einmal am Tag oder je Lauf) kopiert werden, ist diese Zeit von Bedeutung; sie kann aber nicht allgemein gültig angegeben werden, weil sie von Speicher- zu Speichertyp unterschiedlich ist. Ein wechselbarer Plattenspeicher von 7,25 Mio. Bytes Kapazität beansprucht beispielsweise eine Duplizierzeit von etwa 2,5 Minuten.

l) Enthalten die angegebenen Zugriffszeiten die Zeit zur Übertragung der Daten zwischen externem Speicher und internem Hauptspeicher?

Hinweise:

Diese Frage ist deshalb so besonders wichtig, weil nahezu jeder Hersteller unter der Zugriffszeit etwas anderes versteht. Hierbei kommt es auf die Gesamtzeit an, die sich aus Zugriffszeit, Schreib- bzw. Lesezeit, Übertragungszeit zwischen externem Speicher und Hauptspeicher sowie der Zeit zur Überprüfung des Schreib- bzw. Lesevorgangs zusammensetzt.

m) Wie hoch sind die Miet- oder Kaufpreise für wechselbare Speicher?

Hinweise:

Dieser Punkt ist in die Kostenrechnung einzubeziehen, weil diese Speichermittel sehr unterschiedliche Preise haben. Beispielsweise kostet ein Magnetband zwischen 100 und 200 DM (je nach Abnahmemenge), ein Magnetplattenstapel (mit 6 festverbundenen Platten) zwischen 2 000 und 3 000 DM und ein Magazin mit Magnetstreifen zwischen 10 000 und 20 000 DM (= Kaufpreis).

3.2122 *Software*

Vieles, was über die Software und das Betriebssystem bei Kleinanlagen gesagt wurde, gilt auch für mittelgroße DV-Anlagen, mit dem Unterschied, daß hier natürlich weitaus größere Ansprüche an das "Software-Paket" gestellt werden.

Da die Bedeutung leistungsfähiger Betriebssysteme für mittelgroße DV-Anlagen ständig zunimmt, sollen seine Aufgaben im einzelnen und anhand des Betriebssystems der Serie IBM/360 analysiert werden. Wie die Übersicht (dargestellt in Bild 20) zeigt, umfaßt dieses Betriebssystem die beiden Hauptteile "IBM Steuerprogramme" und "Arbeitsprogramme". Zu den letzteren gehören außer den IBM Verwaltungs-, Übersetzungs-, Dienst- und Anwendungsprogrammen auch die eigentlichen Benutzerprogramme. Die Benutzerprogramme gehören nur im weiteren Sinne zum Betriebssystem, werden jedoch vom Betriebssystem mit verwaltet.

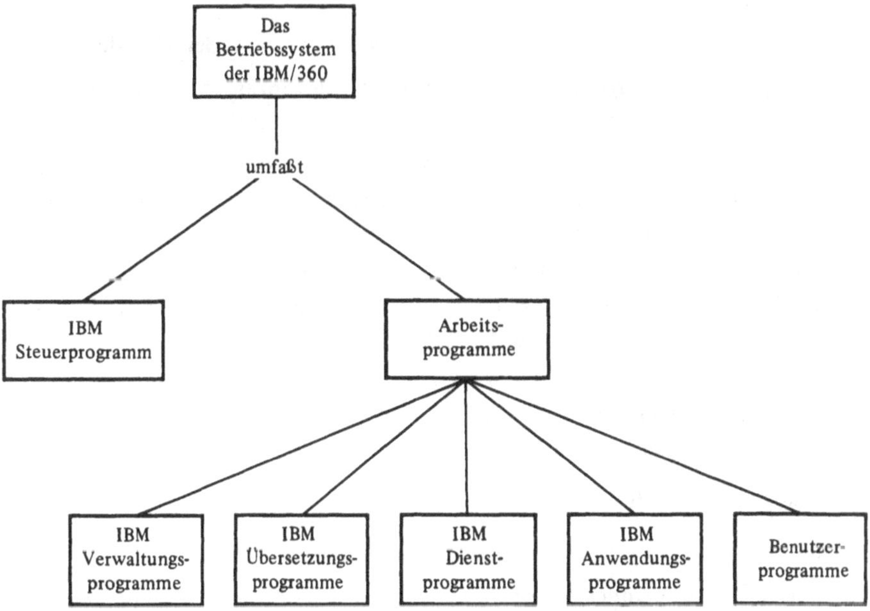

Bild 20. Überblick über das Betriebssystem der IBM/360

A. Steuerprogramm

Das *Steuerprogramm* bildet den Kern des gesamten Betriebssystems. Im einzelnen enthält es:

a) die Kontrolle und Steuerung und

b) die Generierung des Systems.

Zu a): Dieser Teil des Steuerprogramms umfaßt:

1. das einleitende *Programmladen* (engl. IPL = Initial Program Load). Das Steuerprogramm ist bei einer mittelgroßen Anlage meist auf Magnetplatten oder auf Magnetband gespeichert. Bevor aber ein Programm ablaufen kann, muß es von diesem externen Speicher in den internen Speicher der Anlage übertragen (geladen) werden. Diese Funktion (gesteuert durch eine Mitteilung des Operators an die Maschine) übernimmt das IPL.

2. den sogenannten *Supervisor.* Der Supervisor bildet das eigentliche Steuer- und Kontrollprogramm und befindet sich ständig im internen Speicher. Er übt folgende Funktionen aus:

   er bearbeitet Unterbrechungen (der Anlage oder einzelner Programme)

   er steuert die Ein-/Ausgabeoperationen und überlappt sie mit den Verarbeitungsoperationen

   er steuert und kontrolliert die Übertragung der Daten in den Kanälen

   er steuert und kontrolliert die Ein-/Ausgabe von Einzeldaten über das Steuerpult und bildet die Verbindung zwischen Operator und Anlage.

   er steuert den Ablauf der sog. Jobs. Ein Job ist die Zusammenfassung mehrerer Programme, die zu einem gemeinsamen Problem (z.B.: der Rechnungsschreibung) gehören und als Einheit ablaufen.

   er verwaltet die Systembibliothek. Die benötigten Programme werden auf dem Magnetband oder auf der Magnetplatte aufgesucht und – mit Hilfe des Ladeprogramms – in den Hauptspeicher geladen.

   Sonderfunktionen, wie das Auffinden von Schreib- und Lesefehlern und ihre Beseitigung (wenn möglich), Wiederaufnahme der Arbeit an einem Prüfpunkt nach einer Unterbrechung und andere.

3. die sogenannte *Job Control* (Job Kontrolle), die

   den Übergang von einem Job zum nächsten steuert

   die Ein-/Ausgabeeinheiten auf ihre Bereitschaft prüft und sie dem Job zuordnet (beispielsweise teilt die Anlage dem Operator mit, welche Bandeinheiten er für welche Bänder benutzen soll) zusätzliche Informationen berücksichtigt, wie die Begrenzung der Dateien, die Daten für Kennsatzprüfungen, die Speicherung des Tagesdatums, die Verwendung von Programmschaltern usw.

Zu b): Unter der *Generierung* (generieren = lat. erzeugen) versteht man die Abwandlung des standardmäßigen Betriebssystems für die besonderen Belange des Benutzers. Hierbei geht man davon aus, daß die Steuer- und Arbeitsprogramme des Herstellers auf jede mögliche Ausrüstung und auf jeden Benutzer mit unterschiedlichen Verwendungen zugeschnitten sein müssen. Zum Beispiel enthält das Betriebssystem der IBM/360 sowohl die Steuerung und Kontrolle von Band- als auch Magnetplatteneinheiten. Hat ein bestimmter Benutzer aber nur eine Anlage ausschließlich mit Magnetbandgeräten installiert, so benötigt er nur diejenigen Steuerprogrammteile, die sich auf die Magnetbandgeräte beziehen. Für technische Anwendungen wird heute vielfach das Übersetzungsprogramm (der "Compiler") FORTRAN (engl. **FOR**mula **TRAN**slator) benutzt. Ein anderer Benutzer, der nur kaufmännische Programmsprachen verwendet, benötigt diesen Compiler nicht und kann ihn bei der Systemgenerierung herauslassen. Beim Generieren werden also sowohl die Steuerprogramme abgewandelt als auch die Arbeitsprogramme des Benutzers in die Programmbibliothek aufgenommen.

B. Arbeitsprogramme

Zu den *Arbeitsprogrammen* des IBM/360-Betriebssystems gehören:

a) die IBM *Verwaltungsprogramme.* Sie verwalten die Programmbibliothek, entfernen nicht mehr benötigte Programme, nehmen neue Programme auf und katalogisieren sie. Durch sie erfährt der Supervisor, wo die einzelnen Programme zu finden sind. Mit "Programmbibliothek" sind die auf Magnetbändern oder Magnetplatten gespeicherten Standardprogramme und Benutzerprogramme gemeint.

b) die IBM *Übersetzungsprogramme.* Sie dienen dazu, die vom Programmierer geschriebenen symbolischen Programme in Programme der Maschinensprache zu übersetzen. Wir unterscheiden zwischen symbolischen maschinenorientierten und symbolischen problemorientierten Programmsprachen. Die ersten sind Assembler-Sprachen, Problemsprachen sind FORTRAN, ALGOL, COBOL und die neue PL/1.

c) die IBM *Dienstprogramme.* Zu Ihnen gehören die standardmäßigen Ein-/Ausgabeprogramme Karte-Band (Übertragen aus Lochkarten auf Magnetband) oder Band-Drucker (Übertragen von Magnetband zur Druckausgabe) und andere.

d) die IBM *Anwendungsprogramme.* Das sind standardmäßige Programme für bestimmte Anwendungen, die in gleicher oder ähnlicher Form von verschiedenen Benutzern verwendet werden können, wie zum Beispiel die Errechnung der Lohn- und Kirchensteuer oder die Stücklistenauflösung für Fertigungsunternehmen.

e) die *Benutzerprogramme*. Auch sie werden, wie schon angedeutet, in die auf Magnetbändern oder Magnetplatten (bei anderen Anlagen auch Magnettrommeln) gespeicherte Programmbibliothek aufgenommen. Benutzerprogramme sind die in den Unternehmen für die einzelnen Aufgaben und Arbeitsgebiete ausgearbeiteten Programme.

Auf die unterschiedlichen Programmsprachen für mittelgroße DV-Anlagen wurde schon kurz hingewiesen. Naturgemäß können in einer Arbeit über EDV-Organisation keine ausführlichen Erläuterungen über die Unterschiede und Wirkungsweisen der einzelnen Programmsprachen gegeben werden. Diese Fragen gehören zur Ausbildung auf dem Gebiet der Programmierung.

Soviel sei noch hinzugefügt, daß bei mittelgroßen Anlagen der unteren Größenordnung vielfach maschinenorientierte Symbolsprachen (Assembler) und nur bei denen der höheren Größenordnung bereits problemorientierte Sprachen, wie FORTRAN und COBOL, verwendet werden. Doch ganz allgemein wird die Entwicklung immer mehr zu den Problemsprachen gehen, weil sie die Programmierung und auch Programmänderungen stark vereinfachen. Wir wollen aber nochmals darauf hinweisen, daß der Vorteil einer vereinfachten und schnelleren Programmierung einen größeren Hauptspeicher und längere Programmlaufzeiten bedingt.

3.213 Die Leistungsfähigkeit großer DV-Anlagen

3.2131 *Hardware*

Die Bilder 21 und 22 zeigen zwei Beispiele typischer Großanlagen zu monatlichen Mietkosten ab 50 000 DM, meist jedoch in einer Größenordnung von 100 000 bis 250 000 DM. Großanlagen sind teils mit und teils ohne Ein-/Ausgabegeräte ausgerüstet, wobei im letzteren Falle die Ein- und Ausgabe der Daten mit Hilfe kleinerer DV-Anlagen erfolgt. Diese DV-Anlagen, die keine Besonderheiten gegenüber normalen Kleinanlagen aufweisen, werden als Satellitensysteme bezeichnet. Satellitensystem bedeutet hier soviel wie Zulieferer und Abnehmer für Ein- und Ausgabedaten. Da die eigentliche Ein- und Ausgabe ein verhältnismäßig zeitaufwendiger Vorgang ist, übernehmen Kleinanlagen diese Aufgaben, während die teure Großanlage vorwiegend rechenintensive Verarbeitungsaufgaben durchführt. Die Verbindung zwischen den Systemen erfolgt über Magnetbänder, wobei die Magnetbandgeräte meist von der einen zur anderen Anlage umgeschaltet werden können, so daß der körperliche Austausch der Bänder nicht erforderlich ist.

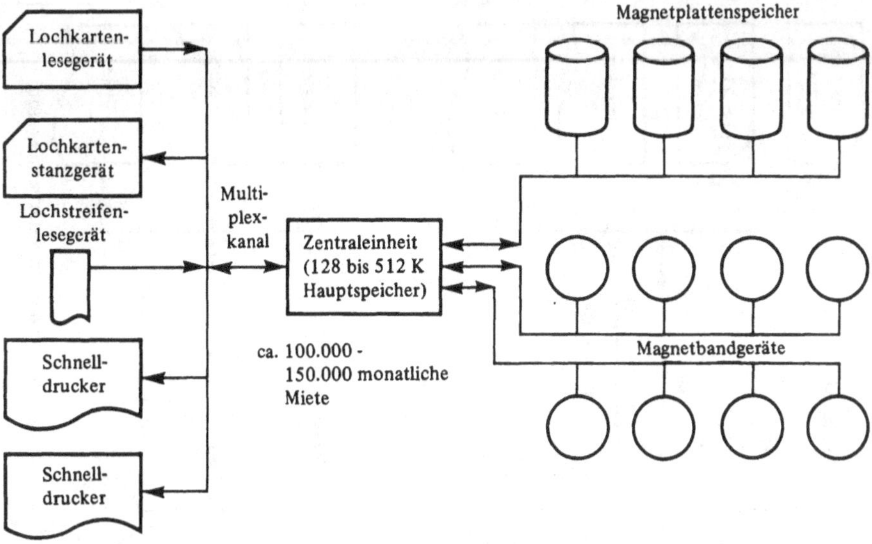

Bild 21. Große DV-Anlage mit einer Zentraleinheit und Ein-/Ausgabegeräten

Wie in Bild 22 dargestellt, kann eine Großanlage auch zwei oder mehr Zentraleinheiten besitzen, die miteinander gekoppelt sind. Ein solches System ist in der Lage, eine Mehrfachverarbeitung (engl. Multiprocessing) durchzuführen. Im Gegensatz zum Multiprogramming laufen beim Multiprocessing mehrere Rechenoperationen wirklich parallel ab, weil die Anlage über mehrere Zentraleinheiten (das bedeutet mehrere Steuerwerke, Recheneinheiten und Hauptspeicher) verfügt. Natürlich schließt das Multiprocessing ein Multiprogramming ein, so daß wiederum je Zentraleinheit und zusätzlich zum Multiprocessing mehrere Programme verzahnt im Multiprogramming ablaufen können.

Abgesehen davon, daß Großanlagen naturgemäß nicht so zahlreich wie Klein- und Mittelanlagen vertreten sind (nur Großrechenzentren der Hersteller und größere Konzerne oder Unternehmen, wie Versandhäuser, haben solche Anlagen eingesetzt), kann das volle Wissen um die Beurteilung großer DV-Anlagen nicht innerhalb eines Buches über EDV-Organisation und nicht in der Grundausbildung zum EDV-Organisator vermittelt werden. Nur langjährige Erfahrungen auf dem Gebiet der Datenverarbeitung bilden die Voraussetzung für eine sichere Beurteilung. Aus diesem Grunde kann die Behandlung von Großanlagen nur am Rande und nicht mit allen Einzelheiten geschehen. Statt dessen sollen nur einige Besonderheiten gegenüber den mittelgroßen DV-Systemen erläutert werden. Hinzu kommt, daß sowohl bei mittelgroßen als auch großen Anlagen eine Reihe von Beurteilungsfaktoren gleich sind oder sich nur dadurch unterscheiden, daß bei Großanlagen noch höhere Anforderungen an Hardware und Software gestellt werden.

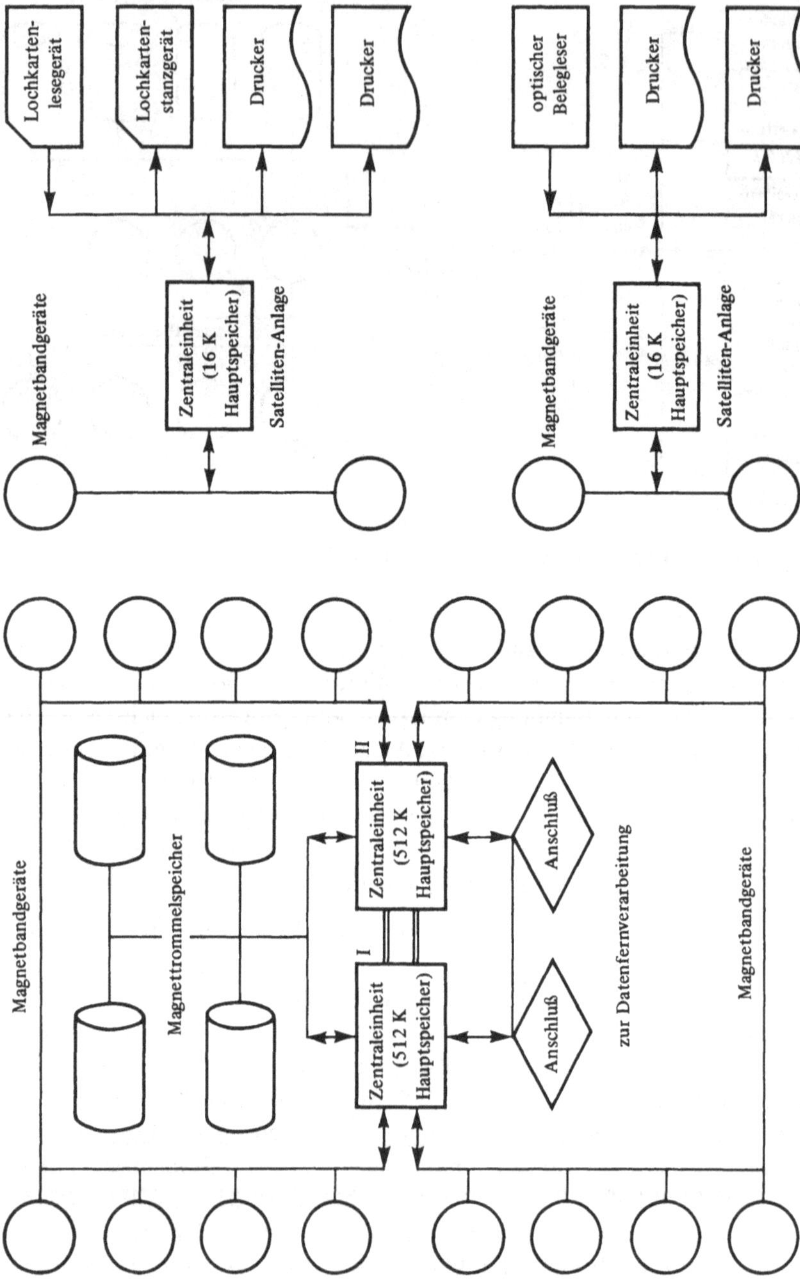

Bild 22. Große DV-Anlage mit 2 Zentraleinheiten, Magnettrommelspeichern, Magnetbandgeräten, Datenfernverarbeitung und 2 Satelliten-Anlagen (monatlicher Mietpreis ca. 400.000 bis 500.000 DM)

So sind Großanlagen, verglichen mit mittelgroßen DV-Anlagen, mit einer größeren Anzahl von noch leistungsfähigeren peripheren Ein-/Ausgabegeräten und Speichereinheiten ausgerüstet, und es stehen noch mehr und schnellere Datenkanäle zur Verfügung. Großanlagen werden meist als Mehrzweckanlagen, das heißt sowohl für kaufmännische als auch für technisch-wissenschaftliche Zwecke, eingesetzt, wozu sie aufgrund ihrer Ausrüstung und Leistungsfähigkeit gut geeignet sind.

Vielfach verwendet man Großanlagen für die Datenfernverarbeitung, wie beispielsweise für Flugplatzbuchungen: Die durch Fernschreib- oder Fernsprechleitungen übertragenen Daten werden sofort und direkt in die DV-Anlage eingegeben, die die Daten verarbeitet und die Ergebnisse wiederum sofort und auf demselben Weg der Buchungsstation zuleitet. Mehrere DV-Anlagen können auch auf diese Weise über Fernleitungen zusammengeschlossen sein und ihre Daten miteinander austauschen. Wegen der hohen Leistungen ist es wichtig, daß bei solchen Anlagen Großraumspeicher (Magnetplatten-, Magnettrommel- oder Magnetstreifenspeicher) mit hoher Kapazität (mehrere Hundert Millionen oder einige Milliarden Zeichen) und günstigem Zugriff zu den gespeicherten Daten angeschlossen sind. Die Ein- und Ausgabe der Daten sowie ihre Archivierung (= Aufbewahrung für spätere Wiederverwendung und zur Datensicherung) wird in der Regel über schnelle Magnetbandgeräte abgewickelt.

3.2132 *Software*

Mit den Ansprüchen an die Hardware steigen zwangsläufig die Anforderungen, die bei solchen Systemen an die Software gestellt werden. Das Betriebssystem für die großen Modelle der IBM/360 ist das OS (engl. **O**perating **S**ystem), das weitaus mehr Möglichkeiten bietet und weniger Einschränkungen aufweist als das Betriebssystem für die mittleren Modelle. Selbstverständlich gelten die gleichen Anforderungen auch für DV-Anlagen anderer Herstellerfirmen, wenn man einmal von den unterschiedlichen Bezeichnungen der Betriebssysteme absieht. Dieser Vergleich kann jedoch nicht darüber hinwegtäuschen, daß Qualität und rechtzeitige Bereitstellung ausreichender Software immer noch sehr unterschiedlich sind, was besonders oft für Anlagen und Modelle gilt, die neu auf den Markt kommen.

3.22 *Durchführung der Anlagenauswahl*

3.221 Zusammenhang zwischen Aufgaben, Kosten und Leistung einer DV-Anlage

Der vorangegangene Hauptabschnitt hat gezeigt, wie eine DV-Anlage von ihrer Hardware und Software her zu beurteilen ist. Hierbei wurde deutlich, daß Leistungsvorteile meist nur durch einen größeren Aufwand und damit durch höhere Kosten erkauft werden können. Eine bestimmte Leistung ist also niemals für sich zu beurteilen, sondern muß im Zusammenhang mit den Kosten gesehen werden, die für sie aufzubringen sind. Immer muß der Benutzer wissen, welche Kosten er für eine bestimmte Leistung aufzubringen hat bzw. umgekehrt, welche Leistung er für gegebene Kosten erhält. Eine hohe Leistung beispielsweise bedeutet für den Benutzer wenig, wenn er dafür einen besonders hohen Preis zu entrichten hat. Umgekehrt sagt ein niedriger Preis nichts aus, wenn nicht gleichzeitig die Leistungsfähigkeit der Maschine in die Beurteilung einbezogen wird.

Geht man also davon aus, daß die Kosten für eine DV-Anlage durch ihre Leistungsfähigkeit und Ausrüstung bestimmt werden, so muß sich andererseits jede Leistung auf die Aufgaben beziehen, für die eine Anlage verwendet werden soll. Niemand wird eine DV-Anlage mit großer Leistungsfähigkeit (und hohen Kosten) installieren, wenn sie dann nur für wenige Aufgaben geringen Schwierigkeitsgrades und für nicht allzu große Datenmengen benutzt wird. So ist festzuhalten, daß ganz allgemein ein technisches Hilfsmittel immer nur im Hinblick auf die Aufgaben ausgewählt und beurteilt werden darf. Die Aufgabe selbst muß stets Ausgangspunkt eines Mitteleinsatzes sein. Die vorangegangenen Bemerkungen mögen trivial klingen, die Erfahrungen beweisen das Gegenteil.

3.222 Die Vorauswahl

Die Auswahl der DV-Anlage dient dem Ziel, dasjenige Maschinensystem herauszufinden, das sich am besten und wirtschaftlichsten zur Lösung der gestellten Aufgaben eignet.

Wie geht der Organisator nun im einzelnen bei der Anlagenauswahl vor? Er schafft sich zunächst eine Art Filtersystem, das die auf dem Markt angebotenen DV-Anlagen passieren müssen, bis zuletzt eine einzige DV-Anlage bestimmter Größe und Ausstattung übrig bleibt (Bild 23). Hierzu gehören als erstes die allgemeinen Einschränkungen, denen sich eine zweite Grob-Filterung anschließt, bei der alle eventuell in Frage kommenden Anlagen gewissen Mindestbedingungen unterworfen werden. Nur diejenigen Anlagen, die diesen Mindestbedingungen genügen (und das sind meist nur 3 bis 6 DV-Systeme) kommen dann in die engere Auswahl, bis sich schließlich die am besten geeignete Anlage herauskristallisiert. So einfach diese Methode auf den ersten Blick erscheint, so schwierig ist sie zu handhaben und so problematisch kann in Einzelfällen das Ergebnis sein. Da es jedoch kein sicheres und allgemein anwendbares Verfahren der Anlagenauswahl gibt, muß auf Näherungsmethoden dieser Art zurückgegriffen werden.

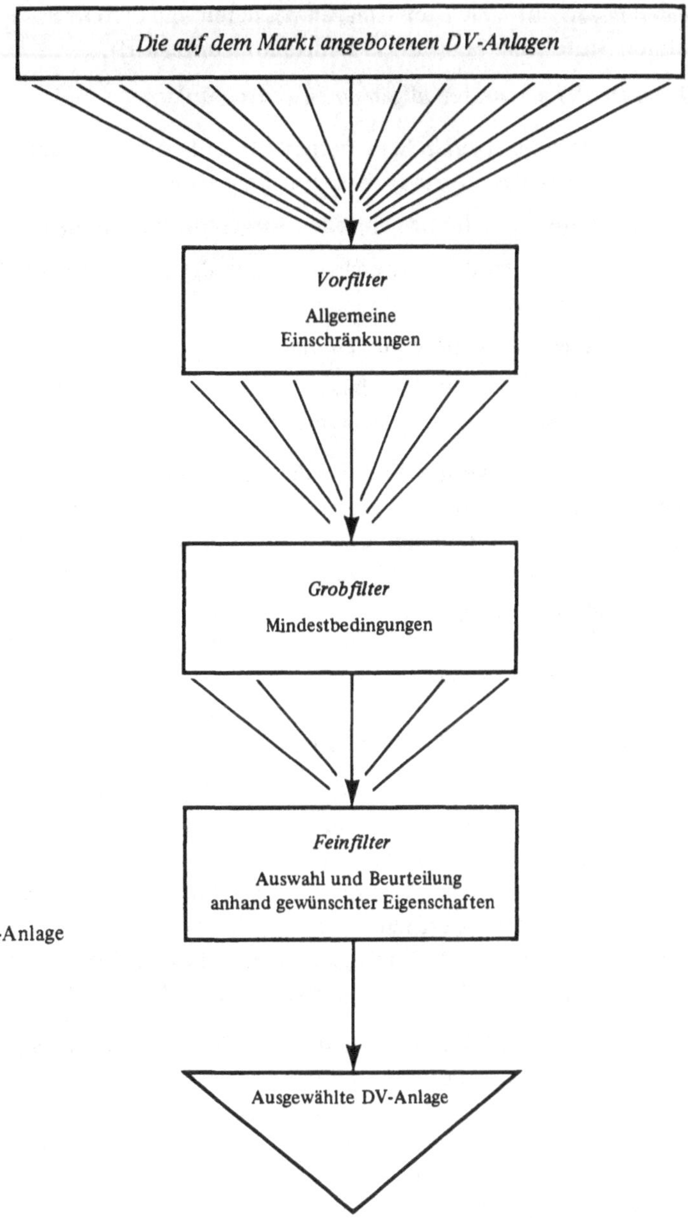

Bild 23.
Auswahl einer DV-Anlage

Die allgemeinen Einschränkungen unterscheiden sich von den Mindestbedingungen nur dadurch, daß sie genereller Natur sind. Sie sollen von vornherein verhindern, daß bestimmte Anlagen überhaupt in die weiteren Betrachtungen einbezogen werden und bilden eine Art Vorfilterung. Die Mindestbedingungen dagegen lassen nur diejenigen Anlagen passieren, die der Organisator dann in der letzten Stufe einer endgültigen Beurteilung unterwirft.

Beispiele der genannten *allgemeinen Einschränkungen* sind:

a) Die Anlagen müssen in Serie hergestellt und auf dem deutschen Markt durch ein engmaschiges Vertriebsnetz angeboten werden.

b) Bestimmte Herstellerfirmen sollen ausgeschlossen werden.

c) Nur eine bestimmte Anlagengröße soll in die weiteren Betrachtungen einbezogen werden.

d) Es kommen nur Anlagen bis zu einer bestimmten Kostenhöhe in Frage.

e) Nur Hersteller, die auch lochkartenmaschinelle Zusatzmaschinen und Datenerfassungsgeräte anbieten, sollen berücksichtigt werden.

Zu a): Selten nur werden Einzel- oder Sonderanfertigungen in die Betrachtung einbezogen, es sei denn, daß es sich um Spezialaufgaben handelt, die mit den auf dem Markt angebotenen Anlagen nicht gelöst werden können. In der Regel wird man sich auf serienmäßig gefertigte Anlagen beschränken, die zudem auf dem Inlandsmarkt angeboten werden. Dies bedeutet natürlich nicht, daß es sich um inländische Hersteller handeln muß, sondern soll auf die notwendigen Service-Leistungen der Hersteller hinweisen. Denn nur Unternehmen, die hier einen Vertrieb unterhalten, werden in der Lage sein, einen ausreichenden Wartungs- und Ersatzteildienst sowie die erforderliche Beratung in Organisations- und Programmierungsfragen zu bieten.

Zu b): Der Ausschluß bestimmter Herstellerfirmen sollte möglichst nicht erwogen werden, weil heute fast alle Hersteller gute Leistungen auf dem einen oder anderen Gebiet der Hardware und Software anbieten. Dennoch kann es vorkommen, daß ein bestimmter Hersteller aus geschäftspolitischen Gründen oder wegen schlechter Erfahrungen, die mit dieser Firma in der Vergangenheit gemacht wurden, nicht berücksichtigt werden soll.

Zu c): Ein dritter Punkt bezieht sich auf die Größenordnung. Die Größe einer DV-Anlage wird im allgemeinen durch die Aufgaben bestimmt, die mit dieser Anlage erfüllt werden sollen. Handelt es sich beispielsweise nur um Abrechnungsaufgaben bei verhältnismäßig geringen Datenmengen, so wird sich die Auswahl nur auf Kleinanlagen erstrecken. Ist umgekehrt die Aufbewahrung großer Datenmengen innerhalb des maschinellen Systems erforderlich, so scheiden alle Anlagen aus, die nicht über externe Datenspeicher verfügen. Müssen die zu speichernden Daten auch noch im wahlfreien Zugriff ansprechbar sein, so wird die Auswahl weiter eingeengt, weil nur bestimmte Speichertypen einen wahlfreien Zugriff zulassen und andererseits nicht alle Speichermittel an jeder Anlage anschließbar sind.

Zu d): Die Größenordnung der DV-Anlagen, die in die engere Wahl gezogen werden sollen, kann indirekt auch dadurch bestimmt sein, daß von der Unternehmensführung eine obere Kostengrenze festgesetzt ist, die nicht überschritten werden darf. In diesem Falle darf sich die weitere Auswahl nur auf Anlagen erstrecken, die sich innerhalb dieser Kostengrenze bewegen. Natürlich hängt dann umgekehrt auch die Leistungsfähigkeit der Anlagen von dieser Kostengrenze ab, weil eine Anlage mit geringer Leistungsfähigkeit keine größeren Aufgaben lösen oder große Datenmengen bewältigen kann.

Zu e): Die Auswahl der Maschinen muß außer der elektronischen DV-Anlage auch die lochkartenmaschinellen Zusatzmaschinen und die Datenerfassungsgeräte umfassen. Diese Maschinen und Geräte sind jedoch für die Anlagenauswahl von zweitrangiger Bedeutung und bilden höchstens dort ein Problem, wo bereits herkömmliche Lochkartenmaschinen im Unternehmen eingesetzt sind, die sich nicht mit elektronischen Systemen anderer Herstellerfirmen kombinieren lassen. Ein Beispiel hierfür ist die in Einzelfällen noch verwendete 90stellige Lochkarte eines Herstellers. Auf der anderen Seite bildet es heute kein Risiko mehr, DV-Anlagen und Zusatzmaschinen verschiedener Hersteller zusammen einzusetzen, so daß die genannten Einschränkungen nur noch in bestimmten Ausnahmefällen gelten.

Während die allgemeinen Einschränkungen dazu dienen, eine erste Vorauslese zu treffen, beziehen sich die Mindestbedingungen bereits auf den möglichen Einsatz im Unternehmen. Doch auch hier geht es nicht um besondere Eigenschaften sowie Vor- und Nachteile der einzelnen DV-Anlagen, sondern zunächst noch um die Erfüllung bestimmter Mindestanforderungen. Eine weitere Beurteilung findet nur bei denjenigen Anlagen statt, die diesen Mindestbedingungen genügen. Im folgenden handelt es sich nur um Beispiele von Mindestbedingungen. Sie können in anderen Unternehmen abweichen, treten jedoch im allgemeinen überall in gleicher oder ähnlicher Zusammensetzung auf.

Beispiele geforderter Mindestbedingungen:

Können die in Frage kommenden Anlagen die geplanten Aufgaben erfüllen und besitzen sie außerdem noch eine Leistungsreserve?

Können sich die vorgeschlagenen DV-Anlagen einem eventuell vorhandenen Lochkartensystem anpassen?

Bieten diese Anlagen die Möglichkeit einer späteren Erweiterung nach dem Baukastensystem?

Sind die Herstellerfirmen in der Lage, die Anlagen in der gewünschten Zeit zu liefern? Diese Forderung ist in der Regel jedoch nur dann von Bedeutung, wenn außergewöhnlich hohe Lieferzeiten genannt werden. Lieferzeiten zwischen 1 und 2 Jahren sind normal und annehmbar, weil dieser Zeitraum ohnehin für die Entwicklung und Einführung des EDV-Systems benötigt wird.

Kann als sicher angenommen werden, daß die betreffenden Herstellerfirmen auch in Zukunft ihren organisatorischen und technischen Kundendienst (Lieferung von Ersatzteilen) aufrecht erhalten?

Haben sich die betreffenden Anlagen bereits im praktischen Einsatz bewährt oder befinden sie sich noch in der Entwicklung oder im Versuchsstadium? Die in den letzten Jahren aufgetretene Gewohnheit einiger Herstellerfirmen, Anlagen anzubieten, die sich noch in der Entwicklung oder Erprobung befinden, läßt diesen Punkt an Bedeutung zunehmen. Wird eine gewisse Marktreife dagegen nicht als Bedingung angesehen, so muß der Benutzer bereit sein, zusätzliche Anlaufschwierigkeiten und Kosten in Kauf zu nehmen.

Entsprechen die in die engere Auswahl gezogenen Anlagen dem neuesten technischen Stand oder muß in Kürze mit der Bekanntgabe wesentlich verbesserter Anlagen gerechnet werden? Hierbei handelt es sich praktisch um die gegenteilige Bedeutung des vorhergehenden Punktes. Eine DV-Anlage, die sich seit mehreren Jahren auf dem Markt bewährt hat, wird kaum noch Probleme mit sich bringen, und ihre Hardware und Software werden erprobt sein. Umgekehrt muß bei einer Frühinstallation (wie die Installation eines neuen, gerade auf den Markt gekommenen, Anlagentyps genannt wird) immer mit besonderen Schwierigkeiten bei der Hardware, vor allem aber auf der Software-Seite gerechnet werden. Vorteile einer neuen Maschine sind ihr neuester technischer Stand und – wenn man die Entwicklung des letzten Jahrzehnts als Maßstab und zum Vergleich nimmt – geringere Kosten bei gleicher Leistung bzw. die gleichen Kosten für eine höhere Leistung. Als Beispiel mag dienen, daß sich das Kosten-/Leistungsverhältnis bei DV-Anlagen in den letzten Jahren um mehr als das doppelte verbessert hat. Eine Leistung, für die vor etwa 5 Jahren rund 50 000 DM monatliche Miete aufzuwenden war, ist heute für weniger als die Hälfte dieses Betrages zu erhalten.

Können die einzelnen Herstellerfirmen bereits Erfolge aufweisen oder handelt es sich um Außenseiter bzw. neue Anbieter? Auch diese Frage, wurde sie nicht bereits bei den allgemeinen Einschränkungen gestellt, ist nur dann von Bedeutung, wenn diese Firmen bisher über kein ausgebautes Vertriebs- und Kundendienstsystem verfügen und deshalb befürchtet werden muß, daß sie ihren Service auf die Dauer nicht aufrecht erhalten können. Völlig branchenfremde Firmen oder Unternehmen mit geringem Leistungsvermögen sind bisher nicht auf dem Computermarkt vertreten.

3.223 Bewertungssystem

Für die weitere Beurteilung der in die engere Wahl gezogenen Anlagen stellt der Organisator nun einen Katalog gewünschter Eigenschaften auf. Diese Eigenschaften bilden zwar die endgültigen Beurteilungsmerkmale, sind aber zunächst noch nicht auf bestimmte DV-Anlagen bezogen. Sie erstrecken sich vielmehr ganz allgemein auf die Leistungsfähigkeit, unterteilt nach Hardware und Software, auf die Kosten sowie auf den Kundendienst der Hersteller und die sonstigen Vertragsbedingungen. Es handelt sich also um Eigenschaften, die für den Benutzer von besonderer Wichtigkeit sind.

Bei der Aufstellung dieser gewünschten Eigenschaften kommt es darauf an, welchen Wert man den einzelnen Eigenschaften beimißt. Beispielsweise ist in einem Unternehmen die Leistungsfähigkeit der Anlage besonders bedeutsam, weil streng zeitgebundene und umfangreiche Arbeiten ablaufen müssen. Ein anderes Unternehmen kann vielleicht eine Kleinanlage ohnehin nur zu 40 bis 50% ausnutzen. Hier werden statt dessen die niedrigen Kosten an erster Stelle stehen. Um den Wert bestimmter Eigenschaften hervorzuheben, teilt der Organisator allen Eigenschaften eine in Zahlen ausgedrückte Gewichtung zu, wobei es ausschließlich auf das Verhältnis der gewichteten Größen zueinander, dagegen nicht auf ihren absoluten Wert ankommt. Zum Beispiel sagt die Gewichtung 20 für die Kosten allein wenig aus. Wird aber gleichzeitig der Leistungsfähigkeit die Gewichtung 10 zugeteilt, so will der Benutzer hiermit ausdrücken, daß er der Frage der niedrigen Kosten einen doppelt so großen Wert beimißt wie der Leistungsfähigkeit. Oder anders: In den Augen eines ganz bestimmten Benutzers kommt den niedrigen Kosten ein doppelt so hoher Wert zu wie der Leistungsfähigkeit. Bei einem anderen Benutzer kann das Verhältnis umgekehrt oder anders sein. Zusammenfassend sei gesagt, daß die Gewichtung, die einer bestimmten Eigenschaft zugemessen wird, allein von den Anforderungen eines bestimmten Benutzers abhängt und nur im Verhältnis zur Gewichtung der anderen Eigenschaften zu sehen ist.

Wir wollen nun als nächstes einen Katalog gewünschter Eigenschaften aufstellen und die einzelnen Eigenschaften sowie ihre Bedeutung für die Anlagenauswahl erläutern. Eine Gewichtung anhand von 3 Beispielen wird die Darstellung ergänzen. Der folgende Katalog gewünschter Eigenschaften (dargestellt in Bild 24) besagt indes nicht, daß alle aufgeführten Eigenschaften in jedem Unternehmen und für jede Anlage wichtig sind. So ist darauf hinzuweisen, daß beispielsweise der Bereitstellung eines Steuerprogramms bei Kleinanlagen keine Bedeutung zukommt, weil diese Anlagen in der Regel ohne eine solche Steuerung benutzt werden. Umgekehrt ist es denkbar, daß in Einzelfällen auch weitere als die hier aufgeführten Eigenschaften gewünscht werden. Der Katalog kann deshalb um einige Eigenschaften gekürzt, andererseits beliebig um weitere wünschenswerte Eigenschaften ergänzt werden.

Hauptmerkmale	Untergliederung
1. *Leistungsfähigkeit*	1.1 Hardware 1.11 Allgemeine Merkmale 1.12 Zentraleinheit 1.13 Ein-/Ausgabegeräte 1.14 Externe Speicher 1.15 Erweiterungs- und Ausbaufähigkeit 1.2 Software 1.21 Steuerprogramme 1.22 Übersetzungsprogramme 1.23 Anwendungsprogramme
2. *Kosten*	2.1 Einmalkosten 2.2 Laufende Kosten
3. *Kundendienst des Herstellers*	3.1 Organisatorischer Kundendienst 3.2 Technischer Service
4. *Sonstige Vertragsbedingungen*	4.1 Allgemeine Bedingungen 4.2 Lieferung und Aufstellung 4.3 Zahlungsbeginn

Bild 24. Katalog gewünschter Eigenschaften (Beispiel)

A. Leistungsfähigkeit

Wie an anderer Stelle bereits behandelt, wird die Leistungsfähigkeit einer DV-Anlage durch die Leistung ihrer Hardware und Software bestimmt. Die Hardware selbst muß hinsichtlich der allgemeinen Merkmale, der Zentraleinheit, der Ein-/Ausgabegeräte und der externen Speicher beurteilt werden. Hinzu kommen ihre Erweiterungs- und Ausbaufähigkeit.

Mit Erweiterungsfähigkeit ist die Möglichkeit gemeint, den internen Hauptspeicher "im Feld",d.h. ohne Austausch der Zentraleinheit und im Rechenzentrum des Benutzers, erweitern zu können. Diese Möglichkeit sollte immer gegeben sein, ist jedoch nach oben und unten begrenzt. Beispiele sind

für eine kleine DV-Anlage = 4, 8 und 16 K,

für eine mittelgroße DV-Anlage = 16, 32 und 64 K und

für eine große DV-Anlage = 128, 256 und 512 K.

Wird eine mittelgroße Anlage mit 32 K installiert, so könnte sie nach dem oben aufgeführten Beispiel auf 64 K erweitert werden. Die Erweiterungsfähigkeit bietet zwei Vorteile: Einmal kann sich nach der Installation herausstellen, daß die Hauptspeichergröße nicht ausreicht, weil vielleicht größere Programme vorhanden oder ein Steuerprogramm mit höherem Wirkungsgrad wünschenswert sind. Zum zweiten spart der Benutzer dadurch Kosten, daß er den Hauptspeicher erst zu einem Zeitpunkt erweitert, wo seine nächste Stufe wirklich benötigt wird. Dies wird aber selten gleich zu Beginn des Einsatzes der Fall sein.

Ausbaufähig ist eine DV-Anlage dann, wenn sie (ebenfalls "im Feld") mit weiteren peripheren Ein-/Ausgabegeräten und externen Speichern des vorhandenen oder eines anderen Typs nachgerüstet werden kann. Beispielsweise könnte es später erforderlich sein, weitere Magnetbandeinheiten, einen zusätzlichen Schnelldrucker oder einen optischen Belegleser anzuschließen. Auch hier geht man davon aus, daß zum Zeitpunkt der Installation nicht sofort alle Geräte bzw. nicht die Endausbaustufe erforderlich sind. Beispielsweise wird man in einem Industrieunternehmen nicht mit der Umstellung der Fertigungssteuerung beginnen, und die für dieses Arbeitsgebiet benötigten Magnetplattenspeicher brauchen deshalb erst später angeschlossen zu werden. Auch der nachträgliche Anschluß von Geräten für die Datenfernübertragung gehört hierher, soweit von dieser Einrichtung Gebrauch gemacht werden soll.

Der Organisator wird natürlich nur diejenigen Eigenschaften aufführen und gewichten, die für sein Unternehmen und die geplanten Aufgaben von Bedeutung sind.

B. Kosten

Von gleich großer Bedeutung wie die Leistungsfähigkeit einer DV-Anlage sind ihre Kosten. Wie bereits hingewiesen, lassen sich beide Merkmale niemals getrennt, sondern immer nur gemeinsam als Kosten-/Leistungsverhältnis bewerten. Die Kosten einer DV-Anlage wären leicht zu ermitteln, wenn sie sich allein aus dem Kaufpreis bzw. der monatlichen Miete zusammensetzten. Zum Kaufpreis bzw. den laufenden Mietkosten kommen die einmaligen Kosten, die der Hersteller bei der Lieferung der Anlage verlangt. Außerdem sind diejenigen – im wesentlichen einmaligen – Kosten in die Beurteilung einzubeziehen, die im Hinblick auf eine oder mehrere der untersuchten Anlagen besonders und zusätzlich aufzuwenden sind. Ein typisches Beispiel sind die Kosten für die Klimatisierung und für Zusatzeinrichtungen der Energieversorgung. Kleine DV-Anlagen können zum Teil ohne Klimatisierung auskommen. Doch handelt es sich beim Anlagenvergleich nicht um den Ausweis aller Kosten bei der Einrichtung einer Datenverarbeitung, sondern nur um die abweichenden Kosten im Hinblick auf verschiedene DV-Anlagen. Insbesondere gehören hierher nicht die einmaligen Umstellungskosten, weil sie generell bei der Umstellung auf die maschinelle Datenverarbeitung anfallen. Sind allerdings diese Umstellungskosten bei den verschiedenen DV-Anlagen unterschiedlich hoch (z.B. wegen unterschiedlicher Anpassung an die vorhandenen Lochkartenmaschinen), so sind auch diese Kosten in die Beurteilung einzubeziehen. Die Kostenanalyse kann in Einzelfällen über die Maschinen- und Einrichtungskosten der DV-Anlage hinausgehen. So könnte eine Anlage nur deshalb ausscheiden, weil ihr Gewicht zu hoch ist und der Boden des Altbaus verstärkt werden müßte, was zu zusätzlichen Kosten führen würde.

C. Kundendienst des Herstellers

Der Kundendienst des Herstellers umfaßt sowohl die kostenlose (genauer: nicht zusätzlich berechnete) Unterstützung und Beratung bei der organisatorischen Vorbereitung, Programmierung und Personalausbildung, als auch den technischen Service (Wartung, Reparatur und Ersatzteilhaltung). Der technische Service ist im Mietpreis einbegriffen, muß jedoch bei Kauf einer Anlage (durch Abschluß eines Wartungsvertrages) gesondert entrichtet werden. Eine gute Starthilfe kann sehr bedeutsam für die reibungslose und termingerechte Umstellung sein, und auch die fachgerechte Wartung und Reparatur sowie ein gut organisierter Ersatzteildienst sind von unschätzbarem Wert für die Aufrechterhaltung der Betriebsbereitschaft.

D. Sonstige Vertragsbedingungen

Schließlich sind auch noch die sonstigen Vertragsbedingungen in die Beurteilung einzubeziehen, soweit sie nicht schon die Hardware und Software, die Kosten und den Kundendienst betreffen und im einzelnen voneinander abweichen. Einzelne Vertragsbedingungen sind:

- die verbindliche Angabe der Leistungsfähigkeit von Hardware und Software (im letzteren Falle auch deren Verfügbarkeitstermine)
- die feste Zusicherung des Kundendienstes mit genauen Einzelheiten
- die vertragliche Garantie genau fixierter kostenloser Testzeiten zum Ausprüfen der Programme vor der Installation der eigenen Anlage
- der Installationsplan, der aussagt, wann und durch wen die Anlage an den Aufstellungsort transportiert, aufgestellt und angeschlossen wird, und
- der Zahlungsbeginn (zu welchem Zeitpunkt nach der Installation muß die Mietzahlung einsetzen?). Gerade hier ist großer Wert darauf zu legen, daß nicht nur die Hardware einwandfrei arbeitet, sondern auch das angekündigte Software-Paket vorliegt und das Betriebssystem fehlerfrei funktioniert.

In den Bildern 25 bis 27 sind Beispiele gewünschter Eigenschaften und ihrer Gewichtung aus der Praxis dargestellt. Obwohl die Gewichtungen unternehmens- und aufgabenbezogen sind, hängen sie indirekt von der Größenordnung der geplanten Maschineninstallation ab, denn es werden sich die Eigenschaften einer

Großanlage gewichtsmäßig von denen unterscheiden, die bei einer Kleinanlage wünschenswert sind. Auch muß der technische Service bedeutend höher für den Fall bewertet werden, daß eine Großanlage zur Steuerung von Produktionsprozessen eingesetzt wird. Die Beispiele in den Bildern 25 bis 27 beziehen sich auf den geplanten Einsatz einer kleinen, einer mittelgroßen und einer großen DV-Anlage.

In Bild 25, dem Beispiel für die Installation einer Kleinanlage, wurde der Leistungsfähigkeit eine mittlere Gewichtung zugeteilt. Es wurde davon ausgegangen,

Gewünschte Eigenschaften	Gewichtung
1. *Leistungsfähigkeit*	
1.1 Hardware	
1.11 Allgemeine Merkmale	15
1.12 Zentraleinheit	10
1.13 Ein-/Ausgabegeräte	15
1.14 Externe Speicher	0
1.15 Erweiterungs- und Ausbaufähigkeit	5
1.2 Software	
1.21 Steuerprogramme	0
1.22 Übersetzungsprogramme	10
1.23 Anwendungsprogramme	5
Summe	= 60
2. *Kosten*	
2.1 Einmalkosten	20
2.2 Laufende Kosten	60
Summe	= 80
3. *Kundendienst des Herstellers*	
3.1 Organisatorischer Kundendienst	30
3.2 Technischer Service	10
Summe	= 40
4. *Sonstige Vertragsbedingungen*	
4.1 Allgemeine Bedingungen	10
4.2 Lieferung und Aufstellung	10
4.3 Zahlungsbeginn	20
Summe	= 40

Bild 25. Beispiel einer Gewichtung gewünschter Eigenschaften bei der geplanten Installation einer kleinen DV-Anlage

daß das Hauptgewicht auf geringen laufenden Kosten liegt. Bei der Hardware sind die allgemeinen Merkmale (Pufferung!) und die Leistung der Ein-/Ausgabegeräte, bei der Software die Übersetzungsprogramme (einfache Programmierung!) besonders hervorgehoben. Externe Speicher und Steuerprogramme interessieren nicht und erhalten die Gewichtung Null. Eine besondere Bedeutung kommt bei einer Kleinanlage dem organisatorischen Kundendienst (Hilfe bei der Einführung und Programmierung!) und dem Zahlungsbeginn zu. Schließlich können die Werte, die der Benutzer den anderen Eigenschaften beimißt, am Verhältnis der einzelnen Gewichtungen zueinander gemessen werden.

Das Beispiel für die Gewichtung der Eigenschaften bei einer mittelgroßen DV-Anlage (Bild 26) zeigt den Anstieg in der Bedeutung der Leistungsfähigkeit gegenüber den anderen Haupteigenschaften. Es sei unterstellt, daß die Aufgaben und die Anzahl der zu bearbeitenden Geschäftsvorfälle an der oberen Grenze einer mittelgroßen Anlage liegen und nur bei hoher Leistungsfähigkeit erledigt werden können. Bei der Hardware und Software kommt den allgemeinen Merkmalen (Multiprogramming steigert die Leistung!), den externen Speichern (es sollen eine größere Anzahl von Stamm- und Bestandsdaten für diese Speicher anfallen) und den Anwendungsprogrammen die hauptsächliche Bedeutung zu. Natürlich interessieren auch hier die laufenden Kosten, der Kundendienst und der Zahlungsbeginn.

Die hohe Leistungsfähigkeit ist beim Beispiel einer großen DV-Anlage (Bild 27) noch weiter in den Mittelpunkt gehoben. Die allgemeinen Merkmale, die Leistung der Zentraleinheit und insbesondere die Wirksamkeit des Steuerprogrammes stehen hier an erster Stelle. Insgesamt wird hier der Leistungsfähigkeit mehr als die doppelte Punktzahl der Kostengewichtung beigemessen. Natürlich werden auch hier die laufenden Kosten nicht unterbewertet (es geht nicht um eine Leistungsfähigkeit zu jedem Preis!). Daß dem technischen Service ein besonderes Gewicht zugeordnet ist, deutet auf die besondere Bedeutung einer störungs- und ausfallfreien Arbeit hin. Der organisatorische Kundendienst interessiert dagegen nur am Rande, weil ein Großrechenzentrum im allgemeinen mit einer eigenen guten Mannschaft versorgt ist und einer besonders großen Hilfe des Herstellers nicht bedarf. Von nicht so erstrangiger Bedeutung sind auch alle weiteren Eigenschaften, die deshalb mit einer verhältnismäßig kleinen Gewichtungszahl bewertet wurden.

Gewünschte Eigenschaften	Gewichtung
1. *Leistungsfähigkeit*	
1.1 Hardware	
1.11 Allgemeine Merkmale	15
1.12 Zentraleinheit	10
1.13 Ein-/Ausgabegeräte	10
1.14 Externe Speicher	15
1.15 Erweiterungs- und Ausbaufähigkeit	10
1.2 Software	
1.21 Steuerprogramme	5
1.22 Übersetzungsprogramme	10
1.23 Anwendungsprogramme	15
Summe	= 90
2. *Kosten*	
2.1 Einmalkosten	20
2.2 Laufende Kosten	60
Summe	= 80
3. *Kundendienst des Herstellers*	
3.1 Organisatorischer Kundendienst	30
3.2 Technischer Service	20
Summe	= 50
4. *Sonstige Vertragsbedingungen*	
4.1 Allgemeine Bedingungen	10
4.2 Lieferung und Aufstellung	10
4.3 Zahlungsbeginn	30
Summe	= 50

Bild 26. Beispiel einer Gewichtung gewünschter Eigenschaften bei der geplanten Installation einer mittelgroßen DV-Anlage

Gewünschte Eigenschaften		Gewichtung
1. *Leistungsfähigkeit*		
1.1 Hardware		
1.11 Allgemeine Merkmale		30
1.12 Zentraleinheit		30
1.13 Ein-/Ausgabegeräte		10
1.14 Externe Speicher		20
1.15 Erweiterungs- und Ausbaufähigkeit		10
1.2 Software		
1.21 Steuerprogramme		35
1.22 Übersetzungsprogramme		20
1.23 Anwendungsprogramme		15
	Summe	=170
2. *Kosten*		
2.1 Einmalkosten		30
2.2 Laufende Kosten		50
	Summe	= 80
3. *Kundendienst des Herstellers*		
3.1 Organisatorischer Kundendienst		10
3.2 Technischer Service		50
	Summe	= 60
4. *Sonstige Vertragsbedingungen*		
4.1 Allgemeine Bedingungen		20
4.2 Lieferung und Aufstellung		20
4.3 Zahlungsbeginn		20
	Summe	= 60

Bild 27. Beispiel einer Gewichtung gewünschter Eigenschaften bei der geplanten Installation einer großen DV-Anlage

3.224 Bewertung der untersuchten DV-Anlagen

In der nun folgenden Endauswahl werden alle DV-Anlagen, die den Filter der allgemeinen Einschränkungen und der geforderten Mindestbedingungen passiert haben, im Bezug auf die gewünschten Eigenschaften beurteilt. Zu diesem Zweck bildet man sogenannte Wirksamkeitsfaktoren, und zwar je einen Faktor für jede gewünschte Eigenschaft und Anlage, wie in Bild 28 dargestellt. Der Faktor kennzeichnet jeweils die besonders bzw. die weniger gute Eignung einer DV-Anlage, bezogen auf eine bestimmte Eigenschaft. Ein hoher Faktor ist immer als günstig, ein niedriger Faktor als ungünstig anzusehen. Beispielsweise sagt ein hoher Faktor bei der Bewertung der laufenden Kosten aus, daß die Mietkosten bei dieser Anlage besonders niedrig liegen. Jede Bewertung kann sich natürlich immer nur auf den Vergleich mit den anderen, in die engere Wahl gezogenen, Anlagen beziehen. Durch Multiplikation des Faktors mit der dazugehörigen Gewichtung gelangt der Organisator zu Einzelergebnissen, deren Höchstsumme (im Beispiel die Summe der Anlage 3), unter gewissen Vorbehalten, die sich am besten eignende DV-Anlage ausweist.

Bei dem in Bild 28 gezeigten Beispiel einer Anlagenauswahl wurde davon ausgegangen, daß insgesamt 6 Anlagen in die engere Wahl und damit in die Endauswertung gekommen sind. Diese Anzahl kann als Höchstgrenze angesehen werden. Meist werden wohl 3 bis 4 Anlagen zum Schluß miteinander konkurrieren. Wie aus dem Bild ersichtlich, werden die Gewichtungen der einzelnen Eigenschaften mit den Wirksamkeitsfaktoren multipliziert. Die Höhe des Faktors kann sich zwischen 0,0 und 2,0 bewegen. Der Faktor 0,0 besagt, daß eine bestimmte Eigenschaft bei einer Maschine überhaupt nicht vorhanden ist; Faktor 2,0 stellt dagegen den absoluten Höchstwert (= sehr gute Eigenschaften) dar. Alle anderen Faktoren liegen dann, entsprechend ihrer Abweichung vom Höchst- oder Niedrigstwert, zwischen 0,0 und 2,0. Nochmals sei darauf hingewiesen, daß sich Gewichtung und Wirksamkeitsfaktor immer auf einen ganz bestimmten Fall beziehen. Sie werden in einem anderen Unternehmen und bei anderen als den hier angenommenen DV-Anlagen nicht gleich sein, sondern von dem dargestellten Beispiel abweichen.

Bei der Bewertung und Beurteilung dürfen die Schwierigkeiten eines solchen zahlenmäßigen Anlagenvergleichs nicht verkannt werden. Die Gewichtung der Eigenschaften ist noch vergleichsweise einfach. Im allgemeinen weiß der EDV-Organisator, ob es zur Lösung der anstehenden Aufgaben mehr auf eine hohe Leistungsfähigkeit der auszuwählenden Anlage ankommt oder ob das Schwergewicht (weil die Leistung der Anlage vielleicht nur zur Hälfte ausgenutzt werden kann) bei möglichst geringen Kosten liegt. Sehr viel schwieriger ist dagegen eine der Wirklichkeit entsprechende Zuordnung der Faktoren. Zwar sind dem Organisator die monatlichen Mietkosten oder die Kaufpreise der Anlagen genau bekannt, wie aber soll er beispielsweise die Wirksamkeit unterschiedlicher Betriebssysteme oder den Kundendienst der Hersteller vergleichsweise beurteilen? Obwohl es kein allgemeingültiges, voll zutreffendes und leicht zu handhabendes Verfahren gibt, die Eignung von DV-Anlagen zu messen und zu vergleichen, kann der Organisator dennoch nicht auf den Anlagenvergleich verzichten. Eine Nähe-

Gewünschte Eigenschaften	Gewichtung	Anlage 1		Anlage 2		Anlage 3		Anlage 4		Anlage 5		Anlage 6	
		Faktor	Punkte	Faktor	Punkte	Faktor	Punkte	Faktor	Punkte	Faktor	Punkte	Faktor	Punkte
1. *Leistungsfähigkeit*													
1.1 Hardware													
1.11 Allgemeine Merkmale	20	× 0,6	= 12	× 1,0	= 20	× 2,0	= 40	× 1,0	= 20	× 0,8	= 16	× 1,2	= 24
1.12 Zentraleinheit	10	× 0,9	= 9	× 1,0	= 10	× 1,5	= 15	× 0,8	= 8	× 1,2	= 12	× 1,5	= 15
1.13 Ein-/Ausgabegeräte	15	× 1,4	= 21	× 0,6	= 9	× 1,0	= 15	× 0,6	= 9	× 0,8	= 12	× 1,0	= 15
1.14 Externe Speicher	20	× 1,0	= 20	× 1,0	= 20	× 1,7	= 34	× 0,5	= 10	× 1,2	= 24	× 0,6	= 12
1.15 Erweiterungs- und Ausbaufähigkeit	10	× 1,0	= 10	× 0,8	= 8	× 1,8	= 18	× 0,5	= 5	× 0,8	= 8	× 0,5	= 5
1.2 Software													
1.21 Steuerprogramme	20	× 1,0	= 20	× 0,8	= 16	× 1,5	= 30	× 1,0	= 20	× 0,8	= 16	× 1,2	= 24
1.22 Übersetzungsprogramme	20	× 0,8	= 16	× 0,9	= 18	× 1,2	= 24	× 0,8	= 16	× 0,8	= 16	× 1,0	= 20
1.23 Anwendungsprogramme	20	× 1,5	= 30	× 1,0	= 20	× 0,8	= 16	× 0,6	= 12	× 0,5	= 10	× 1,0	= 20
Summe	135		138		121		192		100		114		135
2. *Kosten*													
2.1 Einmalkosten	10	× 2,0	= 20	× 2,0	= 20	× 1,0	= 10	× 1,1	= 11	× 0,8	= 8	× 0,4	= 4
2.2 Laufende Kosten	50	× 1,0	= 50	× 1,2	= 60	× 0,8	= 40	× 0,7	= 35	× 1,0	= 50	× 0,4	= 20
Summe	60		70		80		50		46		58		24
3. *Kundendienst des Herstellers*													
3.1 Organisatorischer Kundendienst	10	× 1,0	= 10	× 0,8	= 8	× 1,5	= 15	× 1,2	= 12	× 1,5	= 15	× 0,8	= 8
3.2 Technischer Service	10	× 0,8	= 8	× 1,5	= 15	× 1,0	= 10	× 1,1	= 11	× 1,8	= 18	× 1,0	= 10
Summe	20		18		23		25		23		33		18
4. *Sonstige Vertragsbedingungen*													
4.1 Allgemeine Vertragsbedingungen	10	× 1,0	= 10	× 1,0	= 10	× 0,8	= 8	× 1,0	= 10	× 1,2	= 12	× 1,1	= 11
4.2 Lieferung und Aufstellung	10	× 0,8	= 8	× 1,5	= 15	× 2,0	= 20	× 0,6	= 6	× 1,0	= 10	× 1,2	= 12
4.3 Zahlungsbeginn	20	× 0,7	= 14	× 1,2	= 24	× 2,0	= 40	× 0,1	= 2	× 0,8	= 16	× 2,0	= 40
Summe	40		32		49		68		18		38		63
Gesamt			258		273		335		187		243		240

Bild 28. Beispiel einer Anlagenauswahl

rungsmethode, die eine gute Sicherheit bietet, ist immer noch besser, als es auf gut Glück zu versuchen oder sich der Entscheidung eines Nachbarunternehmens kritiklos anzuschließen. Wenn der Organisator die Anlagenauswahl nach der vorliegenden Methode durchführt, wird ihm das Verfahren eine gute Hilfe sein. Wie die Faktoren nun im einzelnen ermittelt werden, soll die Erläuterung des Zahlenbeispiels in Bild 28 zeigen.

3.2241 *Bewertung der Leistungsfähigkeit*

Da die Beurteilung der Leistungsfähigkeit einer DV-Anlage, gemessen an ihrer Hardware und Software, bereits bekannt ist, können wir uns darauf beschränken, diese Gesichtspunkte im Hinblick auf die Verwendung für ganz bestimmte Aufgaben zu erklären. Hierbei gehen wir davon aus, daß die Leistungsfähigkeit nicht viel aussagt, wenn sie losgelöst von den zu erfüllenden Aufgaben betrachtet wird. Eine durchaus gute Leistung einer DV-Anlage muß schlecht bewertet werden, wenn diese Leistung ganz knapp ausreicht und keine Reserve beläßt. Andererseits bringt eine Leistung über die Erfüllung der Aufgaben hinaus nicht allzu viele Vorteile für den Benutzer, es sei denn, er kann diese Leistung an andere Unternehmen (Übernahme von Lohnarbeiten für Fremdfirmen) verkaufen.

Beginnen wir mit dem Abschnitt *Hardware* und dem Punkt 1.11 *Allgemeine Merkmale* in Bild 28. Wie bekannt, verbergen sich hinter den allgemeinen Merkmalen der Hardware Eigenschaften, wie die Anzahl und Arten der Datenkanäle, die Pufferung, die Möglichkeit des Multiprogrammings und andere. Je nach Anlagengröße und Aufgaben im Unternehmen kommt es auf die eine oder andere Eigenschaft besonders an. In unserem Beispiel soll diese Eigenschaft bei der Anlage 3 besonders gut (= Faktor 2,0), bei allen anderen Anlagen dagegen durchschnittlich günstig (Faktoren 0,6 bis 1,2) gelöst sein. Wenn angenommen wird, daß die Anlage 3 auf der Ein- *und* Ausgabeseite voll gepuffert ist, so werden die anderen Anlagen nur auf der Ein- *oder* Ausgabeseite gepuffert sein, wobei die Pufferwirkung bei den einzelnen Anlagen noch voneinander abweicht.

Die Beurteilung der *Zentraleinheit* bezieht sich auf die Größe und Geschwindigkeit des internen Hauptspeichers, auf die Möglichkeiten der Steuereinheit (beispielsweise auf den Umfang des Multiprogrammings) und auf das Rechenwerk (sind Multiplikation und Division fest verdrahtet, werden die Rechenoperationen im Speicher durchgeführt oder sind besondere Rechenregister erforderlich?). Außerdem ist von Bedeutung, ob es sich um eine Wort-, Stellen- oder Bytemaschine handelt und ob es ein Ein- oder Zweiadreß-System ist (eine Zweiadreßmaschine ist leichter zu programmieren und benötigt weniger Befehle). Bei allen Anlagen des Beispiels in Bild 28 sind die Merkmale der Zentraleinheit durchschnittlich ungünstig (Faktor 0,8) bis durchschnittlich günstig (Faktor 1,5) beurteilt. Natürlich ist der Faktor 0,8 noch immer annehmbar.

Ähnlich geht der Organisator bei der Beurteilung der *Ein- und Ausgabegeräte* (Punkt 1.13) vor. Hier werden die Geschwindigkeiten, die Ausrüstung der DV-Anlage mit verschiedenen Ein-/Ausgabegeräten, die Prüfungen und andere bekannte Merkmale in die Beurteilung einbezogen. Wiederum bezieht sich die Bewertung nur im Hinblick auf die Aufgabenerfüllung. Ein Lochkartenlesegerät mit hoher Geschwindigkeit kann besonders nützlich sein, wenn eine große Anzahl Lochkarten in verhältnismäßig kurzer Zeit verarbeitet werden muß. Gleiches gilt für die Druckerleistung oder den Lochkartenstanzer. Das Einlesen von Lochkarten oder das Drucken kann zum Monatswechsel zu einem großen Engpaß werden, wenn die vorhandenen Ein-/Ausgabekapazitäten nicht groß genug sind. Im übrigen erfolgt die Vergabe der Faktoren nach der bekannten Methode.

Bei *externen Speichern* kommt es nicht nur auf die Größe der DV-Anlage, sondern auch darauf an, ob man diese Speicher überhaupt benötigt. Beispielsweise wird man die Ausrüstungsmöglichkeit mit Magnetplattenspeichern nicht besonders bewerten, wenn für bestimmte Aufgaben Magnetbandgeräte die geeigneteren Speicher sind. Auch interessiert die Anschlußmöglichkeit von 32 Bandgeräten nicht, wenn nur 6 Einheiten benötigt werden. Deshalb wäre die Anschlußmöglichkeit von 8 oder 32 Bandgeräten gleichwertig zu beurteilen. Immer ist der Faktor im Hinblick auf die Anforderungen des Unternehmens zu ermitteln.

Auch die *Erweiterungs- und Ausbaufähigkeit* sind nur insoweit in die Beurteilung einzubeziehen, als sie überhaupt für das Unternehmen von Bedeutung sind oder sein könnten. Die Möglichkeit, einen optischen Belegleser anzuschließen, kann völlig wertlos sein, wenn keine Verwendung für ein solches Gerät besteht. Sind als Kernspeichergröße 32 K vorgesehen, so wird die Erweiterungsfähigkeit auf 64 K, vielleicht noch auf 128 K, sicher aber nicht die Möglichkeit von 256 K interessieren. Allerdings dürfen die Erweiterungs- und Ausbaufähigkeit nicht nur aus der Sicht der gegenwärtigen Planung betrachtet werden. Viele Dinge ändern sich im Laufe der Zeit, so daß die eine oder andere Möglichkeit später durchaus interessant sein oder notwendig werden könnte.

Da die drei Beurteilungsmerkmale der *Software* für jeden Benutzer unterschiedliche Bedeutung haben, sollte der EDV-Organisator sie getrennt behandeln. Auch hier muß wieder geprüft werden, ob die Erfüllung der Aufgaben im Unternehmen von der Bereitstellung einzelner Softwareteile überhaupt betroffen ist. So bedeutet die Verfügbarkeit eines höheren Betriebssystems nicht unbedingt einen Vorteil, wenn ein Multiprogramming nicht erforderlich ist, weil auch ohne Multiprogramming eine genügende Leistungsfähigkeit zur Verfügung steht. Das Vorhandensein der technisch orientierten Programmsprache FORTRAN ist kein bemerkenswerter Vorteil, wenn nur rein kaufmännische Probleme gelöst werden sollen. Auch Anwendungsprogramme zur Stücklistenauflösung in Fertigungsunternehmen sind ohne Wert für die Installation in einer Bank oder einem Handelsunternehmen. Von den Aufgaben ausgehend, wird die Zuordnung der Faktoren entsprechend vorgenommen. Ein leistungsfähiges und erprobtes Steuerprogramm der gewünschten Größenordnung erhält den höchsten, ein gerade noch annehmbares Steuerprogramm den niedrigsten Faktor.

Da nicht einzelne Teile von Hardware und Software, sondern nur ihre Gesamtheit die Leistungsfähigkeit einer DV-Anlage bestimmen, ist es ratsam, die ermittelten Einzelbewertungen zu überprüfen und sie gegebenenfalls, unter Berücksichtigung der Gesamtleistung, zu berichtigen. Denn die Leistungsfähigkeit einer DV-Anlage entspricht nicht in jedem Falle der Summe von Einzelergebnissen. So kann es vorkommen, daß gute Softwarelösungen wirkungslos bleiben, weil die Hardware nicht entsprechend ausgerüstet ist. Umgekehrt wird eine leistungsfähige Hardware nicht voll ausgenutzt, wenn die dazugehörige Software zu aufwendig oder nicht wirksam genug ist. Der Organisator muß also unbedingt von der wirklichen Gesamtleistung aus Hardware *und* Software ausgehen. Die durchgeführte Einzelbewertung wird hierdurch nicht überflüssig, sondern soll nur überprüft (werden die Einzelleistungen auch wirklich erreicht?) und unter Umständen berichtigt werden.

Die wirkliche Gesamtleistung einer DV-Anlage ist rein rechnerisch nur schwer zu erfassen. Deshalb sollte gefordert werden, daß auch die betreffenden Herstellerfirmen die Leistungsmessung durchführen und die ermittelten Ergebnisse verbindlich bestätigen. Doch auch den Mitarbeitern der Hersteller sind bei dieser schwierigen Aufgabe Grenzen gesetzt. Der für beide Teile sicherste Weg einer Beurteilung ist deshalb die Durchführung von Leistungstesten auf einer gleichen Anlage im Rechenzentrum des Herstellers bzw. eines anderen Benutzers, bei dem diese Anlage bereits läuft. Für die Teste sind Aufgaben auszuwählen, bei deren Durchführung es auf eine hohe Leistungsfähigkeit der DV-Anlage ankommt. In der Regel wird es sich um Arbeiten handeln, die täglich durchzuführen und aufwendig sind oder aus zeitlichen Gründen einen besonderen Engpaß darstellen. Beispiele sind die tägliche Auftragsbearbeitung, Rechnungsschreibung oder Disposition. Werden dagegen bei einer kleineren, vielleicht nur einmal am Monatsende, durchgeführten Arbeit die errechneten oder geschätzten Leistungen der Anlage nicht erreicht, so ist das nicht von ausschlaggebender Bedeutung. Ganz anders verhält es sich bei den genannten Engpaßarbeiten. Auf die richtige Leistungsermittlung für diese Arbeiten kommt es deshalb besonders an, weil eine Fehlschätzung außerordentlich schwerwiegende Folgen hat. Dies kann in Einzelfällen dazu führen, daß Leistungsfähigkeit und Kapazität der bestellten Anlage nicht ausreichen, um alle Aufgaben auf der Anlage durchführen zu können.

Der Organisator wird die Testaufgaben organisatorisch vorbereiten, dem Hersteller für die Programmierung zur Verfügung stellen und mit den Mitarbeitern des Herstellers zusammen den Test anhand einer größeren Anzahl von Testbeispielen durchführen. Die Testbeispiele müssen den Vorgängen der Wirklichkeit entsprechen und vom Organisator aufbereitet und bereitgestellt werden. Bei der Programmierung ist darauf zu achten, daß die Programme den späteren Aufgaben gleichen. Die gemessenen Zeiten werden eine gute Sicherheit bilden, um die Gesamtleistung genau beurteilen zu können.

3.2242 *Bewertung der Kosten*

Die Kosten einer DV-Anlage lassen sich in einmalige und laufende Kosten unterteilen. Zu den ***einmaligen Kosten*** rechnen alle Kosten, die vor und zum Zeitpunkt der Installation aufzuwenden sind und nicht zu den laufenden Kosten gehören. Im wesentlichen umfassen die einmaligen Kosten drei Gruppen. Es sind dies:

der Kaufpreis (bei Kauf der DV-Anlage)

die einmaligen Kosten für Transport, Zoll, Versicherung und Aufstellung, die an den Hersteller zu leisten sind, und

die besonderen Kosten für bestimmte Zusatzeinrichtungen, wie Klimatisierung und Energieversorgung, wenn sie für bestimmte Anlagen zusätzlich anfallen und keine typischen und allgemeinen Umstellungskosten für jede DV-Anlage sind.

Nur die unterschiedlichen Einmalkosten müssen in die Beurteilung einbezogen werden, weil sie die Auswahl und damit die Entscheidung für eine bestimmte Anlage beeinflussen. Die Einmalkosten sind um entsprechende Beträge zu kürzen, wenn für einige Monate der Anlaufzeit Mietfreiheit oder ein Nachlaß auf bereits installierte Maschinen gewährt wird. Ein solcher Nachlaß soll verhindern, daß der Benutzer während der Übergangszeit (in der sowohl die alte wie die neue Anlage genutzt werden) doppelte Miete zahlt. Auch die Anzahl der vor Installation kostenlos zur Verfügung gestellten Teststunden (im Rechenzentrum des Herstellers oder bei anderen Benutzern, um die ersten Programme auszutesten) und die vom Hersteller beim Benutzer eingesetzten Fachkräfte (soweit sie nicht nur beratend tätig sind) mindern die Höhe der Einmalkosten. Aber auch hier sind wieder nur diejenigen Kosten abzusetzen, die außerhalb des üblichen Umfanges von einzelnen Herstellern als Sondervorteile gewährt werden.

Zu den *laufenden,* im allgemeinen monatlich anfallenden, *Kosten* gehören im einzelnen:

die Mietkosten (bei Abschluß eines Mietvertrages),

die zusätzlichen Wartungskosten (nur beim Kaufvertrag; beim Mietvertrag sind sie in den Mietkosten enthalten) und die zusätzlichen Mieten für die 2. und 3. Arbeitsschicht, soweit diese geplant sind und in die Rechnung einbezogen werden sollen.

Die Schichtmiete beträgt im allgemeinen pro Zusatzschicht 10 bis 20% der ersten Schicht. Während für die erste Schicht (= ca. 180 Std./Monat) auf jeden Fall die volle Miete entrichtet werden muß, ganz gleich, ob die Anlage voll genutzt wird oder nicht, sind für die 2. und 3. Schicht nur die wirklich zusätzlich genutzten Stunden zu bezahlen. Bei einigen Herstellern fallen keine höheren Kosten für die 2. und 3. Schicht an.

Außer für die DV-Anlage selbst sind alle laufenden Kosten (das gleiche gilt für die Einmalkosten) für Zusatzgeräte, Sondereinrichtungen und Lochkartenmaschinen in die Beurteilung einzubeziehen. Wird die Miete nicht nach dem Listenpreis, sondern aufgrund einer besonderen Vereinbarung gezahlt, so sind natürlich die wirklich zu zahlenden Mietkosten zu berechnen.

Das Beispiel in Bild 28 zeigt, daß die Anlagen 1 und 2 die günstigsten Einmalkosten aufweisen, während diese Eigenschaft bei den übrigen Anlagen günstig (Faktor 1,1) bis verhältnismäßig ungünstig (Faktor 0,4) vorhanden ist. Auch bei den laufenden Kosten findet man Unterschiede zwischen Faktor 1,2 und 0,4, wobei der fehlende Faktor 2,0 darauf hinweist, daß alle Anlagen nicht voll den Kostenvorstellungen entsprechen. Die Gesamtbeurteilung der Kosten erbringt, daß die Anlage 2 an der Spitze steht, das heißt, das günstigste Kostenbild aufweist.

3.2243 *Bewertung des Kundendienstes*

Der Kundendienst des Herstellers umfaßt den organisatorischen Kundendienst und den technischen Service. Im einzelnen sind hier folgende Fragen von Wichtigkeit:

A. Organisatorischer Kundendienst

Für wie viele Mannmonate (Anzahl Kräfte mal Einsatzmonate) stellt der Hersteller eigene Fachkräfte, getrennt nach Organisatoren und Programmierern, zur Verfügung?

Übernehmen diese Kräfte nur die Beratung, oder können sie für die Umstellungsarbeiten mit eingesetzt werden?

In welchem Umfang, wo und zu welchen Bedingungen werden die eigenen Kräfte durch den Hersteller ausgebildet und geschult?

In welchem Umfang, wo und zu welchen Zeiten stellt der Hersteller vor Installation der eigenen Anlage freie Testzeit zur Verfügung, und was kostet die Teststunde bei Mehrbedarf?

Beschafft der Hersteller bei Ausfall der eigenen Anlage eine Ausweichmöglichkeit, wo und zu welchen Bedingungen?

B. Technischer Service

Steht für die Anlage ein eigener Wartungstechniker zur Verfügung, und wenn nicht, wo ist der nächste Techniker stationiert?

Wie viele Anlagen betreut der zuständige Techniker, und im welchem Umkreis sind diese Anlagen installiert?

Welchen Umfang hat das Ersatzteillager des Benutzers, und wo befindet sich das nächst größere Lager? Enthält dieses Lager alle benötigten Ersatzteile?

Wo sind die Hauptprüfgeräte zum Aufspüren von Störungen gelagert? In welcher Höchstzeit können diese Geräte herangeschafft werden?

Wie viele Stunden umfaßt die vorbeugende Wartung je Woche, und zu welchen Zeiten wird sie durchgeführt (innerhalb oder außerhalb der normalen Arbeitszeit)?

Besteht bei Schichtarbeit auch die Möglichkeit eines zusätzlichen Wartungs- und Reparaturdienstes und zu welchen Kosten und Bedingungen?

Die Beurteilung des Kundendienstes kann nur am Vergleich zwischen den einzelnen Herstellern erfolgen, wobei jedoch Mindesterwartungen zu berücksichtigen sind. In unserem Beispiel bieten die Hersteller der Anlagen 3 und 5 den besten organisatorischen Kundendienst, der jedoch nicht voll den Erwartungen und Wünschen entspricht, weshalb der Faktor 2,0 nicht vergeben wurde. Der Kundendienst der anderen Hersteller wird weniger gut (Faktor 0,8) bis ziemlich gut (Faktor 1,2) eingeschätzt. Beim technischen Service ist hier als höchster Faktor 1,8 (ebenfalls Anlage 5), als niedrigster Faktor der Durchschnitt 0,8 verliehen. Auch insgesamt erhält der Hersteller der Anlage 5 die beste Bewertung (Ergebnis 33) für seinen Kundendienst.

Bei der Beurteilung ist aber nicht nur von den (verbindlich und schriftlich festgelegten) Zusagen der Hersteller auszugehen, sondern es sind Urteile von befreundeten oder bekannten Firmen einzuholen, die diese Anlagen eingesetzt haben. Nur so ist es möglich, sich ein volles Urteil über die Qualität des Kundendienstes der einzelnen Hersteller zu bilden.

3.2244 *Bewertung der sonstigen Vertragsbedingungen*

Die Vertragsbedingungen werden in die allgemeinen Vertragsbedingungen, in die Lieferung und Aufstellung und in den Zahlungsbeginn unterteilt und getrennt bewertet. Jede andere Unterteilung ist ebenfalls möglich, wobei unter Umständen auch jeder Einzelpunkt, auf den es im Vertrag besonders ankommt, extra bewertet und beurteilt werden kann.

A. Allgemeine Vertragsbedingungen

Grundlage des Vertrages ist ein, von der Herstellerfirma eingeholtes, schriftliches Angebot, in dem alle Einzelheiten verbindlich festgelegt werden. Beim Angebot ist darauf zu achten, daß der Hersteller Zeiten für die Programmläufe der Hauptarbeitsgebiete nennt. Auf diese Weise werden Fehlschätzungen für die Zeit- und Kapazitätsplanung vermieden.

Auch der organisatorische Kundendienst und der technische Service des Herstellers müssen im Angebot und Vertrag genau fixiert sein. Der organisatorische Kundendienst umfaßt sowohl die Ausbildung und Schulung der Organisatoren, Programmierer und Bediener als auch die Mitwirkung von Fachkräften des Herstellers (in Mannmonaten angegeben) bei der Umstellung selbst. Im Interesse des eigenen Unternehmens sollte jedoch auf eine vollständige Übernahme und Ausführung der Umstellungsarbeiten durch den Hersteller verzichtet werden und nur eine Beratung und Unterstützung der eigenen Mannschaft sichergestellt sein, denn kein Benutzer kann letztlich auf die Bildung eines eigenen Teams verzichten. An dieser Stelle müssen auch die Testzeiten vor der Installation und der technische Service, wie bereits beschrieben, mit allen Einzelheiten festgelegt werden.

B. Lieferung und Aufstellung

Natürlich müssen auch die einmaligen und die laufenden Kosten sowie der Liefertermin im Angebot und im Vertrag enthalten sein. Zu empfehlen ist es auch, in den Vertrag ein Rücktrittsrecht aufzunehmen, das dem Kunden innerhalb einer bestimmten Zeit den Rücktritt vom Vertrag aus zwingenden Gründen gestattet, weil die lange Vorbereitungs- und Lieferzeit manchmal zu einer wesentlichen Änderung der ursprünglichen Entscheidungsgründe führen kann. Zu den Lieferbedingungen gehören der Aufstellungs- und Installationsplan sowie die Angabe der Klimawerte für die Bestellung der Klimaanlage.

C. Zahlungsbeginn

Schließlich sind auch die Zahlungsbedingungen in den Vertrag aufzunehmen. Strittig ist insbesondere die Frage, wann die Mietzahlung zu beginnen hat. Die in den Standardverträgen der Hersteller festgelegte Praxis, die Mietzahlung nach der technischen Abnahme (das ist meist 2 bis 4 Wochen nach Lieferung) aufzunehmen, ist nicht mehr zeitgemäß, weil es heute nicht allein auf ein einwandfreies Arbeiten der Hardware ankommt, sondern die Verfügbarkeit und das reibungslose Funktionieren der Software eingeschlossen werden müssen. Die zunehmende Bedeutung der Software sollte unbedingt zu einer Änderung der Verträge führen, da die Leistung einer DV-Anlage heute in gleichstarkem Maße von ihrer Hardware und Software abhängt.

Wie beim Kundendienst, so können die Vertragsbedingungen ebenfalls nur vergleichend beurteilt werden. Hierbei geht der Organisator wiederum von den Erwartungen und vom jeweils besten Angebot aus. Bester Faktor ist wieder der Faktor 2,0. Alle anderen Faktoren entsprechen der vergleichenden Wertung der anderen Hersteller. Dem Beispiel ist zu entnehmen, daß die Vertragsbedingungen für die Anlagen 3 und 6 am besten und annähernd gleich gut eingeschätzt werden.

3.225 Abschließende Beurteilung

Die Addition aller Einzelergebnisse (= Produkte von Gewichtung mal Faktor) ergibt dann den Endwert je Anlage. Und die höchste Summe (in unserem Beispiel die Summe der Anlage 3) bezeichnet dann diejenige Anlage, die sich am besten zur wirtschaftlichen Lösung der gestellten Aufgaben im Unternehmen eignet. Diese Aussage gilt jedoch nur, und hierauf sei noch einmal hingewiesen, wenn die Bewertung und Beurteilung mit größter Gewissenhaftigkeit vorgenommen wurden. Liegen zwei oder mehr Anlagen in ihrer Gesamtwertung dicht beieinander, so sollte die Bewertung bei diesen Anlagen (unter Umständen durch Hinzuziehung eines weiteren Fachmanns) wiederholt und überprüft werden.

3.23 *Kapazitätsberechnungen*

Von großer Bedeutung für die Festlegung von Maschinengröße und -ausrüstung ist die Frage, in welcher Zeit die DV-Anlage die täglichen Arbeiten durchführen kann, wie sie die wöchentlichen und monatlichen Spitzenbelastungen bewältigt und welche Reservekapazitäten noch verfügbar sind.

Im Gegensatz zum ersten Jahrzehnt der kommerziellen elektronischen Datenverarbeitung gehen heute immer mehr Rechenzentren dazu über, von vornherein einen 2- oder sogar 3-Schichtbetrieb zu planen, d.h. die Anlage täglich bis zu 16 oder 24 Stunden zu nutzen. Die Planung des 3-Schichtbetriebes ist nicht zu empfehlen, weil man sich so jeglicher Reservekapazität für erhöhten Testbedarf oder Maschinenausfälle begibt. Dagegen ist ein geplanter 2-Schichtbetrieb für gemischte Praxis- und Testarbeiten durchaus empfehlenswert. Die geringe Mehrschichtmiete (die meisten Hersteller fordern etwa 10% zusätzliche Miete für die über die 1. Schicht hinausgehende Nutzung) macht einen Mehrschichtbetrieb wirtschaftlich und erstrebenswert. In Einzelfällen (und die Anzahl dieser Unternehmen nimmt von Jahr zu Jahr zu) wird die Zweitschicht oder ein Teil davon Fremdfirmen zur Mitbenutzung angeboten.

Unabhängig von der Anzahl der Schichten sollte die zu diesem Zeitpunkt geschätzte Maschinenbelegung 2/3 der geplanten Schichten nicht überschreiten. Das bedeutet beispielsweise, daß bei einem Einschichtbetrieb dann eine günstige Auslastung zu erwarten ist, wenn die geschätzte und geplante Maschinenbelegung bei durchschnittlich 6 Stunden je Tag liegt. Außer der durchschnittlichen Auslastung ist natürlich auch die Spitzenverteilung, insbesondere für die monatlichen Arbeiten, zu berücksichtigen.

Bei der Ermittlung der Maschinenauslastung geht der Organisator nun so vor, daß er die Laufzeit für jedes geplante Programm schätzt und die Häufigkeit des Programmlaufs berücksichtigt. Da die peripheren Geräte oft den Engpaß der DV-Anlage bilden, lassen sich die Laufzeiten, bezogen auf die Anzahl der Eingabe- und Ausgabesätze, verhältnismäßig leicht schätzen. Ungenauigkeiten, die einmal in der Zeitschätzung, zum anderen in der Grobplanung liegen (die genaue Anzahl der Programme kann zu diesem Zeitpunkt ebenfalls nur geschätzt werden), werden durch die erstrebte 2/3-Auslastung abgefangen. Natürlich darf der Organisator nicht nur die Praxisarbeiten planen, sondern muß auch die Testzeiten in die Planung einbeziehen. Erfahrungssätze zeigen, daß 1 bis 2 Umwandlungs- und Testläufe je Tag und Programmierer anzusetzen sind. Dies bedeutet einen Zeitaufwand von etwa 20 bis 30 Minuten je Programmierer und Arbeitstag.

Die folgenden Tabellen und Darstellungen zeigen Beispiele einer Auslastungs- und Zeitberechnung. Sie umfassen im einzelnen:

eine Zusammenstellung des Zeitbedarfs nach Arbeitsgebieten (Bild 29)

eine Zusammenstellung des Zeitbedarfs nach Häufigkeiten bzw. Laufperioden (Bild 30)

die zeitliche Maschinenbelegung nach Arbeitsgebieten (Bild 31) und

das monatliche Auslastungsdiagramm (Bild 32).

In Bild 29 sind für jedes Arbeitsgebiet die Einzelzeiten ermittelt. Die Gesamtzahl der Minuten je Periode (täglich, wöchentlich, dekadisch und monatlich) wird durch den entsprechenden Divisor (auf die Anzahl der Arbeitstage in dieser Periode bezogen) geteilt und so die Durchschnittsbelastung je Arbeitstag ermittelt. In der Zusammenstellung des Bildes 30 sind die Arbeitsgebiete auf die Häufigkeiten ihrer Wiederholung bezogen. Zur täglichen Belastung kommen der wöchentliche, dekadische und monatliche Zeitbedarf hinzu.

Die zeitliche Maschinenbelegung nach Arbeitsgebieten in Bild 31 berücksichtigt die Verteilung der nicht täglichen Arbeiten. Alle Arbeiten sind so auf die einzelnen Arbeitstage eines Monats umgelegt, daß einerseits sehr hohe Spitzenbelastungen der Maschine vermieden, zum anderen die Anforderungen der Fachabteilung erfüllt werden.

Die gleiche Verteilung wie in Bild 31 wird noch einmal (in Bild 32) in Diagrammform wiederholt. Hier ist zu erkennen, daß in den ersten Tagen eines Monats die Maschinenauslastung verhältnismäßig hoch ist. Nach Abschluß der ersten Wochenarbeit (am 6. und 7. Arbeitstag) sinkt die Belastung, steigt am 11. und 12. Ar-

(Periodenschlüssel : t = täglich, w = wöchentlich, d = dekadisch, m = monatlich)

Kurzzeichen	Arbeitsgebiet Bezeichnung	Periode	Zeiten in Minuten Einzel	Gesamt	Divisor Tage	Pro Tag
A	Auftragsbearbeitung und Fakturierung					
AA	*tägliche Auftragsabwicklung*					
AA1	Eingabe- und Prüfprogramm	t	80			
AA2	Hauptprogramm	t	115			
AA3	Sortieren	t	15			
AA4	Drucken	t	30	240	: 1	= 240
AF	*dekadische Fakturierung*					
AF1	Sortieren der Lieferscheinsätze	d	5			
AF2	Hauptprogramm	d	15			
AF3	Drucken	d	15	35	: 7	= 5
AI	*monatliche Informationen*					
AI1	Eingabe- und Prüfprogramm	m	5			
AI2	Hauptprogramm	m	120			
AI3	Sortieren	m	30			
AI4	Drucken	m	50	205	:20	= 10
	Summe AA1 – AA4 , AF1 – AF3 , AI1 – AI4 durchschnittlich pro Tag					255
D	Führung der Debitoren- und Darlehenskonten					
DB	*Debitoren- und Darlehensbuchhaltung*					
DB1	Eingabe- und Prüfprogramm	w	20			
DB2	Sortieren	w	25			
DB3	Hauptprogramm	w	50			
DB4	Drucken	w	15	110	: 5	= 22
DI	*monatliche Informationen*					
DI1	Hauptprogramm	m	130			
DI2	Sortieren	m	40			
DI3	Drucken	m	70	240	:20	= 12
	Summe DB1 – DB4 , DI1 – DI3 durchschnittlich pro Tag					34
K	Führung der Kreditorenkonten					
KB	*Kreditorenbuchhaltung*					
KB1	Eingabe- und Prüfprogramm	w	10			
KB2	Hauptprogramm	w	15			
KB3	Sortieren	w	5			
KB4	Drucken	w	20	50	: 5	= 10

Bild 29. Zeitbedarf nach Arbeitsgebieten

Kurz-zeichen	Arbeitsgebiet Bezeichnung	Periode	Zeiten in Minuten Einzel	Gesamt	Divisor Tage	Pro Tag
KI	*monatliche Informationen*					
KI1	Hauptprogramm	m	15			
KI2	Drucken	m	5	20	:20	= 1
	Summe KB1 – KB4 , KI1 – KI2 durchschnittlich pro Tag					11
CB	*Anlagenbuchhaltung*					
CB1	Eingabe- und Prüfprogramm	m	5			
CB2	Hauptprogramm	m	10			
CB3	Sortieren	m	5			
CB4	Drucken	m	10	30	:20	= 1,5
LG	*Lohn- und Gehaltsabrechnung*					
LG1	Eingabe- und Prüfprogramm	m	10			
LG2	Hauptprogramm	m	55			
LG3	Sortieren	m	5			
LG4	Drucken	m	20	90	:20	= 4,5
SK	Sachkontenbuchh. u. Kostenrechnung					
SK1	Eingabe- und Prüfprogramm	m	50			
SK2	Sortieren	m	20			
SK3	Hauptprogramm	m	120			
SK4	Sortieren	m	20			
SK5	Drucken	m	60	270	:20	= 13,5
	Summe CB1 – CB4 , LG1 – LG4 , SK1 – SK5 durchschnittlich pro Tag					19,5
	Gesamtsumme durchschnittlich pro Tag					ca. 320

Bild 29. Zeitbedarf nach Arbeitsgebieten (Fortsetzung)

beitstag wiederum an (= Abschluß der 2. Woche), fällt am 13. bis 15. auf die Tagesarbeiten zurück und erhöht sich vom 16. bis 17. Arbeitstag um den nächsten Wochenabschluß zuzüglich der Lohn- und Gehaltsabrechnung. Unterstellen wir, daß der (unserem Beispiel zugrundegelegte) Monat 20 Arbeitstage hat, so stimmen der 21. und 22. mit dem 1. und 2. Arbeitstag des neuen Monats überein. Zusammen mit dem letzten Wochenabschluß werden hier die monatlichen Abschlußarbeiten durchgeführt.

Kurzbezeichnung der Arbeitsgebiete	Zeiten nach Häufigkeiten in Minuten				Gesamtzeit	
	t	w	d	m	in Minuten	in Stunden
AA1,2,3,4	240				240	4.00 t
DB1,2,3,4		110				
KB1,2,3,4		50			160	2.40'w
AF1,2,3			35		35	0.35'd
AI1,2,3,4				205		
DI1,2,3				240		
KI1,2				20		
CB1,2,3,4				30		
LG1,2,3,4				90		
SK1,2,3,4,5				270	855	14.15'm

Bild 30. Zeitbedarf nach Häufigkeiten

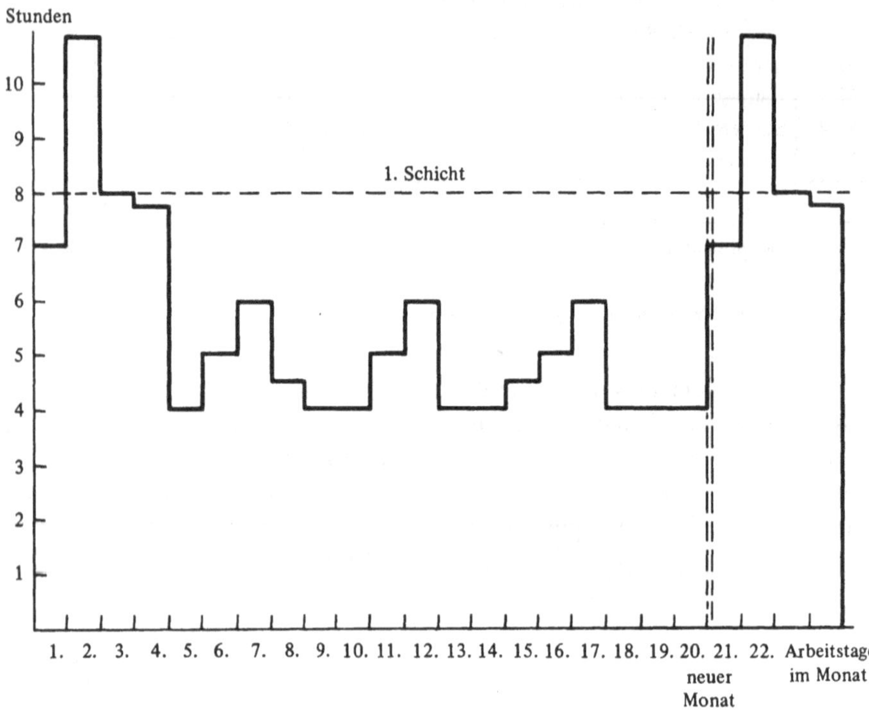

Bild 32. Monatliches Auslastungsprogramm (entspr. Bild 31)

Arbeitstage im Monat	Arbeitsgebiete (Kurzbez.)	Häufigkeit	Minuten	Stunden
1.	AA1,2,3,4	t	240	4.00′
	AF1,2,3	d	35	0.35′
	KB1,2,3,4; DB1	w	70	1.10′
	SK1; LG1; KI1,2	m	80	1.20′
	Gesamtstunden 1. Tag			7.05′
2.	AA1,2,3,4	t	240	4.00′
	DB2,3,4	w	90	1.50′
	LG2,3,4; AI1,2,3,4	m	285	4.45′
	Gesamtstunden 2. Tag			10.35′
3.	AA1,2,3,4	t	240	4.00′
	DI1,2,3	m	240	4.00′
	Gesamtstunden 3. Tag			8.00′
4.	AA1,2,3,4	t	240	4.00′
	SK2,3,4,5	m	220	3.40′
	Gesamtstunden 4. Tag			7.40′
5.	AA1,2,3,4	t	240	4.00′
	Gesamtstunden 5. Tag			4.00′
6.	AA1,2,3,4	t	240	4.00′
	KB1,2,3,4; DB1	w	70	1.10′
	Gesamtstunden 6. Tag			5.10′
7.	AA1,2,3,4	t	240	4.00′
	DB2,3,4	w	90	1.50′
	Gesamtstunden 7. Tag			5.50′
8.	AA1,2,3,4	t	240	4.00′
	AF1,2,3	d	35	0.35′
	Gesamtstunden 8. Tag			4.35′
9.	AA1,2,3,4	t	240	4.00′
	Gesamtstunden 9. Tag			4.00′
10.	AA1,2,3,4	t	240	4.00′
	Gesamtstunden 10. Tag			4.00′
11.	wie 6. Tag			5.10′
12.	wie 7. Tag			5.50′
13.	wie 9. Tag			4.00′
14.	wie 9. Tag			4.00′
15.	wie 8. Tag			4.35′
16.	wie 6. Tag			5.10′
17.	wie 7. Tag			5.50′
18.	wie 9. Tag			4.00′
19.	wie 9. Tag			4.00′
20.	wie 9. Tag			4.00′
====	====	====	====	====
21.	wie 1. Tag			7.05′
22.	wie 2. Tag			10.35′

==== neuer Monat

Bild 31. Zeitliche Maschinenbelegung nach Arbeitsgebieten

3.3 Wirtschaftlichkeit und Rentabilität bei elektronischer Datenverarbeitung

3.31 *Einführung*

Der Einsatz einer DV-Anlage darf nicht allein unter dem Gesichtspunkt des allgemeinen technischen Fortschritts gesehen werden, sondern muß den Grundsätzen der Wirtschaftlichkeit und Rentabilität folgen. Hierbei bedeutet das Prinzip der Wirtschaftlichkeit:

mit geringstmöglichen Mitteln einen bestimmten Erfolg oder (was in der Wirkung das gleiche ist)

mit bestimmten Mitteln einen größtmöglichen Erfolg zu erzielen.

Unter dem Begriff "Mittel" ist der in Geldeinheiten ausgedrückte Verbrauch an Gütern und Arbeit, unter dem Ausdruck "Erfolg" der Geldwert der Leistung eines Unternehmens zu verstehen. Die Mittel werden auch als Aufwand, der Erfolg als Ertrag bezeichnet. Wirtschaftlichkeit bedeutet also immer die Gegenüberstellung von Aufwand und Ertrag, wobei sich beide Größen auf den gleichen Zeitraum beziehen müssen. Mathematisch wird die Wirtschaftlichkeit als Ergebnis-Meßzahl von Aufwand, geteilt durch Ertrag, ausgedrückt.

$$\text{Wirtschaftlichkeit} = \frac{\text{Aufwand}}{\text{Ertrag}}$$

Nimmt man als Beispiel an, daß der Aufwand für Material, Löhne und Gehälter, Energie usw. in einem Monat 15 000 DM betrug und demgegenüber 500 Produkte zu einem Verkaufspreise von 40 DM je Stück hergestellt wurden (der Ertrag war also 20 000 DM), so ist die

$$\text{Wirtschaftlichkeit:} \quad \frac{15000}{20000} = 0{,}75$$

Die Meßzahl 0,75 besagt, daß auf 1 DM Ertrag 0,75 DM Aufwand entfielen. Hieraus geht jedoch nicht hervor, ob dieses Verhältnis nun besonders günstig ist oder nicht.

Das Beispiel zeigt ganz deutlich, daß der Begriff der Wirtschaftlichkeit, für sich allein betrachtet, wenig aussagt. Immer muß die Wirtschaftlichkeit vergleichsweise gesehen werden. Mit anderen Worten: Die Wirtschaftlichkeit bezieht sich immer auf den Vergleich zweier oder mehrerer Verfahren.

Um bei der maschinellen Datenverarbeitung zu bleiben, so kann die Buchhaltung eines Unternehmens manuell, mit Hilfe von Buchungsmaschinen oder über eine DV-Anlage abgewickelt werden. Von anderen Einflüssen abgesehen, wird man nun dasjenige Verfahren wählen, das das wirtschaftlichste bzw. – mathematisch gesehen – dessen Wirtschaftlichkeitsmeßzahl am niedrigsten ist.

Ähnlich verhält es sich mit dem Begriff der Rentabilität. Die Rentabilität kennzeichnet das Streben nach Gewinn und ist – mathematisch gesehen – das Ergebnis von Gewinn zu eingesetztem Eigenkapital in einer Periode.

$$\text{Rentabilität} = \frac{\text{Gewinn}}{\text{Eigenkapital}} \times 100$$

Die Multiplikation mit 100 drückt aus, daß die Rentabilität immer in Prozenten angegeben wird. Bei einem Gewinn von 1 000 DM und einem eingesetzten Eigenkapital von 10 000 DM beträgt demnach die Rentabilität 10%.

Auch bei der Rentabilität kommt es auf den Vergleich zweier oder mehrerer Verfahren an. Jedoch ist die Frage, ob ein Verfahren rentabel ist (für sich allein betrachtet) einfacher zu beantworten als vergleichsweise die Messung der Wirtschaftlichkeit. Denn die Rentabilität, als Verzinsung des eingesetzten Kapitals, kann mit dem von den Banken für langfristig angelegtes Kapital gezahlten Zins verglichen werden. Sie muß jedoch höher sein als der vergleichbare Bankzinsfuß, weil das höhere Risiko des im Unternehmen arbeitenden Kapitals zu berücksichtigen ist.

3.32 *Wirtschaftlichkeitsberechnungen*

Die Berechnung der Wirtschaftlichkeit ist schon deshalb besonders wichtig, weil der Einsatz einer DV-Anlage hohe Investitionen verursacht und das Unternehmen für längere Zeit an das gewählte Verfahren bindet. Die Ermittlung der Wirtschaftlichkeitsmeßzahl bereitet keine besonderen Schwierigkeiten, wenn Aufwand und Ertrag genau erfaßt werden können. Da es sich jedoch hier nicht um die Gesamtwirtschaftlichkeit eines Unternehmens, sondern um die Wirtschaftlichkeit der Datenverarbeitung handelt (die "Erträge" betreffen nur innerbetriebliche Leistungen), muß der Begriff "Ertrag" durch "Leistungen" ersetzt werden.

Wie muß der Organisator nun bei der Errechnung der Wirtschaftlichkeit vorgehen? Das Prinzip der Wirtschaftlichkeit bedeutet hier, "mit geringstmöglichen Mitteln einen bestimmten Erfolg zu erzielen". Unter dem Ausdruck "bestimmter Erfolg" sei die geplante Datenverarbeitung im Unternehmen (im einzelnen die Durchführung der Buchhaltung, der Kostenrechnung, der Fertigungssteuerung, der Lohn- und Gehaltsabrechnung, der Statistiken und anderer Arbeiten) verstanden. Diese

Arbeiten werden sich bei Einsatz einer DV-Anlage ihrem Inhalt nach nicht oder kaum ändern. Statt dessen wird vielleicht die Anzahl der Geschäftsvorfälle steigen, vor allem aber die Art der Abwicklung anders sein: Manuelle oder lochkartenmaschinelle Verfahren werden durch elektronische Lösungen ersetzt.

Die innerbetriebliche Leistung einer Abteilung Datenverarbeitung ist außerordentlich schwer zu messen. Die Leistungen besitzen keinen Marktpreis und lassen sich mit denen anderer Unternehmen nur schlecht vergleichen, weil beispielsweise die Kostenrechnung und die Buchhaltung von Unternehmen zu Unternehmen unterschiedlich gelöst werden. Aus diesem und den im vorhergehenden Abschnitt genannten Gründen wird die qualitative Leistung beim Verfahrensvergleich für den Einsatz einer DV-Anlage nicht berücksichtigt. Ändert sich dagegen mit Einsatz der DV-Anlage zugleich die Datenmenge (es erhöht sich die Anzahl der Geschäftsvorfälle), so kann der EDV-Organisator diese Entwicklung durch Interpolation auf der Kostenseite in die Rechnung einbeziehen.

3.321 Kosten und Einsparungen

Das erste Beispiel (Bild 33) zeigt die Gegenüberstellung der Kosten eines gegenwärtig manuellen und eines geplanten maschinellen Verfahrens. Hierbei soll unterstellt werden, daß das Unternehmen zur Zeit die Datenverarbeitung noch von Hand bzw. mit Hilfe herkömmlicher Büromaschinen ausübt und den Einsatz einer DV-Anlage plant. Die Anzahl der Geschäftsvorfälle, auch das soll in diesem Beispiel angenommen werden, wird sich in den nächsten Jahren nicht wesentlich ändern. Wie aus dem Bild ersichtlich, ermittelt der Organisator die Kosten des gegenwärtigen und des geplanten Verfahrens, und zwar getrennt nach Personal-, Maschinen-, Material- und sonstigen Kosten. Je nachdem, ob die geplante maschinelle Datenverarbeitung Mehrkosten verursacht oder Einsparungen erzielt, ist sie unwirtschaftlicher oder wirtschaftlicher als das gegenwärtige Verfahren. Nicht enthalten in diesem Verfahrensvergleich sind die sonstigen, nicht meßbaren, Vor- und Nachteile beider Verfahren, über die am Schluß dieses Abschnittes berichtet wird.

Erläuterungen zu den Kosten (in Bild 33)

A. des gegenwärtigen Verfahrens

Zu 1. Personalkosten: Es sollen 35 Sachbearbeiter und Schreibkräfte eingesetzt sein, die gegenwärtig die Buchhaltung und Kostenrechnung manuell mit Hilfe von Buchungsmaschinen durchführen. Die Personalkosten umfassen die Gehälter und Sozialkosten (Urlaubsgeld, Sonderzuwendungen, Arbeitgeberanteil der Angestelltenversicherung usw.).

Gegenüberstellung der monatlichen Kosten
(= Wirtschaftlichkeitsrechnung)

Gegenwärtiges Verfahren (= manuelle Datenverarbeitung)	DM	DM	*Geplantes Verfahren* (= maschinelle Datenverarbeitung)	DM	DM
1. *Personalkosten*			1. *Personalkosten*		
35 Sachbearbeiter und			5 Sachbearbeiter	6.500	
Schreibkräfte		44.500	1 Leiter DV	2.800	
			1 EDV-Organisator	1.800	
			2 Programmierer	3.400	
			2 Bediener	2.200	
			3 Locherinnen/Prüfer.	3.400	
			1 Schreibkraft	900	21.000
2. *Maschinenkosten (Buchungsmaschinen)*			2. *Maschinenkosten (Miete)*		
Abschreibungen	3.500		DV-Anlage	12.000	
Wartung und Reparatur	300	3.800	1 Sortiermaschine	400	
			1 Mischer	800	
			2 Locher	500	
			1 Prüfer	320	14.020
3. *Materialkosten*			3. *Materialkosten*		
Formulare	1.300		Lochkarten	2.400	
Büromaterial	150	1.450	Formulare	800	
			Büromaterial	80	3.280
4. *Sonstige Kosten*			4. *Sonstige Kosten*		
Energiekosten	150		Energiekosten	500	
Raum- und Arbeitsplatzkosten	4.000		Raum- und Arbeitsplatzkosten	2.000	
Übrige Kosten	2.500	6.650	Übrige Kosten	3.500	
			Abschreibungen auf Einmalkosten	3.000	9.000
			Summe:		47.300
			5. *Einsparungen (=Saldo)*		9.100
		56.400			56.400

Bild 33. Vergleich zwischen gegenwärtigem manuellen und geplantem maschinellen Verfahren bei gleichbleibender Datenmenge

Zu 2. Maschinenkosten: Wir wollen unterstellen, daß die Buchungsmaschinen gekauft sind. Die einzusetzenden monatlichen Abschreibungen werden von der

Abteilung Kostenrechnung ermittelt. Hinzu kommen die aufgrund eines Wartungsvertrages vereinbarten Wartungs- und Reparaturkosten.

Zu 3. Materialkosten: Sie umfassen den monatlichen Verbrauch an vorgedruckten Formularen sowie an sonstigem Büromaterial, wie Bleistifte, Papier, Porto usw.

Zu 4. Sonstige Kosten: Hierzu gehören die Energiekosten, die Kosten für die Räume und Arbeitsplätze sowie die übrigen Kosten, wie Reisekosten, Kosten für Bücher und Zeitschriften, für den Besuch von Seminaren usw.

B. des geplanten Verfahrens

Zu 1. Personalkosten: Von den bisher für die manuelle Abrechnung eingesetzten Kräften bleiben in unserem Beispiel 5 Sachbearbeiter übrig. Hinzu kommen der Leiter der DV-Abteilung, 1 EDV-Organisator, 2 Programmierer, 2 Bediener, 3 Locherinnen/Prüferinnen und 1 Schreibkraft. Wie ersichtlich, sind die Personalkosten des geplanten maschinellen Verfahrens wesentlich geringer als beim gegenwärtigen manuellen Verfahren.

Zu 2. Maschinenkosten: Hier soll davon ausgegangen werden, daß die DV-Anlage und die lochkartenmaschinellen Zusatzmaschinen gemietet werden. Im Falle eines Kaufs wären die monatlichen Abschreibungsraten einzusetzen.

Zu 3. Materialkosten: Sie setzen sich aus den Kosten für Lochkarten (etwa 6,– DM je Tsd.) für vorgedruckte Formulare und Blanko-Tabellierpapier sowie für allgemeines Büromaterial zusammen. Wird eine Magnetbandanlage eingesetzt, so gehören die Magnetbänder ebenfalls zu den Materialkosten. Magnetplatten werden dagegen wegen ihres höheren Anschaffungswertes abgeschrieben.

Zu 4. Sonstige Kosten: Hier sind es wiederum die Energie-, die Raum- und Arbeitsplatzkosten sowie die übrigen Kosten (Reisen, Zeitschriften, Seminare usw.). Neu sind an dieser Stelle die Abschreibungen auf die Einmalkosten (= einmalige Einrichtungskosten) für die Einrichtung der maschinellen Datenverarbeitung. Die Einmalkosten werden einschließlich der Zinsen (für das eingesetzte Kapital) über einen Zeitraum von etwa 5 bis 8 Jahren verteilt. Aus welchen Kostenarten sich die Einmalkosten zusammensetzen, sei im folgenden Abschnitt erläutert.

C. Erläuterung der Einmalkosten

Sie umfassen:

die *Kosten für den Umbau und die Einrichtung der Räume.* Hierzu gehören die Kosten für bauliche Veränderungen, wie Bodenverstärkung, doppelte Böden, schallschluckende Verkleidung, Einbau der Anschlüsse für die Strom- und Klimaversorgung, die Aufstellung von Trennwänden, die Anschaffung von Büromöbeln und Einrichtungen für die Aufbewahrung von Lochkarten, Schalttafeln, Magnetbändern usw.

die *Installationskosten.* Diese beinhalten die Kosten für den Kauf der Klimaanlage und der elektrischen Einrichtungen. Auch die Einmalkosten für Fracht, Verpackung, Versicherung und Aufstellung der DV-Anlage und der Zusatzmaschinen sind hierin enthalten. Diese Einmalkosten (ohne Klimaanlage und Energieeinrichtungen) betragen 1 bis 2 Monatsmieten und sind bei Vertragsschluß oder bei Installation an die Herstellerfirma zu entrichten. Zu den Installationskosten sind auch noch die Kosten für die Erstanschaffung des Zubehörs (Schalttafeln, Magnetbänder, Magnetplatten) und der Ersatzteile (nur bei Kauf der DV-Anlage) zu zählen, für die Anschaffung der Ersatzteile jedoch nur, wenn kein gesonderter Wartungsvertrag abgeschlossen ist.

die *Ausbildungskosten.* Die Kosten für die Schulung und Ausbildung der Mitarbeiter (vor Einsatz der Anlage) sind von der Anzahl der benötigten Fachkräfte sowie ihrem Ausbildungsstand abhängig. Auch die Kosten für die Schulung der übrigen Mitarbeiter des Unternehmens gehören hierzu. Fluktuation und Austausch unqualifizierter Mitarbeiter sind bei Ansatz der Ausbildungskosten zu berücksichtigen.

die *Kosten für die organisatorische Vorbereitung und die Programmierung vor* Einsatz der Anlage. Diese lassen sich jedoch nur grob schätzen. Sie werden stark beeinflußt durch die Qualität der verfügbaren Fachkräfte, die Anzahl und den Schwierigkeitsgrad der umzustellenden Arbeitsgebiete sowie durch die angewandte Programmierungstechnik. Aber nicht nur die Gehälter der mit der Umstellung beauftragten Personen, sondern auch die allgemeinen Organisationskosten und die Kosten für die Testläufe vor der Installation (soweit hierfür zusätzliche Kosten entstehen) sind die bedeutenden Posten dieses Punktes.

die *Umstellungskosten.* Darunter werden die einmaligen Kosten für die Übernahme der Arbeitsgebiete auf die DV-Anlage verstanden. Diese Kosten sind vor allem dann ziemlich hoch, wenn Parallelläufe erforderlich sind, das heißt, wenn Arbeiten aus Sicherheits- und Kontrollgründen eine gewisse Zeitlang nebeneinander nach dem alten und neuen Verfahren ablaufen müssen. Zusätzliche Personal-, Raum-, und Materialkosten stellen beim Parallellauf eine besondere Kostenbelastung dar.

D. Kauf oder Miete?

Im Beispiel des Bildes 33 haben wir unterstellt, daß die DV-Anlage und die lochkartenmaschinellen Zusatzmaschinen gemietet sind. Obwohl schätzungsweise 80 bis 85% der in der Bundesrepublik eingesetzten DV-Anlagen gemietet sind, kann der Benutzer die Maschinen auch kaufen. Eine dritte Form ist dann der Mietkauf. Hier werden die Maschinen zunächst gemietet. Will der Benutzer die gemieteten Maschinen dann nachträglich kaufen, kann er das in den ersten 2 bis 3 Jahren unter Anrechnung eines bestimmten, bis dahin gezahlten, Mietanteils tun (beispielsweise 50% im ersten, 40% im zweiten und 30% im dritten Jahr).

Beim Mietvertrag beziehen sich die Mietkosten in der Regel auf *eine* Arbeitsschicht (meist 182 Stunden im Monat). Wird die Anlage über diesen Zeitraum hinaus genutzt, ist für die zweite und dritte Schicht zusätzlich je Schicht ein Betrag von meist 10% der Miete der Erstschicht zu entrichten.

Zugunsten des Mietvertrages spricht die meist halb- oder vierteljährliche Kündigungsmöglichkeit des Benutzers. Hierdurch kann er die Anlage jederzeit gegen ein moderneres und leistungsfähigeres System austauschen oder sich bei erheblichem und andauerndem Umsatzrückgang ganz von der Anlage trennen. Der Vorteil eines kurzfristigen Anlagenwechsels sollte andererseits nicht überbewertet werden, weil es meist aus organisatorischen und programmtechnischen Gründen nicht möglich ist, kurzfristig zu wechseln oder zu manuellen Formen der Datenverarbeitung zurückzukehren. Ein weiterer Vorteil des Mietvertrages ist die Übernahme des Wartungs- und Reparaturrisikos durch die Herstellerfirma.

Soll die DV-Anlage dagegen gekauft werden, so ist ein Kaufpreis zu bezahlen, der etwa das 45- bis 60-fache einer einschichtigen Monatsmiete beträgt. Berücksichtigt man noch die zusätzlichen Zins- und Wartungskosten, so ist beim Kauf ein vergleichsweiser Abschreibungszeitraum von 6 bis 7 Jahren anzusetzen. Wesentliche Faktoren für die Entscheidung, ob eine Anlage gekauft oder gemietet werden soll, bilden die erwartete Lebensdauer, der technische Fortschritt sowie steuerliche Fragen und die flüssigen Geldmittel (Liquidität) des Unternehmens.

Da der Übergang zu modernen Großanlagen einen kurzfristigen Anlagenwechsel unmöglich macht bzw. erschwert (die Arbeitsabläufe können meist nicht so schnell von einem auf ein anderes System umgestellt werden), sollte die Frage des Kaufs zumindest ernsthaft erwogen und durchgerechnet werden. Schätzt man, daß eine DV-Anlage länger als 6 bis 7 Jahre wirtschaftlich genutzt werden kann (bei Mehrschichtbetrieb verringert sich dieser Zeitraum noch), so spricht dieser Tatbestand zugunsten eines Anlagenkaufs.

In Bild 34 werden die jährlichen Kosten des gegenwärtigen und des geplanten Verfahrens sowie die Einsparungen noch einmal grafisch dargestellt. Der Darstellung ist zu entnehmen, daß die Kosten beider Verfahren und die Einsparungen über den Zeitraum von 5 Jahren gleichbleiben. Geringe Schwankungen (beispielsweise durch Tariferhöhungen) sind unberücksichtigt gelassen.

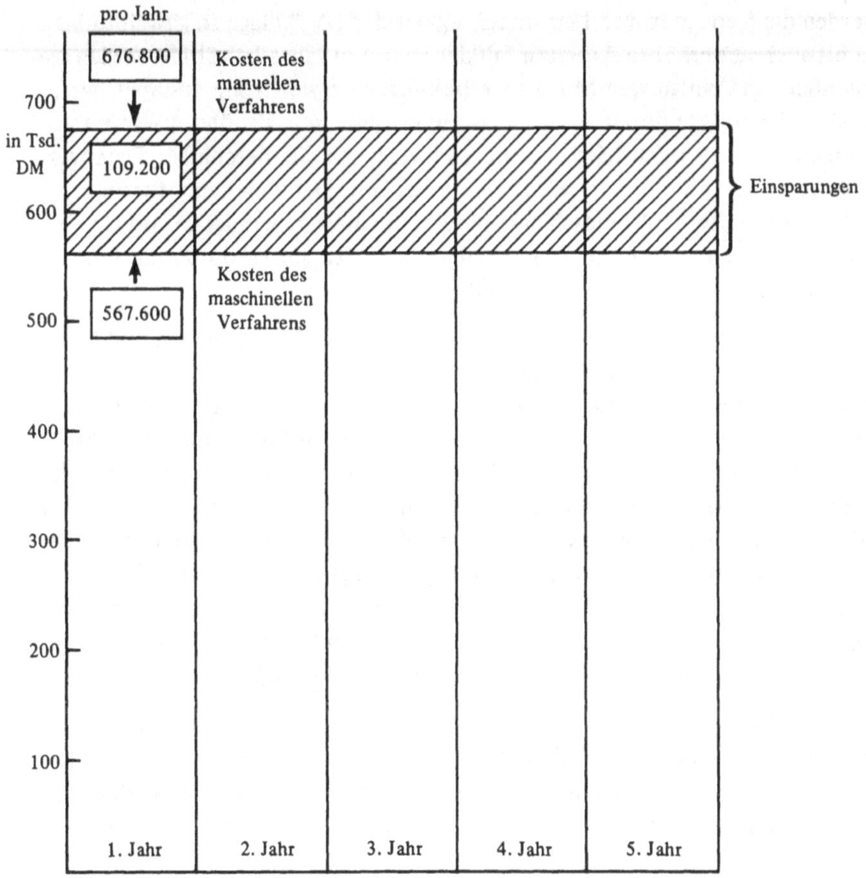

Bild 34. Grafische Darstellung: Jährliche Kosten der beiden Verfahren sowie Einsparungen zu Beispiel in Bild 33

Nicht immer kann der Organisator jedoch davon ausgehen, daß die Anzahl der Geschäftsvorfälle – und damit der Umfang der Datenverarbeitung – für die nächsten Jahre gleichbleibt. Im Gegenteil, häufig wird eine DV-Anlage (oder eine größere Anlage) gerade deshalb angeschafft, weil die Unternehmensführung einen steigenden Umsatz und damit eine steigende Anzahl von Geschäftsvorfällen erwartet.

Muß der Organisator eine expandierende Entwicklung annehmen, so darf er nicht die gegenwärtigen Kosten als Grundlage des Verfahrensvergleichs wählen, sondern muß die erforderlichen höheren Leistungen entsprechend umrechnen. Denn während der vorhandene Personal- und Büromaschineneinsatz meist gerade ausreicht, um die gegenwärtig anfallenden Datenmengen zu bearbeiten, werden die Kapazität und Leistungsfähigkeit der DV-Anlage so gewählt, daß damit auch der erhöhte Arbeitsanfall der nächsten Jahre bewältigt werden kann. Allenfalls sind einige wenige Kostenerhöhungen (Erweiterung des Speichers, Ausbau der Anlage durch Anschluß weiterer Einheiten, Erhöhung der Materialkosten usw.) zu berücksichtigen. Umgekehrt (wenn die maschinelle Datenverarbeitung nicht eingerichtet wird) müßte das Unternehmen neues Personal einstellen und weitere Büromaschinen kaufen, um eine steigende Anzahl Geschäftsvorfälle bearbeiten zu können. Im Falle eines Rückganges würde die Berechnung natürlich entgegengesetzt verlaufen.

Bild 35 zeigt den Vergleich zwischen einem gegenwärtig manuellen und einem geplanten maschinellen Verfahren für einen Zeitraum von 5 Jahren, wobei eine steigende Datenmenge von etwa 10% pro Jahr zugrundegelegt wurde. Um die Übersicht zu erleichtern, wurden in diesem Beispiel auf die Einzelaufschlüsselung der Kostenarten verzichtet und nur die Gesamtkosten jeder einzelnen Kostenart ausgewiesen. Die Kostenhöhe baut nicht auf die Kosten des Beispiels in Bild 33 auf. Es ist ersichtlich, daß sich alle Kostenarten bei steigender Anzahl der Geschäftsvorfälle und bei Fortführung des gegenwärtigen manuellen Verfahrens entsprechend erhöhen. Sie steigen nicht gleichmäßig und entsprechend den höheren Datenmengen, sondern in gewissen Sprüngen (weil man ja nicht 1/2 Arbeitskraft und 1/2 Büromaschine einsetzen kann).

Auch die Kosten eines maschinellen Datenverarbeitungsverfahrens werden wohl aus den im vorhergehenden Abschnitt genannten Gründen etwas ansteigen, jedoch keineswegs in ähnlichem Umfang wie die Kosten beim manuellen Verfahren, weil eine DV-Anlage einen größeren Datenanfall auch ohne zusätzliche Kosten auf der Maschinenseite bewältigen kann. Die steigenden Personalkosten beziehen sich auf eine größere Anzahl Locherinnen/Prüferinnen und evtl. auf einen weiteren Bediener, die höheren Maschinenkosten auf die Erweiterung und den Ausbau der DV-Anlage und die höheren Materialkosten auf die größere Anzahl Formulare und Lochkarten.

Im Beispiel des Bildes 35 steigen die monatlichen Einsparungen von 33 500 DM im ersten auf 74 800 DM im fünften Jahr – eine durchaus praxisnahe Darstellung. Bild 36 zeigt noch einmal die gleiche Entwicklung, wobei wir die Kosten und Einsparungen wiederum auf jeweils ein Jahr umgerechnet haben. Auch hier ist zu sehen, wie unterschiedlich hoch der jährliche Kostenzuwachs der beiden Verfahren ist und in welchem Umfang sich die Einsparungen erhöhen.

Gegenüberstellung der monatlichen Kosten

Fortführung des gegenwärtigen Verfahrens
(= manuelle Datenverarbeitung)

Kostenart	DM 1. Jahr	2. Jahr	3. Jahr	4. Jahr	5. Jahr
1. Personalkosten	70.000	80.000	91.000	100.000	110.000
2. Maschinenkosten	6.000	8.000	11.000	14.000	17.000
3. Materialkosten	2.000	2.500	3.200	3.700	4.300
4. Sonstige Kosten	12.000	14.000	16.000	17.000	20.000
Summen	90.000	104.500	121.200	134.700	151.300

Anwendung des geplanten Verfahrens
(= maschinelle Datenverarbeitung)

Kostenart	DM 1. Jahr	2. Jahr	3. Jahr	4. Jahr	5. Jahr
1. Personalkosten	17.000	17.000	19.000	20.000	23.000
2. Maschinenkosten	27.000	27.000	32.000	32.000	32.000
3. Materialkosten	2.500	3.000	3.500	4.000	4.500
4. Sonstige Kosten	10.000	12.000	15.000	15.000	17.000
Summen	56.500	59.000	69.500	71.000	76.500
5. Einsparungen (= Salden)	33.500	45.500	51.700	63.700	74.800
	90.000	104.500	121.200	134.700	151.300

Bild 35. Vergleich zwischen gegenwärtigem manuellen und geplantem maschinellen Verfahren bei steigender Datenmenge

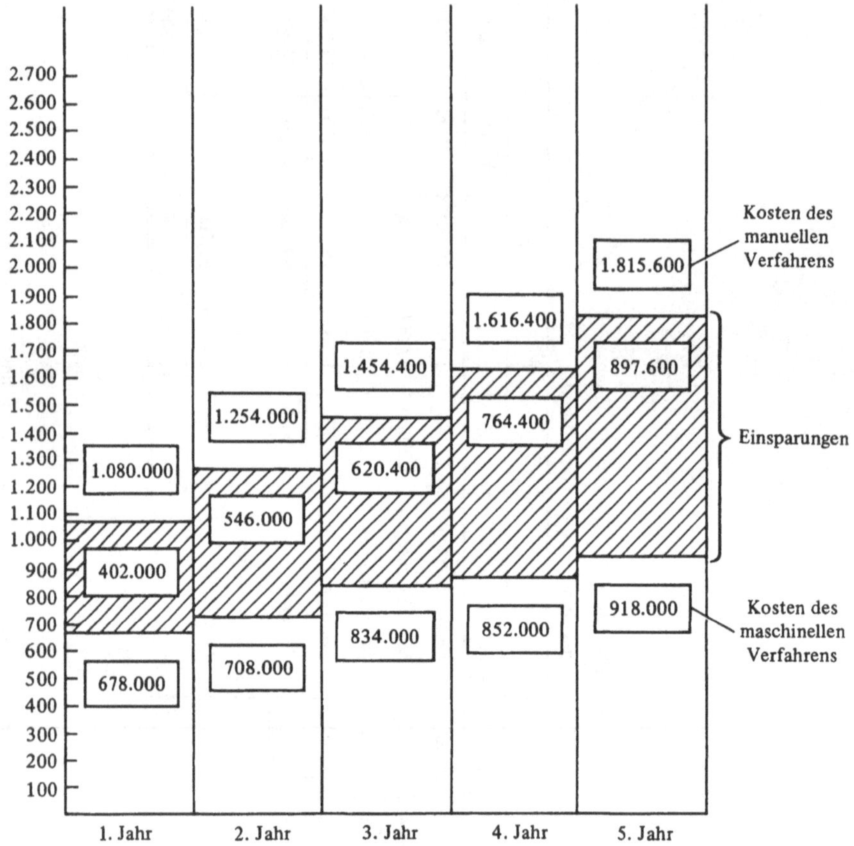

Bild 36. Grafische Darstellung: Jährliche Kosten der beiden Verfahren sowie Einsparungen zu Beispiel in Bild 35

3.322 Zusätzliche Vor- und Nachteile

Es wurde eingangs schon darauf hingewiesen, daß eine Gegenüberstellung der Kosten allein nicht genügt, um zwei Verfahren voll miteinander vergleichen zu können. Nicht alle Vorteile (ähnliches gilt für die Nachteile) lassen sich in Geldeinheiten bewerten. Das gilt in besonderem Maße bei Einsatz einer DV-Anlage. Zusätzlich zu den Kosten und Einsparungen muß der EDV-Organisator deshalb die Vor- und Nachteile des geplanten maschinellen Verfahrens ausweisen. Ihre Bewertung bleibt jedoch der Unternehmensführung überlassen. So kann es beispielsweise vorkommen, daß eine DV-Anlage selbst bei etwas höheren Kosten gegenüber dem bisherigen Verfahren installiert wird, weil die Unternehmensführung die nicht meßbaren Vorteile besonders hoch bewertet und sich vom Einsatz einer DV-Anlage andere Vorteile und Erfolge verspricht.

Diese zusätzlichen *Vorteile* können sein:

die Straffung und gleichzeitige Vereinfachung des Verwaltungsablaufs. Dadurch werden Verlustzeiten vermieden, und es wird eine bessere Übersicht der Organisation im Unternehmen erzielt.

eine Verkürzung der innerbetrieblichen Durchlaufzeiten und die beschleunigte Abwicklung der Geschäftsvorfälle.

eine bessere Einhaltung der Termine.

eine größere Übersichtlichkeit, Genauigkeit und Schnelligkeit bei der Datenverarbeitung und Informationsauswertung.

eine verminderte Datenausgabe bei erhöhter Aussagefähigkeit.

durch eine beschleunigte Bereitstellung von Unterlagen können wirklichkeitsnahe Entscheidungen getroffen werden.

die allgemeine Verbesserung des Berichts- und Informationswesens. Berichte, Kostenaufstellungen und Statistiken liegen kurz nach Ablauf der Bezugsperiode vor.

eine bessere Dispositionsmöglichkeit und optimale Lagerhaltung. Dadurch werden Lagerkosten gesenkt, Kapital freigesetzt und Zinseinsparungen erzielt.

Kostensenkung in der industriellen Produktion durch bessere Arbeitsvorbereitung.

Einsparung von Vertriebskosten durch maschinelle Marktanalysen.

eine Verminderung der Personalabhängigkeit und der Überstunden in der Verwaltung.

Verfügung über eine Datenverarbeitungsreserve, die im Mehrschichtbetrieb genutzt werden kann.

durch die Verlagerung der Massen- und Routinearbeiten von den Fachabteilungen können sich die verbleibenden Sachbearbeiter mehr den Aufgaben der Auswertung und Disposition widmen.

Anwendungsmöglichkeit neuer Verfahren auf dem Gebiet der Unternehmensforschung (engl. Operations Research).

Verwendung der DV-Anlage auch für technisch-wissenschaftliche Aufgaben.

Verwirklichung des Grundsatzes vom Management by Exception (das heißt: Handeln und Eingreifen nur in Ausnahmefällen) und die Möglichkeit, vom "Fingerspitzen"-Handeln zur wissenschaftlichen Betriebsführung überzugehen.

An möglichen *Nachteilen* wären zu nennen:

das organisatorische System wird starrer.

Änderungen im System sind nur schwer und nur durch größeren Zeit- und Kostenaufwand möglich.

der Anstieg der festen Verwaltungskosten (auch Bereitschaftskosten genannt, weil diese Kosten selbst dann anfallen, wenn die Anlage nicht genutzt wird, sondern nur "in Bereitschaft" steht).

die Maschinenmiete ist auch dann in voller Höhe zu leisten, wenn die Anlage, beispielsweise bei rückläufiger Geschäftsentwicklung, nicht voll ausgelastet ist.

eine starke Abhängigkeit von wenigen, auf dem Markt sehr gefragten, Spezialisten der Datenverarbeitung.

jede System- und Verfahrensänderung (das gilt in gewissem Maße auch für den Wechsel der DV-Anlage) erfordert neue Umstellungskosten.

3.33 *Rentabilitätsberechnungen*

Bezogen auf die maschinelle Datenverarbeitung bedeutet Rentabilität die Verzinsung oder Tilgung (Amortisation) des für die Datenverarbeitung eingesetzten Kapitals. Im Gegensatz zu der hiermit verbundenen Frage, in welcher Höhe sich die Investition jährlich verzinst oder amortisiert, bezeichnet die Amortisationsdauer den Zeitraum, in der sich die Investition amortisiert. Die beiden mathematischen Formeln lauten

für die Rentabilität

$$\text{Rentabilität} = \frac{\text{Gewinn}}{\text{Eigenkapital}} \times 100$$

als Beispiel:

$$\text{Rentabilität} = \frac{600}{4800} \times 100 = 12{,}5\,\%$$

und für die Amortisationsdauer

$$\text{Amortisationsdauer} = \frac{\text{Eigenkapital}}{\text{Gewinn}}$$

als Beispiel:

$$\text{Amortisationsdauer} = \frac{4800}{600} = 8 \text{ Jahre}$$

In diesem Beispiel beträgt die Rentabilität (also die Verzinsung der Amortisation) jährlich 12,5%, und das Eigenkapital wird sich in 8 Jahren amortisieren.

In die Rentabilitätsrechnung sind natürlich nur diejenigen Beträge einzusetzen, die wirklich investiert wurden. Das sind bei der maschinellen Datenverarbeitung vor allem der Kaufpreis für die DV-Anlage und die Zusatzmaschinen (wenn die Maschinen gekauft werden). Wird die Anlage dagegen gemietet, gehören die Mietkosten nicht zu den Investitionen, da sie ja nicht auf einmal, sondern monatlich gezahlt werden. Der allgemeine Ausdruck Eigenkapital muß hier durch den Begriff "Investition" (der praktisch das gleiche bedeutet, wenn die Investition durch Eigenkapital und nicht durch fremde Mittel finanziert wird) ersetzt werden. Ähnlich ist es mit dem Gewinn. Da eine DV-Anlage üblicherweise in den Unternehmen nicht zur Gewinnerzielung (durch Verkauf der Datenverarbeitungsleistung an Fremdbenutzer) dient, sondern um Kosten einzusparen, muß der Ausdruck Gewinn ebenfalls durch den der Einsparung ersetzt werden. Die beiden Formeln lauten jetzt:

$$\text{Rentabilität} = \frac{\text{Einsparung}}{\text{Investition}} \times 100$$

$$\text{Amortisationsdauer} = \frac{\text{Investition}}{\text{Einsparung}}$$

Bild 37 zeigt das Beispiel für die Berechnung einer Rentabilität und Amortisationsdauer beim Einsatz einer DV-Anlage. Da jedoch Mietverträge überwiegen, haben wir die Miete und nicht den Kauf zugrundegelegt. In die Berechnung sind deshalb nur diejenigen Kosten einzubeziehen, die einmaliger Natur sind, also nicht laufend anfallen. Zu den Einmalkosten gehören der an den Hersteller für Transport, Versicherung und Aufstellung zu zahlende Betrag, die Kosten für die Umbauten und Installation, die Kosten für die Erstanschaffung des Zubehörs, die Kosten für die Beschaffung, Ausbildung und Einarbeitung des Fachpersonals vor Einsatz der Anlage, die Kosten für Umstellung und Anlauf sowie die Zinsen für das investierte Kapital (würde dieses Kapital nicht für die Datenverarbeitung investiert, sondern bei einer Bank angelegt, bekäme der Unternehmer Zinsen dafür). Da die Einmalkosten bereits bei der Wirtschaftlichkeitsberechnung ausführlich beschrieben wurden, können wir uns hier auf eine kurze Darstellung beschränken.

Erläuterungen zu Bild 37

Zu 1.: Diese Einmalkosten sind an den Hersteller nach Aufstellung der Anlage zu zahlen.

Zu 2.: Umbauten und Installationen. Hierin sind alle Kosten für den Umbau der Räume, die Einbauten der Energieversorgung (Leistungsnetz, Kontroll- und

Rentabilitätsberechnung

	DM	DM	DM
1. Einmalkosten für Transport, Versicherung und Aufstellung		30.000	
2. Umbauten und Installationen für Klimatisierung und Stromversorgung:			
Umbauten	50.000		
Energieversorgung	25.000		
Klimatisierung	85.000	160.000	
3. Erstanschaffung von Zubehör		50.000	
4. Kosten für die Beschaffung, Ausbildung und Einarbeitung des Fachpersonals		140.000	
5. Umstellungs- und Anlaufkosten		220.000	600.000
6. Kapitalkosten (= 8%ige Verzinsung der Investitionen)			103.200
Gesamtinvestition			703.200

$$\text{Rentabilität} = \frac{\text{Einsparung}}{\text{Gesamtinvestition}} \times 100$$

$$= \frac{180.000}{703.200} \times 100 = 25{,}6\ \%$$

$$\text{Amortisationsdauer (für Gesamtinvestition)} = \frac{\text{Investition + Verzinsung}}{\text{Einsparung}}$$

$$= \frac{703.200}{180.000} = 3{,}9 \text{ Jahre}$$

Bild 37. Beispiel für die Berechnung der Rentabilität und der Amortisationsdauer beim Einsatz einer DV-Anlage

Überwachungsstation, evtl. Notstromaggregat usw.) und die Anschaffung und den Einbau der Klimaanlage enthalten.

Zu 3.: Zum Zubehör zählen die Erstausstattung mit Magnetbändern, Magnetplatten, evtl. Schalttafeln, aber auch Aufbewahrungsschränken, Tragebehältern u.a.

Zu 4.: Diese Kosten umfassen die Beträge für Anzeigen, Personalvorstellungen, für die Ausbildung (Fahrtkosten, Spesen, evtl. Seminargebühren) und Einarbeitung sowie Beratungskosten.

Zu 5.: Die Umstellungs- und Anlaufkosten setzen sich aus den Gehältern der mit der Umstellung beschäftigten Personen (EDV-Organisatoren, Programmierer, Sachbearbeiter, Hilfskräfte), aus den Materialkosten, aus den Testkosten (wenn die vom Hersteller zur Verfügung gestellten kostenlosen Testzeiten nicht ausreichen) und sonstigen Kosten (beispielsweise für einen Erfahrungs- und Informationsaustausch) zusammen. Sie unterscheiden sich von den laufenden Umstellungskosten und beinhalten nur die Kosten *vor* Installation der DV-Anlage.

Zu 6.: Die Kapitalkosten (= Verzinsung der Investition) berechnen sich nach der Formel

$$\text{Kapitalverzinsung} = \frac{\text{Investition} \times \text{Zinssatz}}{100 \times 2} \times (\text{Amortisationsdauer} + 1)$$

$$= \frac{600\,000 \times 8}{100 \times 2} \times (3{,}3 + 1)$$

$$= 103\,200 \text{ DM}$$

Erläuterung der Formel für die Kapitalverzinsung

Die Investition beträgt in dem Beispiel 600 000 DM. Sie setzt sich aus den Einzelsummen der Positionen 1. bis 5. in Bild 37 zusammen. Als Zinssatz, mit dem das eingesetzte Kapital verzinst werden soll, wurden 8% (= Marktzins zum Zeitpunkt der Berechnung plus Risikozuschlag) angenommen. Die Amortisationsdauer muß nach der Formel

$$\text{Amortisationsdauer} = \frac{\text{Investition}}{\text{Einsparung}}$$

$$= \frac{600000}{180000} = 3{,}3 \text{ Jahre}$$

berechnet werden. Die Einsparung, die im Beispiel mit jährlich 180 000 DM angesetzt wurde, kann nicht mit der jährlichen Einsparung übereinstimmen, wie wir sie in der Wirtschaftlichkeitsberechnung ermittelt haben. Aus Bild 33 ist ersichtlich, daß die Investitionen (als Abschreibungen auf die Monate verteilt) sowohl beim gegenwärtigen Verfahren (Position 2) als auch beim geplanten Verfahren (Position 4) in die Wirtschaftlichkeitsberechnung einbezogen wurden. Rechnerisch wäre es jedoch falsch, die Einmalkosten einmal als Abschreibungen bei der Wirtschaftlichkeitsberechnung, zum anderen als Investitionen bei der Rentabilitätsberechnung anzusetzen, weshalb die Einsparungen vor der Einbeziehung in die Rentabilitätsberechnungen um die Abschreibungen auf beiden Seiten zu korrigieren sind.

Bei einer Mietanlage wird in der Praxis meist nur die Wirtschaftlichkeitsberechnung durchgeführt, während man auf eine besondere Rentabilitätsberechnung verzichtet. In diesem Falle sind die Einmalkosten als Abschreibungen in die Rechnung einzubeziehen, wie in Bild 33 dargestellt. Soll jedoch sowohl eine Wirtschaftlichkeits- als auch Rentabilitätsberechnung durchgeführt werden, sind die Abschreibungen aus der Wirtschaftlichkeitsberechnung fortzulassen. Sie werden dann lediglich (als Einmalkosten) in der Rentabilitätsberechnung berücksichtigt. Entsprechend ist bei einer Kaufanlage zu verfahren. Auch hier sind in die Wirtschaftlichkeitsberechnung nur alle laufenden Kosten, wie Personal-, Material- und die sonstigen Kosten anzusetzen, während die einmaligen Kosten einschließlich des Kaufpreises in die Rentabilitätsberechnung eingehen.

3.4 Ausarbeitung des Untersuchungsberichts und Bestellung der DV-Anlage

3.41 *Ausarbeitung und Prüfung des Untersuchungsberichts*

Den Abschluß der Untersuchung bildet die Ausarbeitung eines Untersuchungsberichts, in dem die mit der Untersuchung betrauten EDV-Organisatoren die Ergebnisse ihrer Arbeit zusammenfassen. Der Untersuchungsbericht wird dann der Unternehmensführung zur Prüfung und Begutachtung vorgelegt. Die Gliederung des Berichtes muß die Einzelpunkte der Untersuchung wiedergeben und kann nach folgendem Muster aufgebaut sein:

Beispiel für die Gliederung eines Untersuchungsberichts

1. Die Problemanalyse
   - 1.1 Analyse des Organisationsauftrages
   - 1.2 Zusammensetzung des Untersuchungsteams
   - 1.3 Analyse des Istzustandes

2. Entwicklung des EDV-Systems
   - 2.1 Ziele und Forderungen
   - 2.2 Darstellung des EDV-Systems

3. Auswahl der DV-Anlage
   - 3.1 Festlegung der benötigten Leistungsfähigkeit
   - 3.2 Durchführung der Anlagenauswahl

3.21 Vorauswahl
3.22 Bewertungssystem
3.23 Bewertung und Beurteilung
3.3 Kapazitätsberechnungen

4. Wirtschaftlichkeit und Rentabilität
4.1 Wirtschaftlichkeitsberechnungen
4.2 Rentabilitätsberechnungen

5. Zusammenfassende Schlußbetrachtung
Hier sollte eine kurze Wiederholung der wichtigsten Untersuchungsergebnisse mit einer Empfehlung an die Unternehmensführung dargestellt werden, die ausgewählte Anlage aus den genannten Gründen anzuschaffen und den ausgearbeiteten Vorschlägen zuzustimmen.

Der Untersuchungsbericht bildet das Ergebnis einer mehrmonatigen Arbeit der mit der Untersuchung beauftragten Organisatoren. Er ist zugleich die Grundlage für eine Entscheidung, die das Unternehmen auf Jahre hinaus an das gewählte Verfahren und die technischen Mittel bindet. Denn der Einsatz einer DV-Anlage ist mit hohen Investitionen und aufwendigen Umstellungsarbeiten verbunden. Deshalb muß unbedingt gewährleistet sein, daß der Bericht auch wirklich den besten Weg für die Verwirklichung einer zweckmäßigen und wirtschaftlichen Datenverarbeitung aufzeigt. Selbst wenn man gute Erfahrungen und größte Gewissenhaftigkeit des Untersuchungsteams unterstellt, wird es sich nie ganz vermeiden lassen, daß Irrtümer und Fehleinschätzungen vorkommen. Eine nicht vollständige Marktübersicht und zu geringe Kenntnisse sowie eine gewisse Automationsfreudigkeit der beteiligten Organisatoren können die Ursache hierfür sein.

Aus den genannten Gründen folgt, daß die Unternehmensführung einen möglichst unbeteiligten, erfahrenen und unabhängigen Gutachter beauftragen sollte, das Ergebnis der organisatorischen Untersuchung zu prüfen. Diese Maßnahme bedeutet auf keinen Fall irgendein Mißtrauen gegenüber dem Untersuchungsteam. Das Gebiet der Organisation und elektronischen Datenverarbeitung ist so vielschichtig, und die Auswirkungen einer falschen Entscheidung sind so schwerwiegend, daß es einer besonders hohen Sicherheit bei der Umstellung auf die elektronische Datenverarbeitung oder ihrer Erweiterung bedarf. Denn noch ist es Zeit, um Fehler und falsche Schlußfolgerungen ohne hohe Kosten und ohne organisatorische Schwierigkeiten zu beseitigen und zu korrigieren.

3.42 *Entscheidung und Bestellung der DV-Anlage*

Die letzte und abschließende Handlung der ersten Phase ist die Entscheidung der Unternehmensführung. Sie kann im Sinne des Untersuchungsberichts ausfallen oder gegen die Empfehlung des Untersuchungsteams gerichtet sein. Eine dritte Möglichkeit wäre, daß die Unternehmensführung der Empfehlung zwar grundsätzlich zustimmt, es aber für ratsam hält, einige Punkte des Berichts noch einmal zu untersuchen, vielleicht auch deshalb, weil inzwischen Ereignisse eingetreten sind, die eine solche neue Untersuchung erforderlich machen.

Fällt die Entscheidung gegen den Einsatz der geplanten Datenverarbeitung aus, so dürften sich die für die Untersuchung aufgewandten Kosten durchaus gelohnt haben, weil jedes Unternehmen von Zeit zu Zeit ein Röntgenbild seiner Organisation benötigt. Eine organisatorische Untersuchung bietet eine gute Gelegenheit für die beschriebene Durchleuchtung der Unternehmensstruktur und seiner Arbeitsabläufe.

Die für das Untersuchungsteam günstigste Entscheidung wird die volle Billigung des Untersuchungsberichts und die Zustimmung der Unternehmensführung sein, die vorgeschlagene DV-Anlage zu bestellen und die geplanten Verfahren einzuführen. In diesem Falle ist zunächst nicht viel mehr zu tun, als die empfohlene Anlage, zusammen mit allen Zusatz- und Datenerfassungsmaschinen, zu bestellen und den Kauf- oder Mietvertrag auf der Grundlage des konkreten Angebots der Herstellerfirma zu unterschreiben. Sind alle Fragen zur Zufriedenheit des Unternehmens geklärt und verbindlich im Vertrag festgelegt, werden die Maschinen durch die beiderseitige Unterzeichnung des Vertrages bestellt. Gleichzeitig ist hiermit der erste Abschnitt der organisatorischen Tätigkeit bei der Entwicklung und Einführung der elektronischen Datenverarbeitung beendet.

4. *Der organisatorische, personelle und räumliche Aufbau der DV-Abteilung*

4.1 Die organisatorische Gliederung und Einordnung

Die richtige organisatorische Gliederung der DV-Abteilung und ihre zweckmäßige Einordnung in den Organisationsaufbau des Unternehmens sind mitbestimmend für die erfolgreiche Durchführung der geplanten Datenverarbeitungsaufgaben. Grundsätzlich sind der Aufbau einer Abteilung und ihr organisatorischer Standort im Unternehmen abhängig von ihren Aufgaben und dem Umfang des Arbeitsgebietes, indem diese Abteilung tätig ist.

4.11 *Einordnung in die Unternehmensorganisation*

Bild 38 zeigt die Datenverarbeitung als Teil einer Fachabteilung oder eines Fachbereichs. Diese Einordnung ist meist historisch begründet und lehnt sich an die Unterstellung der früheren Lochkartenstelle als Teil der Buchhaltung oder des Rechnungswesens an. Im Gegensatz zu Lochkartenanlagen, die ganz oder überwiegend für die Buchhaltung oder Kostenrechnung arbeiteten, werden elektronische Datenverarbeitungsanlagen in der Regel für Aufgaben in allen Bereichen des Unternehmens eingesetzt. Beispiele außerhalb des Rechnungswesens sind die Absatzplanung, die Marktforschung, die Arbeitsvorbereitung, die Maschinenplanung und technisch-wissenschaftliche Anwendungen. Wird eine DV-Anlage jedoch auch für andere Aufgaben als die der Buchhaltung und des Rechnungswesens verwendet, so ist die Unterstellung unter eine Fachabteilung unzweckmäßig. Da die Fachabteilung nicht der einzige Benutzer der Anlage ist, führt eine solche Unterstellung früher oder später zu Schwierigkeiten. Bei Kapazitäts- und Terminengpässen ist der Leiter der DV-Abteilung an die Anweisungen seines unmittelbaren Vorgesetzten gebunden und kann nicht frei über die sachlich richtige Reihenfolge bei der Umstellung und maschinellen Abwicklung der Arbeiten entscheiden, was zwangsläufig zur Bevorzugung der Arbeiten des eigenen Bereichs und Benachteiligung der anderen Arbeitsgebiete führt.

Da jedoch DV-Anlagen heute selten nur zur Lösung von Aufgaben innerhalb einer einzigen Abteilung verwendet werden, ist es im Normalfall zweckmäßig,

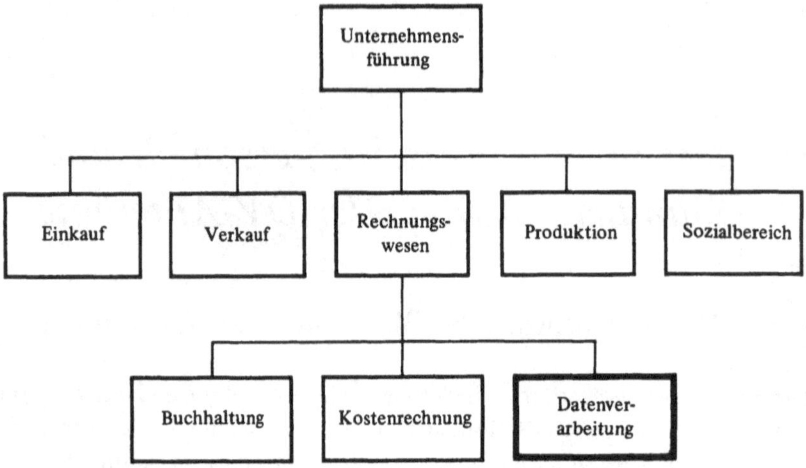

Bild 38. DV-Abteilung als Teil einer Fachabteilung bzw. eines Fachbereichs

die DV-Abteilung direkt der Unternehmensführung zu unterstellen. Das kann einmal als selbständige, gleichberechtigte Abteilung im Instanzenaufbau sein (Bild 39) oder als ausgegliederte Stabs-/Service-Abteilung. Für den ersten Weg spricht, daß es sich bei der DV-Abteilung überwiegend nicht um eine Stabsstelle mit beratenden, empfehlenden Funktionen handelt, sondern um einen Service-Betrieb, der Dienstleistungen für alle Bereiche des Unternehmens übernimmt.

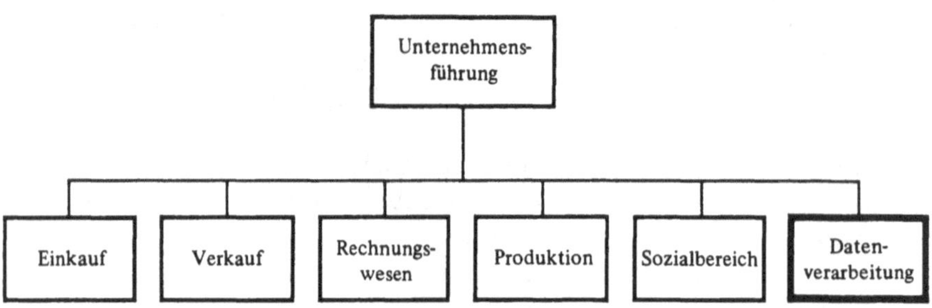

Bild 39. DV-Anlage im gleichberechtigten Instanzenaufbau

Die zweite Möglichkeit – die organisatorische Einordnung in der Stabsebene – kann entweder gemeinsam mit der Organisationsabteilung oder aber von ihr getrennt erfolgen (Bilder 40 und 41). Für die Zusammenlegung von Organisation und Datenverarbeitung spricht die starke Verknüpfung von organisatorischer Tätigkeit und Datenverarbeitung. Die erfolgreiche Einführung der maschinellen Datenverarbeitung ist hauptsächlich eine Frage der sorgfältigen organisatorischen Planung und Vorbereitung. Laufen die Programme auch noch so gut, sie können niemals einen mangelhaften, nicht voll durchdachten organisatorischen Unterbau ausgleichen. Der Nachteil einer vereinigten Organisation und Datenverarbeitung ist das Fehlen der Kontrolle, die im Falle der Trennung durch die Organisationsabteilung ausgeübt wird. Fehlen Kontrolle und Überwachung, kann es zu einer ungesunden und sachlich nicht gerechtfertigten Aufblähung der Datenverarbeitung kommen. Es werden möglicherweise Aufgaben übernommen, die nicht das Merkmal einer sinnvollen und wirtschaftlichen Datenverarbeitung tragen.

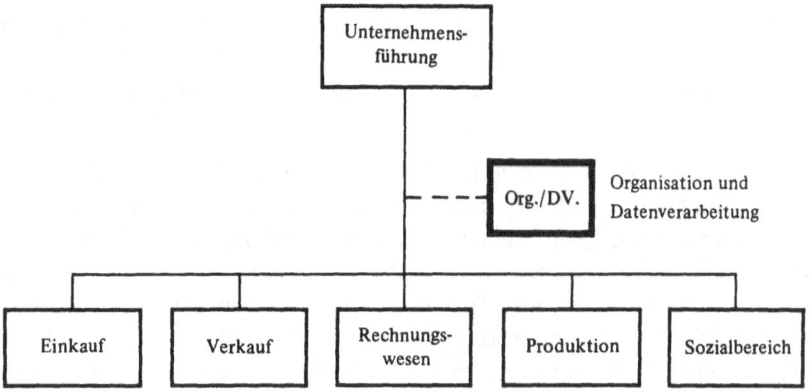

Bild 40. Gemeinsame Organisation und Datenverarbeitung als Stabs-/Serviceabteilung

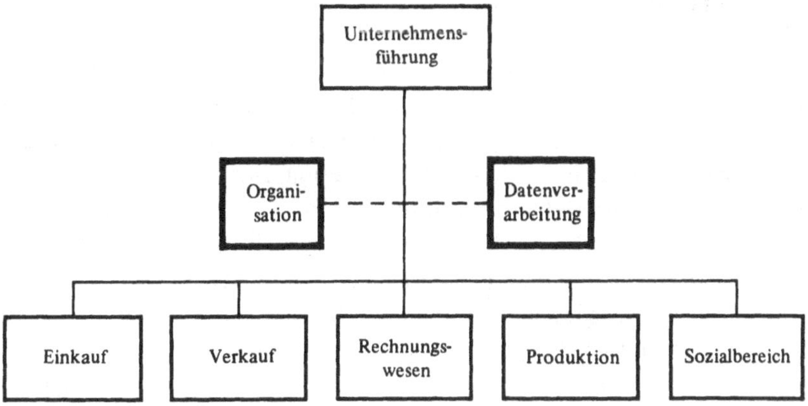

Bild 41. Getrennte Organisation und Datenverarbeitung als Stabs-/Serviceabteilung

Diese negativen Auswirkungen sind jedoch zu umgehen, wenn ein sachkundiges Mitglied der Unternehmensführung oder geschulte Revisoren die Kontrollfunktion übernehmen und der Leiter der Organisation und Datenverarbeitung selbst Mitglied der Unternehmensführung ist.

4.12 *Gliederung der DV-Abteilung*

Hinsichtlich der Gliederung der DV-Abteilung soll davon ausgegangen werden, daß Organisation und Datenverarbeitung eine *gemeinsame* Abteilung oder Hauptabteilung bilden. Sind Organisation und Datenverarbeitung zusammengefaßt, so führen sie sowohl beratende, organisatorische Aufgaben, als auch Dienstleistungen für andere Abteilungen des Unternehmens durch. Als Stabs- und Servicestelle besitzt die Organisation und Datenverarbeitung keine direkte Anordnungsbefugnis an andere Abteilungen. Der Dienstleistungscharakter wird auch dadurch unterstrichen, daß in vielen Unternehmen die Fachabteilungen, für die die DV-Abteilung Arbeiten durchführt, mit den Kosten der Datenverarbeitung anteilig belastet werden.

Die Gliederung der DV-Abteilung selbst folgt den Grundsätzen der Aufgabenteilung. Alle planenden und vorbereitenden Aufgaben werden von der Organisations- und Programmierungsgruppe übernommen, während die Gruppe Datenverarbeitung die Maschinen bedient und die Arbeiten durchführt. Die letzte Gruppe kann auch weiter in die Stellen Datenerfassung (Lochraum) und Rechenzentrum (Maschinenraum) unterteilt werden. Außerdem ist es möglich, daß die Gruppe Organisation noch in die beiden Stellen "Allgemeine Organisation" und "EDV-Organisation" aufgeteilt wird. Bei der Unterteilung kommt es jedoch weniger auf die Bildung fester Gruppen und Stellen als auf eine funktionsmäßige Trennung innerhalb der Abteilung an. Unternehmen kleinerer und mittlerer Größe werden kaum eine eigene Gruppe oder Stelle für jede Funktion haben.

Die folgenden drei Darstellungen zeigen Beispiele, und zwar, in den Bildern 42 und 43, die Gliederung der Organisation und Datenverarbeitung in einem Unternehmen mittlerer Größenordnung (als gemeinsame und getrennte Organisation/Datenverarbeitung), und in Bild 44 die Gliederung einer gemeinsamen Abteilung Organisation und Datenverarbeitung in einem Großunternehmen.

Ganz sicher gibt es in der Praxis eine Reihe weiterer Gliederungsmöglichkeiten. Einige mögen genauso sinnvoll sein wie die beschriebenen, während andere nur deshalb funktionieren, weil der Leiter der Organisation und Datenverarbeitung und die Leiter der einzelnen Gruppen und Stellen persönlich gut zusammenarbeiten. Ein Personenwechsel kann diese Zusammenarbeit stören oder unmöglich machen. Doch jedes organisatorische System, das nicht auf zweckmäßigen Lösungen, sondern allein auf persönlichem Einvernehmen beruht, funktioniert nur so lange, wie diese persönliche Zusammenarbeit anhält. Die Unternehmensführung sollte deshalb von vornherein eine zweckmäßige Gliederung sicherstellen.

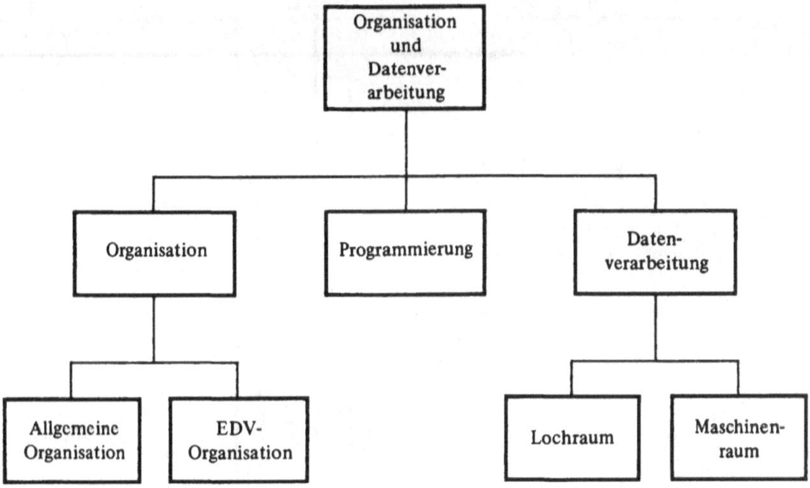

Bild 42. Gliederung einer gemeinsamen Abteilung Organisation und Datenverarbeitung

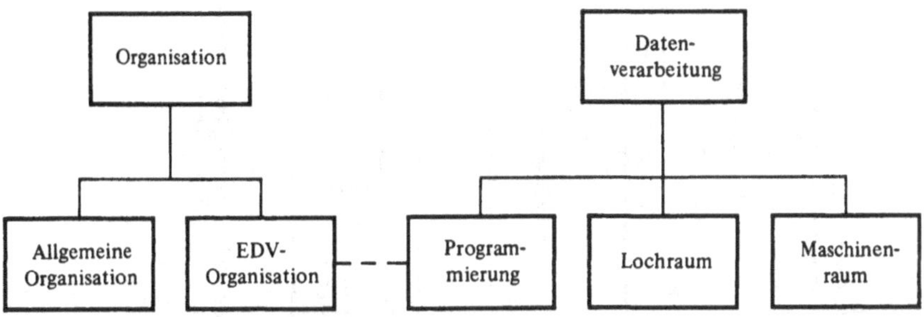

Bild 43. Gliederung einer getrennten Abteilung Organisation und Datenverarbeitung (mit enger sachlicher Zusammenarbeit zwischen EDV-Organisation und Programmierung)

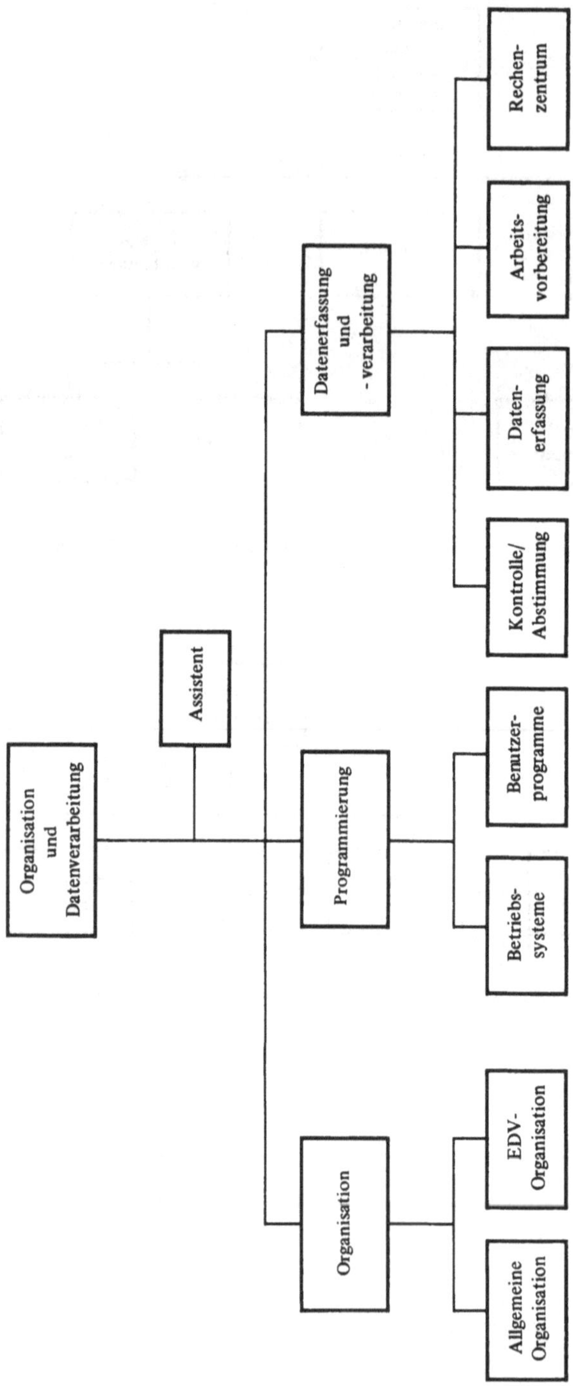

Bild 44. Gliederung der Abteilung Organisation und Datenverarbeitung in einem Großunternehmen

4.13 *Aufgabenbeschreibung*

Die zeichnerische Darstellung eines Organisationsaufbaus sagt jedoch oft zu wenig aus, weil nicht klar ist, was sich hinter diesem oder jenem Begriff verbirgt. Dies gilt besonders für die vielen neuen und unterschiedlich interpretierten Ausdrücke auf dem Gebiet der maschinellen Datenverarbeitung. Aus diesem Grunde sollte man das Strukturdiagramm immer durch Aufgaben- oder Funktionsbeschreibungen ergänzen.

Zusammen mit der schaubildnerischen Darstellung zeigt die Aufgabenbeschreibung, welche Aufgaben jeder Mitarbeiter zu erfüllen hat, welche Anforderungen an ihn gestellt werden und welche Über- und Unterstellung vorliegt. Die nachstehende Tabelle zeigt das Beispiel einer Aufgabenbeschreibung für

den Leiter der Organisation und Datenverarbeitung

seinen Assistenten

den Leiter der Organisation

den Organisator der Allgemeinen Organisation

den EDV-Organisator

den Leiter der Programmierung

den Systemspezialisten (Betriebssysteme)

den Programmierer (Benutzerprogramme)

den Leiter der Datenerfassung/Datenverarbeitung

die Locherin/Prüferin (Datenerfassung)

den Sachbearbeiter der Kontrolle/Abstimmung

den Sachbearbeiter und die Hilfskraft in der Arbeitsvorbereitung und

den Maschinenbediener (Operator) im Rechenzentrum.

Aufgabenbeschreibung der Abteilung Organisation und Datenverarbeitung

Tätigkeit	Aufgaben	Voraussetzungen/ Anforderungen	Über- und Unterstellung
Leiter der Organisation und Datenverarbeitung	Beratung der Unternehmensführung in allen Fragen der Organisation und Datenverarbeitung Übernahme der Verantwortung bei der Planung, Vorbereitung und Durchführung der maschinellen Datenverarbeitung und Organisationsaufgaben Fachliche Anleitung und personelle Führung der Mitarbeiter Ermittlung des Personalbedarfs; Auswahl, Schulung und Weiterbildung des Personals Kosten- und Leistungskontrolle Kontaktpflege zu betrieblichen und außerbetrieblichen Stellen Verhandlungen mit Herstellerfirmen	Umfassende Kenntnisse und Erfahrungen auf allen Gebieten der Betriebswirtschaft, Organisation und Datenverarbeitung. Ideenreichtum, Eignung zu schöpferischem Denken, Fähigkeit zur Menschenführung, Verhandlungsgeschick und Kontaktfreudigkeit	Direkte Unterstellung unter die Unternehmensführung. Ihm selbst unterstehen die Abteilungen Organisation, Programmierung und Datenerfassung/Datenverarbeitung
Assistent	Unterstützung des Leiters der Organisation und Datenverarbeitung in allen Aufgaben Durchführung von Sonderaufgaben und Einzeluntersuchungen	Gute Kenntnisse und Erfahrungen auf dem Gebiet der Betriebswirtschaft, Organisation und Datenverarbeitung. Selbständiges Arbeiten, Ideen, Kontaktfreudigkeit,	Er ist dem Leiter der Organisation und Datenverarbeitung direkt unterstellt

Tätigkeit	Aufgaben	Voraussetzungen/ Anforderungen	Über- und Unterstellung
	Kontaktpflege zu allen betrieblichen und außerbetrieblichen Stellen	gute Allgemeinbildung	
Leiter der Organisation	Übernahme der Verantwortung für die ordnungsmässige Durchführung der vom Leiter der Organisation und Datenverarbeitung erteilten Aufgaben Verteilung der Aufgaben an die Mitarbeiter, Festlegung und Überwachung der Terminvorgaben Unterstützung und fachliche Anleitung der Mitarbeiter Koordination aller Organisationsarbeiten beim Aufbau der integrierten Datenverarbeitung Ausarbeitung von Vorschlägen zur Verbesserung der Organisation Information über neue Systeme und Verfahren sowie Unterrichtung der Mitarbeiter Kontaktpflege zu betrieblichen und außerbetrieblichen Stellen	Gute Kenntnisse u. Erfahrungen auf dem Gebiet der Betriebswirtschaft, Organisation und Datenverarbeitung. Fähigkeiten zur Personenführung und Eignung zur Teamarbeit, Verhandlungsgeschick und Kontaktfreudigkeit	Er ist dem Leiter der Organisation und Datenverarbeitung unterstellt. Ihm selbst unterstehen die Gruppen Allgemeine Organisation und EDV-Organisation

Tätigkeit	Aufgaben	Voraussetzungen/ Anforderungen	Über- und Unterstellung
Organisator (Allgemeine Organisation)	Entwurf, Kontrolle und Änderung des Organisationsplanes und der Aufgabenbeschreibungen Aufnahme des Istzustandes und Ausarbeitung von Organisationsvorschlägen für Aufgaben der nicht maschinellen Datenverarbeitung Verbesserung bestehender Arbeitsabläufe mit herkömmlichen Mitteln Mitwirkung bei der Vereinheitlichung des Formularwesens und Schlüsselsystems Information über neue Methoden und Mittel durch Fachliteratur, Messen und Ausstellungen Kontaktpflege zu betrieblichen und außerbetrieblichen Stellen	Kenntnisse und Erfahrungen auf dem Gebiet der Betriebswirtschaft und der Organisation. Gute Allgemeinbildung, Einsatzfreude und Verhandlungsgeschick. Bei Einsatz als Gruppenleiter kommen eine besondere fachliche Qualifikation sowie die Fähigkeit zur Koordination und Menschenführung hinzu	Die Gruppe Allgemeine Organisation ist dem Leiter der Organisation unterstellt
EDV-Organisator	Selbständige Bearbeitung eines Aufgabengebietes bei der Umstellung auf die maschinelle Datenverarbeitung Analyse des organisatorischen Istzu-	Gute Kenntnisse und Erfahrungen auf dem Gebiet der Betriebswirtschaft, der Organisation und Datenverarbeitung. Schnelle Auffassungsgabe. Ausdauer, Kontaktfreu-	Die Gruppe EDV-Organisation ist dem Leiter der Organisation unterstellt

Tätigkeit	Aufgaben	Voraussetzungen/ Anforderungen	Über- und Unterstellung
	standes und Ausarbeitung von Organisationsvorschlägen mit Programmierungsanweisungen Vorbereitung, Durchführung und Überwachung der Umstellungsarbeiten Ausarbeitung und Zusammenstellung der Dokumentation Vorschläge für Änderungen und Verbesserungen bereits maschinell laufender Arbeiten Kontaktpflege zu betrieblichen und außerbetrieblichen Stellen Weiterbildung durch Studium von Fachliteratur und Teilnahme an Seminaren	digkeit, Durchsetzungsvermögen, Eignung zur Teamarbeit, Einsatz- und Verantwortungsfreude, Beherrschung der abstrakten und logischen Denkweise. Bei Einsatz als Gruppenleiter kommen eine besondere fachliche Qualifikation sowie die Fähigkeit zur Anleitung und Führung der Mitarbeiter hinzu	
Leiter der Programmierung	Übernahme der Verantwortung für die ordnungsgemäße Durchführung der vom Leiter der Organisation und Datenverarbeitung erteilten Programmierungsaufgaben Verteilung der Arbeiten an die Mitarbeiter der Programmierung, Vorgabe und Überwachung der Termine	Umfangreiche Kenntnisse und Erfahrungen auf dem Gebiet der Datenverarbeitung, insbesondere der Programmierung. Spezifiziertes Wissen über die Programmierung der eingesetzten Anlage. Fähigkeit zur Personalführung und Eignung zur Teamarbeit. Kenntnisse auf dem Ge-	Der Leiter der Programmierung ist dem Leiter der Organisation und Datenverarbeitung unterstellt. Ihm unterstehen die Gruppen Betriebssysteme und Benutzerprogramme

Tätigkeit	Aufgaben	Voraussetzungen/ Anforderungen	Über- und Unterstellung
	Fachliche Beratung und Anleitung der Mitarbeiter Verantwortung für die richtige Programmdokumentation Beratung der EDV-Organisatoren Überwachung der Programmteste Kontrolle des Leistungsstandes der Programmierer und Vorschläge zu seiner Verbesserung Information über neue Programmsprachen, Betriebssysteme und Programmbibliotheken Zusammenarbeit mit der Datenverarbeitung und EDV-Organisation Schulung und Weiterbildung	biet der angewandten Mathematik und der Unternehmensforschung (engl. Operations Research)	
Systemspezialist (Betriebssysteme)	Überwachung der Steuerprogramme, Übersetzungsprogramme und Anwendungsprogramme sowie Vorschläge zur Verbesserung Enge Zusammenarbeit mit der Herstellerfirma	Wie Programmierer. Zusätzlich: Verständnis für die Zusammenhänge von Software und Hardware	Die Systemspezialisten sind dem Leiter der Programmierung unterstellt

Tätigkeit	Aufgaben	Voraussetzungen/ Anforderungen	Über- und Unterstellung
	Zusammenarbeit mit Programmierung und der Arbeitsvorbereitung Schulung und Information der Programmierer bei der Einführung neuer Betriebssysteme		
Programmierer (Benutzerprogramme)	Selbständige Ausarbeitung von Programmen nach Vorgabe und Programmierungsanweisung Entwerfen der Grob- und Detailblockdiagramme Verschlüsselung (Codierung) der Programme Ausarbeitung von Testbeispielen in Zusammenarbeit mit der EDV-Organisation Durchführung der Programmteste Ausarbeitung der Programmdokumentation Änderungsdienst bereits laufender Programme Überprüfung bereits laufender Programme und Vorschläge zu ihrer Verbesserung Weiterbildung und	Gute Allgemeinbildung, kaufmännisches und mathematisches Grundwissen. Kenntnisse in der Logik und Theorie der Programmierung, Kenntnisse und Erfahrungen in der praktischen Programmierung. Fähigkeit und Begabung zu logisch-abstraktem Denken und Arbeiten, Eignung zur Teamarbeit, Einsatzfreude, Ausdauer. Bei Einsatz als Gruppenleiter kommen noch besondere fachliche Qualifikationen und Fähigkeiten zur Führung von Mitarbeitern hinzu	Die Programmierer sind dem Leiter der Programmierung unterstellt

Tätigkeit	Aufgaben	Voraussetzungen/ Anforderungen	Über- und Unterstellung
	Schulung durch Seminare und Kurse		
Leiter der Datenerfassung/Datenverarbeitung	Übernahme der Verantwortung für die ordnungsgemäße Durchführung der vom Leiter der Organisation und Datenverarbeitung erteilten Aufgaben Festsetzung und Koordination der Termine für die einzelnen Arbeiten zur Sicherung eines kontinuierlichen Arbeitsablaufs in der Datenverarbeitung Abstimmung mit dem Leiter der Organisation und Datenverarbeitung bei der Festlegung von Programmvorrängen Terminplanung für Testzwecke und Sonderaufgaben Ausarbeitung von Statistiken über Maschienenbelegung, Ausfall, Kosten- und Leistungsentwicklung usw. Planung und Vorbereitung von Installationen Kontrolle der Maschinendurchläufe	Grundkenntnisse auf dem Gebiet der Betriebswirtschaft, der Organisation und der Programmierung. Praktische Erfahrungen mit DV-Anlagen und Lochkartenmaschinen. Fähigkeit zur Anleitung und Führung der Mitarbeiter. Verhandlungsgeschick, Einsatzfreude und Kontaktfähigkeit	Er untersteht dem Leiter der Organisation und Datenverarbeitung. Ihm selbst sind die Gruppen Kontrolle/Abstimmung, Datenerfassung, Arbeitsvorbereitung und Rechenzentrum unterstellt.

Tätigkeit	Aufgaben	Voraussetzungen/ Anforderungen	Über- und Unterstellung
	und Vorschläge zu ihrer Verbesserung Fachliche Beratung und Unterstützung der Mitarbeiter Kontaktpflege zu betrieblichen und außerbetrieblichen Stellen		
Locherin/ Prüferin (Datenerfassung)	Ablochen der von der Leiterin der Datenerfassung vorgegebenen Belege nach Lochanweisung bzw. Prüfen der gelochten Karten nach Prüfanweisung Einstellen des jeweiligen Programms im Locher bzw. Prüfer Visuelle Kontrolle auf vollständig ausgefüllte und fehlerfreie Ablochbelege Anregungen zur Verbesserung der Belege und Arbeitsanweisungen Verteilung der Arbeiten nach Dringlichkeit Anlernung und Schulung des Personals Überwachung und Verbesserung des Belegflusses Überprüfung der Arbeitsanweisungen	Schnelles und genaues Arbeiten, Ausdauer und hohe Leistungen, Einsatzbereitschaft. Die besten Kräfte werden zu Prüferinnen ausgebildet. Die Leiterin der Datenerfassung muß eine ausgeprägte Fähigkeit im Umgang mit Mitarbeiterinnen haben. Hinzu kommen ihre Eignung zur Disposition und Organisation. Grundkenntnisse der maschinellen Datenverarbeitung sind von Vorteil	Die Gruppe Datenerfassung untersteht dem Leiter der Abteilung Datenerfassung/Datenverarbeitung

Tätigkeit	Aufgaben	Voraussetzungen/ Anforderungen	Über- und Unterstellung
	und Vorschläge zu ihrer Verbesserung Festsetzung von Vorgabekennziffern in Zusammenarbeit mit dem Abteilungsleiter Planung und Disposition des Beleganfalls, um eine kontinuierliche Auslastung des Lochraumes zu gewährleisten Kontrolle der Maschineneinsatzbereitschaft Führung von Leistungskarten und Prämienstatistiken mit Leistung, Fehlerquote, Krankheits- und Fehlzeiten Vorschläge zur Verbesserung der Leistungen		
Sachbearbeiter Kontrolle/Abstimmung	Mengen- und wertmäßige Kontrolle und Abstimmung bei der Eingabe, Verarbeitung und Ausgabe des Datenmaterials, um sicherzustellen, daß die Daten von den Fachabteilungen termingerecht und ordnungsgemäß eingehen, den Programmen entsprechend verarbeitet und	Kaufmännisches Grundwissen, Kenntnisse der betrieblichen Zusammenhänge. Kenntnisse auf dem Gebiet der Datenverarbeitung, der Datenerfassung, der Programmierung, der Organisation u. Revision. Einsatzfreude, Ausdauer und Unbestechlichkeit. Bei Einsatz als	Die Gruppe Kontrolle/ Abstimmung ist dem Leiter der Datenerfassung/Datenverarbeitung unterstellt.

Tätigkeit	Aufgaben	Voraussetzungen/ Anforderungen	Über- und Unterstellung
	weitergeleitet werden Veranlassung von Korrekturen und Neueingaben Überwachung der Arbeitsabläufe in Datenerfassung und Datenverarbeitung und Vorschläge zu ihrer Verbesserung Vorschläge zur Verringerung der Kosten und Steigerung der Leistung Kontaktpflege mit den einzelnen Gruppen und Abteilungen innerhalb der Organisation und Datenverarbeitung und den Fachabteilungen Zusammenarbeit mit der Revisionsabteilung	Gruppenleiter kommen die besondere fachliche Qualifikation sowie die Fähigkeit zur Führung und Anleitung der Mitarbeiter hinzu	
Sachbearbeiter und Hilfskräfte Arbeitsvorbereitung	Termingerechte und ordnungsgemäße Vorbereitung der Maschinenabläufe: Bereitstellung von Verbrauchsmaterial (Lochkarten und Tabellierpapier) sowie Magnetbändern, Magnetplatten und anderen Speichermitteln Verwaltung und Führung der Spei-	Grundkenntnisse der maschinellen Datenverarbeitung und der betrieblichen Zusammenhänge. Eignung zur Planung, Disposition und Organisation. Einsatzfreude und Genauigkeit. Bei Einsatz als Gruppenleiter kommen eine besondere fachliche Qualifikation und die Fähig-	Die Gruppe Arbeitsvorbereitung ist dem Leiter der Abteilung Datenerfassung/Datenverarbeitung unterstellt

Tätigkeit	Aufgaben	Voraussetzungen/ Anforderungen	Über- und Unterstellung
	cher- und Materialkarteien Disposition von Zubehör und Verbrauchsmaterial Technische Überwachung der Speichermittel und Veranlassung von Überprüfungen und Säuberungen Kontrolle der Speicher- und Formulararchive sowie der Dokumentationszentrale Überprüfung der Arbeitsabläufe im Rechenzentrum und Vorschläge zu ihrer Verbesserung Bedienung der Papierschneidemaschine: Schneiden und Trennen der Endlosformulare (Hilfskräfte) Zusammenstellung der geschnittenen Formulare, Verpacken und Versand an die Empfänger (Hilfskräfte)	keit zur Führung und Anleitung der Mitarbeiter hinzu	
Maschinenbediener (Operator)	Bedienung der elektronischen Datenverarbeitungsanlagen und der her-	Grundkenntnisse der maschinellen Datenverarbeitung und der Programmie-	Die Gruppe Rechenzentrum ist dem Leiter der Datenerfassung/Datenver-

Tätigkeit	Aufgaben	Voraussetzungen/ Anforderungen	Über- und Unterstellung
	kömmlichen Lochkartenmaschinen Einrichtung der Maschinen nach Arbeitsanweisungen: Vorschubeinstellung, Speichereinsatz, Programmeingabe, Einsetzen der Schalttafel Führung der Maschinenlogbücher über Maschinenbelegung- und ausfall Überwachung der Kontrolleinrichtungen für Energie- und Klimaversorgung Einhaltung der vorgegebenen Termine Einsatz bei Not- und Katastrophenfällen Zusammenarbeit mit der Arbeitsvorbereitung und der Kontrolle/Abstimmung	rung. Gründliche Kenntnisse und Erfahrungen der eingesetzten Maschinen und Einrichtungen. Konzentrierte, umsichtige und ruhige Arbeitsweise, Ausdauer. Bei Einsatz als Gruppenleiter kommen die besondere fachliche Qualifikation und die Fähigkeit zur Führung und Anleitung der Mitarbeiter hinzu.	arbeitung unterstellt

4.2 Der personelle Aufbau

Die Anschaffung einer DV-Anlage ist völlig sinnlos, schafft man nicht gleichzeitig die entsprechenden personellen Voraussetzungen im Unternehmen. Denn Erfolg oder Mißerfolg der elektronischen Datenverarbeitung hängen entscheidend von den Fähigkeiten der Personen ab, die die organisatorischen Systeme entwerfen, die gestellten Aufgaben programmieren und die Maschinen bedienen.

4.21 *Ermittlung des Personalbedarfs*

Wie viele Personen sind nun für die Vorbereitung und Durchführung der maschinellen Datenverarbeitung erforderlich, und wovon hängt die Anzahl der Mitarbeiter für die einzelnen Aufgaben ab?

Ganz allgemein wird der Bedarf an EDV-Organisatoren und Programmierern von folgenden Tatbeständen beeinflußt:

Größe und Ausrüstung der DV-Anlage und Zusatzmaschinen

Anzahl und Schwierigkeitsgrad der umzustellenden Arbeitsgebiete

Zeitraum, der für die einzelnen Umstellungsstufen vorgesehen ist

organisatorischer Reifegrad (= Rationalisierungsstand) des Unternehmens

fachliche Qualifikation und Ausbildungsstand des eingesetzten Personals

Einführung oder Erweiterung der maschinellen Datenverarbeitung

Vorlage wirklichkeitsnaher Organisationsunterlagen (Arbeitsablaufpläne, Arbeitsanweisungen usw.)

Der Versuch, zu allgemein gültigen und generell anwendbaren Aussagen und Regeln über den Personalbedarf zu kommen, scheitert an der Vielfalt und Gewichtung der obengenannten Einflußgrößen. So können die nachstehenden Zahlen nur unter Vorbehalt genannt werden und nur als Orientierungshilfe dienen. Sie können in der Praxis sowohl nach oben als auch nach unten abweichen.

A. Kleine elektronische Datenverarbeitungsanlage,
auf Lochkartenbasis (bis 10 000 DM monatliche Gesamtmiete)

1 bis 2 EDV-Organisatoren
2 bis 5 Programmierer
2 Bediener und 1 Hilfskraft.

B. Mittlere elektronische Datenverarbeitungsanlage,
mit Magnetbändern oder Magnetplatten (10 000 bis 50 000 DM monatliche Gesamtmiete)

2 bis 5 EDV-Organisatoren
5 bis 8 Programmierer
3 bis 4 Bediener und 2 Hilfskräfte.

C. Elektronische Großanlage
(über 50 000 DM monatliche Gesamtmiete)

6 bis 10 EDV-Organisatoren
10 bis 20 Programmierer
3 bis 5 Bediener und 2 bis 3 Hilfskräfte.

Bei der Ermittlung des richtigen Bedarfs an EDV-Organisatoren und Programmierern geht man am besten von den umzustellenden Hauptarbeitsgebieten und den geplanten Umstellungsstufen aus. Für jede dieser Hauptarbeitsgebiete (beispielsweise Brutto- und Nettolohnrechnung, Materialabrechnung, Kostenrechnung, Finanzbuchhaltung, Arbeitsvorbereitung), die *gleichzeitig* bearbeitet werden sollen, wird ein Umstellungsteam (aus EDV-Organisatoren und Programmierern) in der Größe von 2 bis 5 Personen gebildet. Diesem Team überträgt man dann die vollständige Vorbereitung und Umstellung dieser Arbeitsgebiete.

Von dem organisatorischen und programmierungstechnischen Schwierigkeitsgrad einer Aufgabe hängt es ab, wie viele Organisatoren und Programmierer ein Team umfaßt. So wird die Umstellung der Lohnabrechnung vom herkömmlichen Lochkartenverfahren auf die elektronische Datenverarbeitung weitaus mehr Programmierungsarbeit als organisatorische Probleme mit sich bringen. Umgekehrt werden die Entwicklung und Einführung eines neuen Informationssystems die EDV-Organisatoren weitaus länger und stärker beanspruchen als die Programmierer.

Die Größe der Bedienungsmannschaft im Rechenzentrum wird durch die Größe und Ausrüstung (= Anzahl und Arten der peripheren Geräte) der DV-Anlage, die Maschinenauslastung und die Arbeitsweise der Anlage (mit oder ohne Multiprogramming) bestimmt. Jeder Schicht steht ein Schichtleiter vor. Bei Schichtbetrieb muß die Anzahl der Operateure entsprechend verdoppelt oder verdreifacht werden. Bei der Bedienung der lochkartenmaschinellen Zusatzmaschinen kommt es auf die durchschnittliche Auslastung an, ob jede Maschine eine eigene Bedienungskraft benötigt. Meist werden wohl 2 Kräfte zusammen drei oder auch mehr Zusatzmaschinen versorgen können, weil normalerweise nicht alle Maschinen gleichzeitig in Tätigkeit sind bzw. keine ständige Bedienung und Aufsicht erfordern.

Die Hilfskräfte verwalten die Programm- und Speicherbibliothek, führen das Materiallager und bedienen die Maschinen zum Trennen und Schneiden der Formulare. Die Anzahl der Locherinnen und Prüferinnen steht in direktem Verhältnis zu den geplanten Loch- und Prüfgeräten, deren Anzahl wiederum von der Art und Menge der zu lochenden und zu prüfenden Daten abhängt. Das Verhältnis von Locherinnen zu Prüferinnen selbst beträgt im allgemeinen 3 : 2.

Es fehlt nicht an Bestrebungen und Maßnahmen, den Personalbedarf einzuschränken. Die Verwendung von Standardprogrammen oder -programmteilen, die Benutzung problemorientierter Programmsprachen sowie Vereinheitlichungen in der Organisation, Programmierung und Datenerfassung/Datenverarbeitung durch Standards und Arbeitsanweisungen sind Beispiele, wie sich die zeitraubende und kostenaufwendigen Vorbereitungsarbeiten vermindern lassen.

4.22 *Auswahl und Beschaffung des Personals*

Steht der Bedarf an Fachkräften fest, so folgt die Auswahl der EDV-Organisatoren, Programmierer und Mitarbeiter für die Datenerfassung und Datenverarbeitung. Ob diese Kräfte (oder ein Teil davon) aus dem eigenen Unternehmen hervorgehen oder ob sie auf dem Arbeitsmarkt angeworben werden, ist für die Auswahl von zweitrangiger Bedeutung. Soweit fähige Kräfte im eigenen Unternehmen zur Verfügung stehen, wird man auf diese zurückgreifen und sie ausbilden. Trifft dies nicht zu, ist das Unternehmen auf den Arbeitsmarkt angewiesen. In der Praxis hat sich die Methode bewährt, vorhandene Mitarbeiter durch Fachkräfte von außen zu ergänzen, die bereits über entsprechende Erfahrungen in anderen Unternehmen verfügen. Nachwuchskräfte wird man dagegen meist aus eigenen Mitarbeitern auswählen. Da für diese Personen aber ein bis zwei Jahre für Ausbildung und Einarbeitung benötigt werden, bevor sie als vollwertige Kräfte zur Verfügung stehen, und diese Zeit oftmals nicht vorhanden ist, muß zumindest teilweise auf Kräfte von außerhalb des Unternehmens zurückgegriffen werden.

Von entscheidender Bedeutung ist die Auswahl des Leiters der DV-Abteilung. Ob er aus dem eigenen Unternehmen hervorgeht oder angeworben wird, spielt bei der Besetzung dieser wichtigen Führungsposition nur eine zweitrangige Rolle. Zweckmäßig ist jedoch, wenn der Leiter der DV-Abteilung bereits bei der organisatorischen Voruntersuchung mitgewirkt hat. Von ihm werden die höchsten Eignungen und Fähigkeiten verlangt. Er muß nicht nur gute Kenntnisse auf dem Gebiet der Betriebswirtschaft und Organisation besitzen, sondern auch die Datenverarbeitung sicher beherrschen. Neben seinen hohen fachlichen Fähigkeiten sollte er zur Menschenführung befähigt sein und sich zum Teamgeist bekennen. Nicht wenige Führungskräfte der Datenverarbeitung scheitern daran, daß sie glauben, ein unzeitgemäßes Untertanensystem errichten zu müssen. Sie vergessen, daß ihre Mitarbeiter stark umworbene Fachkräfte sind. Zusätzlich ist es unerläßlich, daß der Leiter der DV-Abteilung das volle Vertrauen der Unternehmensführung besitzt.

Die Leiter für die einzelnen Gruppen können aus eigenen Mitarbeitern ausgewählt oder auf dem Arbeitsmarkt beschafft werden. Sie müssen in erster Linie hervorragende Fachleute sein, die den Mitgliedern ihrer Gruppe Rat und Unterstützung geben können. Auch für diese Positionen sind Kräfte ungeeignet, denen eine Teamarbeit fremd ist.

An die Auswahl der EDV-Organisatoren ist ebenfalls ein hoher Maßstab zu legen. Von einem Organisator auf dem Gebiet der maschinellen Datenverarbeitung werden nicht nur gute betriebswirtschaftliche Kenntnisse und eine gründliche Ausbildung in der elektronischen Datenverarbeitung verlangt, er muß auch das Rüstzeug für seine Organisationsarbeit besitzen. Die Fähigkeit zum logischen und abstrakten Denken und dazu Phantasie und Kombinationsgabe sind die Grundvoraussetzungen jeder organisatorischen Tätigkeit. Zusätzlich wird von ihm gefordert, daß er die Programmierungstechnik in ihren Grundzügen kennt. Die Befähigung im Umgang mit den Angehörigen der Fachabteilungen gehört genauso zu den Eigenschaften eines EDV-Organisators wie die Anpassung an die Mitglieder des eigenen Teams.

Auch der Programmierer muß eine befähigte Fachkraft sein. Im Gegensatz zum EDV-Organisator kommt es bei ihm aber weniger auf Vorkenntnisse und Vorbildung als auf eine gute Eignung und gründliche Ausbildung an. Unerläßlich ist es für seine Qualifikation, daß er ein hohes Maß logischen Denkvermögens und eine Spezialbegabung zum abstrakten Denken besitzt. Eine gute Allgemeinbildung und das Wissen um die wirtschaftlichen Zusammenhänge sind von Vorteil, jedoch nicht unbedingte Voraussetzung für den Beruf eines Programmierers. In der Praxis haben sich nicht selten Programmierer bewährt, die aus nichtkaufmännischen Berufen kamen und sich ihre kaufmännischen Kenntnisse erst im Laufe ihrer Tätigkeit aneigneten.

Die Auswahl der Nachwuchsprogrammierer erfolgt meist mit Hilfe eines Tests, bei dem der Bewerber innerhalb einer bestimmten Zeit eine größere Anzahl Aufgaben lösen muß, die aus der Fortführung logisch aufgebauter Folgen bestehen. Die richtigen Lösungen erhalten dann eine dem Schwierigkeitsgrad entsprechende Punktbewertung, und der Test gilt als bestanden, wenn eine festgesetzte Punktzahl erreicht ist. Der Wert dieses Testes ist in der Praxis umstritten. Sicher sagt er wenig über die besondere Eignung eines Bewerbers für die Programmierung aus. Wer eine hohe Punktzahl erreicht, braucht deshalb noch kein Spitzenprogrammierer zu werden. Allerdings wird ein Bewerber, der in der vorgeschriebenen Zeit nur eine sehr geringe Punktzahl erzielt, sich wohl kaum für den Beruf eines Programmierers eignen.

Für die Auswahl der Locherinnen und Prüferinnen sind kaum mehr Gesichtspunkte zu beachten als beim Test von Maschinenschreiberinnen. Besonderer Wert ist auf Ausdauer und Gewissenhaftigkeit zu legen. Ähnliches gilt für den Einsatz als Bediener für die lochkartenmaschinellen Zusatz- und Ergänzungsmaschinen. Er setzt ebenfalls keine besonderen Kenntnisse und Spezialbegabungen voraus. Besonnenen und ruhigen Personen ist der Vorrang zu geben. Auch weibliche Arbeitskräfte sind für diese Tätigkeit, die sich bei der elektronischen

Datenverarbeitung hauptsächlich auf das Ordnen und Gruppieren der Lochkarten erstreckt, durchaus geeignet.

Weitaus höhere Ansprüche werden dagegen an das Bedienungspersonal für die elektronische Anlage gestellt, vor allem dann, wenn es sich um eine mittlere oder größere Anlage mit umfangreicher Ausrüstung handelt. Bei der Auswahl der Operateure werden in der Praxis oft große Fehler gemacht. Nicht jeder freigesetzte Tabellierer oder Bediener von Lochkartenmaschinen eignet sich für die Bedienung einer elektronischen Anlage, weil an einen Operator Ansprüche gestellt werden, die weniger im Fachwissen als in der Handhabung der Anlage liegen. Ein Bediener muß auf jeden Fall Ruhe und Umsicht bei der Arbeit besitzen. Nervöse und zerstreute Kräfte sind absolut ungeeignet. Sie schaden oft mehr als sie nützen und verschwenden durch ihr Verhalten wertvolle Maschinenzeit.

4.23 *Ausbildung und Fortbildung des Personals*

Die Schulung der *EDV-Organisatoren* muß ihren unterschiedlichen Ausbildungsstand berücksichtigen und zwischen der Vermittlung von Grundkenntnissen und der Spezialausbildung trennen. Zum ersten gehören beim EDV-Organisator sein betriebswirtschaftliches Wissen und seine durch Studium oder in der Praxis erworbenen Kenntnisse auf dem Gebiet der Organisation und der maschinellen Datenverarbeitung. Die Praxis muß die Ausbildung sinnvoll ergänzen. Sie kann sie jedoch nicht ersetzen, weil der Erwerb von Kenntnissen dem Einsatz in der Praxis vorausgehen muß.

Für den *Programmierer* ist eine ähnliche Ausbildung wie für den EDV-Organisator vorgesehen. Nur wird sich bei ihm das Schwergewicht mehr zur praktischen Programmierung verlagern. Gleichermaßen muß auch er den Aufbau und die Arbeitsweise elektronischer Anlagen – eine zwingende Voraussetzung für jeden Programmierer – kennen. Eine Schulung in organisatorischen Fragen erscheint ratsam, ist jedoch nicht unbedingt erforderlich. In hohem Maße muß er sich dagegen der Logik der Programmierung und der praktischen Programmierungsarbeit widmen. Die Programmiererkurse der Herstellerfirmen dauern in der Regel zwischen 2 und 6 Wochen und finden im allgemeinen in den Räumen des Herstellers statt. Später wird der Programmierer an einem einwöchigen Maschinenpraktikum teilnehmen, um die Bedienung der Anlage zu erlernen. Dieses Praktikum ist notwendig, damit er seine Programme selbständig und ohne fremde Hilfe austesten kann. Grundausbildung und Spezialschulung eines Programmierers dauern etwa 4 bis 6 Monate. Je nach Ausbildung und Begabung wird er danach weitere 4 bis 8 Monate Einarbeitungszeit benötigen, bevor man ihm ein größeres Programm zur selbständigen Bearbeitung übertragen kann. In der Einarbeitungszeit ist er unter Anleitung eines erfahrenen Programmierers (Seniorprogrammierers) mit der Ausarbeitung von Übungs- oder kleineren Teilprogrammen beschäftigt.

Für das *Bedienungspersonal* der DV-Anlage haben die Herstellerfirmen Lehrgänge eingerichtet, die meist 1 bis 2 Wochen dauern und oftmals an der Anlage des Benutzers durchgeführt werden. Diese Lehrgänge befassen sich ausschließlich mit dem Aufbau und der Arbeitsweise, insbesondere aber mit der Bedienung der bestellten Anlage. Programmierungslehrgänge sind für den Operator nicht vorgesehen. Sicher ist es nicht zum Schaden, wenn das Bedienungspersonal Grundkenntnisse in der Programmierung besitzt. Bei Störungen und unvorhergesehenen Unterbrechungen, die auf das Programm zurückzuführen sind, wird ein solcher Bediener viel schneller und wirksamer eingreifen können. Selbstverständlich muß in diesem Falle sichergestellt sein, daß der betreffende Programmierer von der Störung erfährt und das Programm und die Unterlagen entsprechend berichtigt. Die Ausbildung des Bedienungspersonals läuft in jedem Falle stärker in Form eines Praktikums als in der theoretischen Schulung ab. Fragen, welche die Wartung der Maschinen oder technische Eingriffe betreffen, werden dabei nicht behandelt. Sie sind ausschließlich Sache der Wartungs- und Reparaturtechniker, deren Ausbildung Aufgabe der betreffenden Herstellerfirma ist.

Für *Locherinnen und Prüferinnen* ist lediglich eine Anlernzeit von 2 bis 3 Wochen an den Erfassungsgeräten vorgesehen. Ähnlich verläuft die Ausbildung der Bedienungskräfte für die lochkartenmaschinellen Zusatzmaschinen.

Nicht minder wichtig als eine gute Ausbildung und Schulung der Fachkräfte ist die Notwendigkeit einer ständigen Weiterbildung. Die Anschaffung von Fachliteratur und Fachzeitschriften, der Besuch von Fortbildungskursen und ein zwischenbetrieblicher Erfahrungsaustausch bilden die Voraussetzung, daß sich EDV-Organisatoren und Programmierer nicht zu einseitigen und eingeengten Spezialisten entwickeln, sondern sich stets dem technischen Fortschritt und den neuesten Erkenntnissen anpassen können. Nur so läßt sich der Fortschritt in der Datenverarbeitung berücksichtigen.

4.3 Die räumliche Einrichtung

4.31 *Anordnung, Umbau und Einrichtung der Räume*

Von den Bauplänen des Unternehmens hängt es ab, ob die DV-Abteilung in einem Neubau untergebracht wird oder ob hierfür belegte Räume freigemacht werden müssen. Der räumliche Standort ist nach Möglichkeit so zu wählen, daß lange Wegezeiten bei der Anlieferung der Belege und Rückgabe der Ergebnisse vermieden werden.

Wenn es die Raumverhältnisse gestatten, bringt man das Materiallager (für den Vorrat an Lochkarten und Tabellierpapier) sowie die Einrichtungen für die Energieversorgung und Klimatisierung im Keller unter. Im Erdgeschoß befinden sich dann die Maschinenräume, die Räume für Bedienungspersonal und Wartungstechniker (einschließlich Ersatzteillager) sowie das Programm- und Speicherarchiv. In unmittelbarer Nähe sollten auch der Lochraum und die Personalräume für die EDV-Organisatoren und Programmierer liegen. Zusätzlich muß ein Raum für die Programmdokumentation vorgesehen sein. Auch ist daran zu denken, daß die Programme einschließlich aller Unterlagen als Duplikat zur Sicherheit in feuerfesten Schränken aufbewahrt bzw. an einen anderen Ort ausgelagert werden. Wegen des großen Zeitaufwandes für den Umbau und die Einrichtung der Räume ist es notwendig, daß sofort nach Bestellung der DV-Anlage mit der Planung begonnen wird.

Bild 45 zeigt die zweckmäßige räumliche Anordnung der DV-Abteilung. Alle Räume gruppieren sich um das Rechenzentrum, in dem die elektronische Datenverarbeitungsanlage (EDVA) aufgestellt ist. Die rein gedankliche Unterteilung in einen inneren und einen äußeren Kreis weist auf ein vorteilhaftes Entfernungsverhältnis zwischen dem Rechenzentrum und den anderen Maschinen-, Personal- und Nebenräumen hin. Selbst wenn eine ideale oder dem Ideal angenäherte Raumgruppierung nicht zu erreichen ist, sollte auf eine zweckmäßige Aufteilung, Anordnung und Erweiterungsmöglichkeit Wert gelegt werden.

Die meisten DV-Anlagen erfordern eine besondere Klimatisierung, insbesondere dann, wenn sie mit Magnetbandgeräten oder Magnetplattenspeichern ausgerüstet sind. Die günstigere Deckenbelastung und die Möglichkeit einer besseren Geräuschdämpfung sind die Gründe dafür, daß man die DV-Anlage möglichst im Erdgeschoß aufstellt. Für die Installation der Klimaanlage ist ein getrennter Raum in der Nähe der DV-Anlage vorzusehen. Wird die DV-Anlage im Erdgeschoß aufgestellt, sollte man den Keller oder den Nachbarraum für die Klimaanlage bestimmen. Der Keller eignet sich außerdem gut zur Lagerung der Lochkarten und des Tabellierpapiers.

Um die Staubentwicklung einzuschränken und sicherzustellen, daß das Bedienungspersonal ungestört arbeiten kann, sollte das Rechenzentrum nach außen völlig abgeschlossen sein. Nur das Bedienungspersonal und Personen mit einer besonderen Genehmigung haben Zutritt zu den Maschinenräumen. Die Zulieferung aller Unterlagen und die Ablieferung der Ergebnislisten wickelt sich dann im Vorraum über einen Schalter ab. Jede Raumplanung sollte von vornherein berücksichtigen, daß später notwendige Erweiterungen sowohl bei den Maschinen- als auch bei den Personal- und Nebenräumen ohne besondere Schwierigkeiten und größere Umbauten möglich sind.

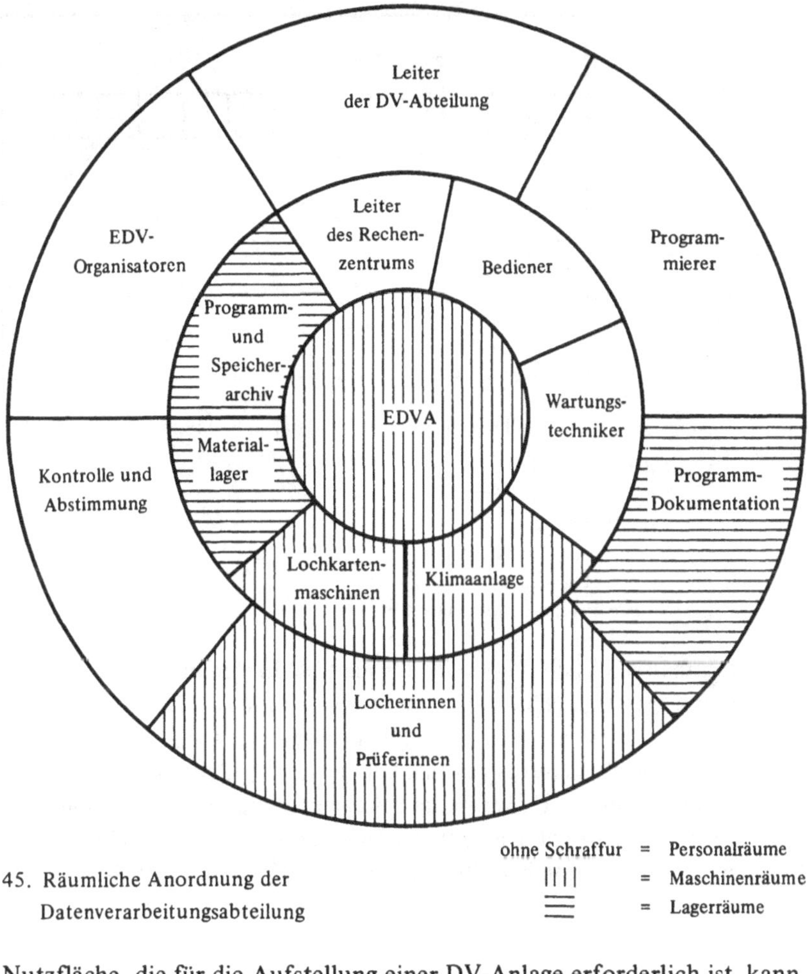

Bild 45. Räumliche Anordnung der Datenverarbeitungsabteilung

Die Nutzfläche, die für die Aufstellung einer DV-Anlage erforderlich ist, kann nicht generell genannt werden. Sie hängt von der Größe der installierten Anlage einschließlich aller peripheren Geräte und Einrichtungen an. Als ungefähre Richtwerte gelten:

A. für eine Kleinanlage auf Lochkartenbasis:
   etwa 30 bis 40 m^2

B. für eine mittlere Anlage mit 6 Magnetbandgeräten:
   etwa 60 bis 70 m^2

C. für eine Großanlage mit umfangreicher Ausrüstung:
etwa 100 bis 150 m² und mehr.

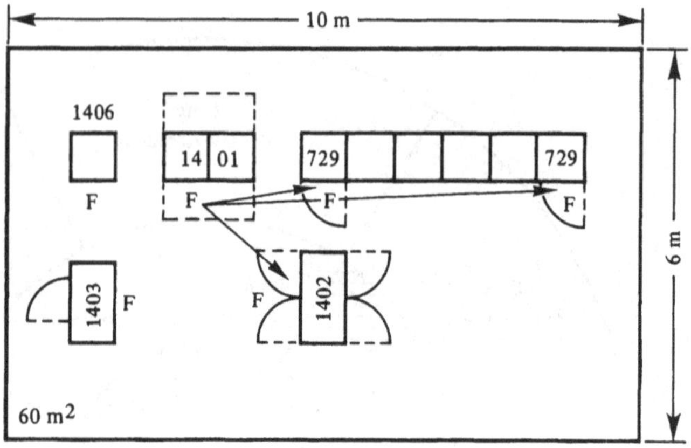

Bild 46. Raumgröße und Aufstellungsplan für eine IBM (Darstellung IBM)

mit 1401 = Zentraleinheit
1402 = Karteneinheit
1403 = Drucker
1406 = Zusatzkernspeicher
729 = Magnetbandeinheit
F = Front, Bedienungsseite

Hinzu kommen natürlich die Räume für die Lochkartenmaschinen sowie für Personal und Material. Nähere Angaben für bestimmte Anlagen sind bei jeder Herstellerfirma zu erhalten. Grundsätzlich sollte die Raumgröße so bemessen sein, daß sich das Bedienungspersonal bei der Arbeit nicht behindert, andererseits aber auch keine zu großen Wege bei der Bedienung der Maschinen zurückzulegen hat. Bild 46 zeigt eine, von der IBM zur Verfügung gestellte, Raumskizze für die Installation einer IBM 1401 mit 6 Magnetbandgeräten.

4.32 *Vorbereitung der Installation*

Einer der wichtigsten Punkte bei der Vorbereitung der Installation ist die Beschaffung und der Einbau der Klimaanlage. Die Auswahl der Klimaanlage kann nur in enger Zusammenarbeit mit der Herstellerfirma der DV-Anlage und den Handwerkern des eigenen Unternehmens vorgenommen werden. Bei der Planung der Klimatisierung ist zu berücksichtigen, daß die Klimaaggregate in aller nächster Nähe des elektronischen Systems untergebracht werden. Außerdem muß der erhebliche Wasserverbrauch der Kältemaschinen durch eine ausreichende Wasserversorgung sichergestellt sein.

Obwohl die Bauelemente moderner DV-Anlagen bedeutend weniger Wärme abgeben als früher die Elektronenröhren, bedürfen auch die meisten der heute eingesetzten Maschinen einer ausreichenden Klimatisierung. Zu ihr gehört nicht allein die richtige Temperaturregelung, sondern auch die entsprechende Feuchtigkeit und die Filtrierung der Luft, letztere vor allem dann, wenn Magnetbandgeräte oder andere magnetischen Speicher angeschlossen sind. Die richtige Luftfeuchtigkeit (etwa 50 bis 65%) ist außerdem dort wichtig, wo Lochkarten gelagert und verarbeitet werden.

Es ist zu empfehlen, zusätzlich zur Klimatisierung der DV-Anlage und der Maschinenräume auch die anderen Räume einschließlich der Lagerstätten für Lochkarten und Magnetbänder zu klimatisieren. Diese Maßnahme gewährleistet, daß keine Schwierigkeiten aufgrund veränderter Klimabedingungen bei den Datenträgern und Speichern auftreten. Für die übrige Raumklimatisierung wird jedoch nicht die gleiche Anlage, sondern eine zweite Kältemaschine benutzt. Das hat den zusätzlichen Vorteil, daß bei Ausfall des Hauptklimagerätes (für die elektronische Anlage) auf die Raumklimatisierung umgeschaltet werden kann. Auf diese Weise wird eine Mindestklimatisierung des Rechenzentrums sichergestellt, und die Arbeit braucht unter Umständen nicht unterbrochen zu werden.

Um die Luft von unten her durch die Maschinen zu leiten und sie – damit kein Überdruck entsteht – oben wieder abzusaugen, baut man im Fußboden und in der Decke Kanalsysteme ein. Der Einbau eines Doppelbodens ist auch deshalb notwendig, um die Kabel zu verlegen, die die einzelnen Maschinen mit der Zentraleinheit verbinden. Damit die Klimatisierung nicht beeinträchtigt wird, sollten die Fenster des Rechenzentrums nicht zu öffnen sein. Die Umwälzung der gekühlten Luft findet etwa 50 bis 60 mal in der Stunde statt. Temperatur (durchschnittlich etwa 18 bis 21 ° C) und Feuchtigkeitsgehalt werden ständig kontrolliert. Sobald die festgelegte Grenze über- oder unterschritten ist, setzt die automatische Regelung ein. Außerdem wird die im Kanalsystem befindliche Luft, wenn erforderlich, durch von außen angesaugte und gereinigte Frischluft ergänzt. Bei kleineren DV-Anlagen wird die Luft meist von der Decke her in den Raum geblasen, während mittlere und große DV-Anlagen eine Zweikreisklimatisierung verwenden. Diese Klimatisierung, die in Bild 47 dargestellt ist, versorgt die Maschinen mit Luft aus dem Doppelboden, die sie dann oben wieder absaugt. Die Raumklimatisierung selbst erfolgt wiederum – wie bei der Einkreisklimatisierung – von der Lüftungsdecke her.

Um die elektronischen Elemente abzusichern, ist in der DV-Anlage ein Regler eingebaut, der Schwankungen innerhalb eines bestimmten Toleranzbereiches

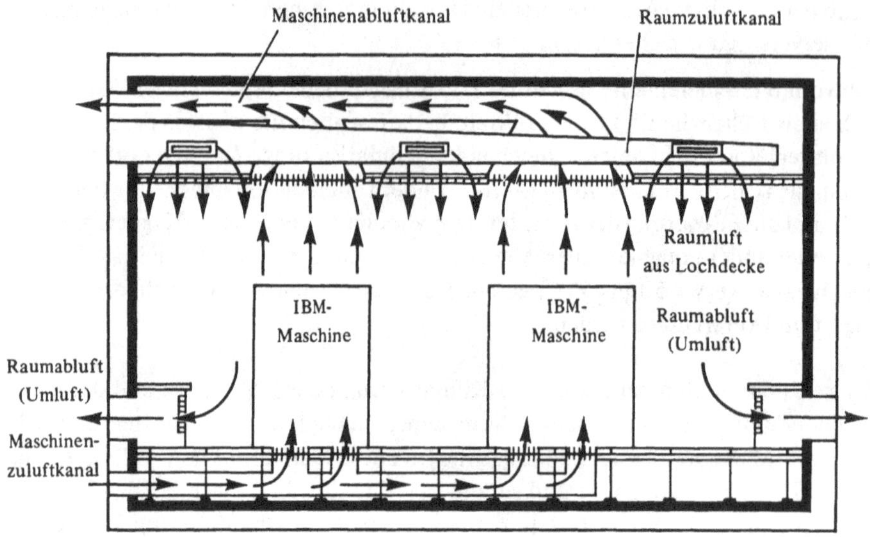

Bild 47. Prinzip einer Zweikreisklimatisierung (Darstellung IBM)

selbständig ausgleicht. Zur Vermeidung starker Stromschwankungen, wie sie beispielsweise bei Industrieunternehmen auftreten, muß manchmal noch ein zusätzlicher Umformer vorgeschaltet werden, der starke Spannungsgefälle abfängt. Einer Kontrolle der Stromversorgung und Klimatisierung dienen automatische Einrichtungen, die Spannung, Frequenz sowie Feuchtigkeit und Temperatur der Luft kontrollieren und aufzeichnen. Werden die festgelegten Werte über- oder unterschritten, schaltet sich ein optisches und/oder akustisches Signal ein, das die Bediener auf Störungen hinweist. Eine Notstromversorgung sollte – schon wegen ihres beträchlichen Preises – nur dann für erforderlich gehalten werden, wenn die DV-Anlage für die Steuerung von Produktionsanlagen oder für andere Real-Time-Anwendungen eingesetzt wird.

Die große Bedeutung der Klimatisierung und Energieversorgung für ein reibungsloses Arbeiten der DV-Anlage machen es notwendig, daß unverzüglich nach Bestellung der DV-Anlage eine Arbeitsgruppe gebildet wird, der Vertreter der DV-Abteilung, der Energieversorgung im Unternehmen sowie der Herstellerfirmen von DV-Anlage und Klimaanlage angehören. Auf keinen Fall dürfen die Techniker der Firma fehlen, welche die DV-Anlage liefert. Damit wird dem Hersteller jede Möglichkeit genommen, auftretende Maschinenausfälle und wiederholte Störungen auf Mängel in der Energieversorgung und Klimatisierung zurückzuführen. In die Planung und Vorbereitung sind außerdem die vorbeugende Wartung und die Bereitstellung von Verschleißteilen für die Klimaanlage einzubeziehen. Außerdem sollte die Möglichkeit geprüft werden, einen Techniker des eigenen Unternehmens auszubilden, der notfalls selbst kleinere Reparaturen an der Klimaanlage durchführen kann. Die Klimaanlage sollte schließlich nur von einer Firma bezogen werden, die spezielle Erfahrungen auf dem Gebiet der EDVA-Klimatisierung hat.

Der doppelte Fußboden dient sowohl zur Aufnahme der Klimakanäle als auch zur Verlegung der Maschinenkabel. Der Oberboden ruht – in einer lichten Höhe von etwa 20 cm – auf einer Stahlkonstruktion und ist meist aus rechteckigen Holzplatten zusammengesetzt, die sich einzeln und leicht entfernen lassen. Die erforderliche Tragfähigkeit beträgt zwischen 1 000 und 1 500 kg/m^2. Dieser Belastungsanspruch kann es im Einzelfalle notwendig machen, den Boden zu verstärken oder abzustützen. Um eine möglichst hohe Staubfreiheit zu erzielen, sollte der Fußboden mit einem Spezialanstrich versehen oder mit einem Belag von Korklinoleum beklebt sein, der staubanziehend ist. Die Säuberung der Maschinenräume erfolgt dann in einer Weise (beispielsweise mit Hilfe von Kunststoffspänen), die eine Staubentwicklung stark einschränkt. Damit die Maschinengeräusche auf ein Mindestmaß gesenkt werden, sind die Seitenwände und die Deckenverkleidung aus schallschluckendem Material gefertigt. Schließlich ist auch für ausreichende und blendfreie Lichtverhältnisse zu sorgen.

Der Leiter der DV-Abteilung hat rechtzeitig Vorsorge zu treffen, daß die DV-Anlage – den Anweisungen der Herstellerfirma entsprechend – sachgerecht zu ihrem Aufstellungsort transportiert wird. Da der Hersteller die Maschinen nur "frei Haus" liefert, muß der Benutzer selbst für die Bereitstellung von Hebezeugen, Transportmitteln und Arbeitern für die Aufstellung sorgen, es sei denn, daß die Herstellerfirma diese Arbeiten übernimmt und sie (auf Rechnung des Mieters oder Käufers) durch eine Speditions- oder Transportfirma durchführen läßt.

4.33 *Beschaffung des Zubehörs*

Zur räumlichen Einrichtung und Installationsvorbereitung kommen schließlich die Planung und Beschaffung des Zubehörs. Für die Bereitstellung der Ersatzteile für die DV-Anlage hat der Benutzer jedoch nur dann zu sorgen, wenn er die Anlage gekauft hat. Ist sie dagegen gemietet, muß die Herstellerfirma selbst die notwendigen Ersatzteile bereitstellen.

Das Zubehör wird in den meisten Fällen vom Benutzer gekauft. Das gilt auch, wenn die DV-Anlage gemietet ist. Zum Zubehör gehören Schaltplatten und Schaltschnüre (für schalttafelgesteuerte Lochkartenmaschinen), Lochkartenbehälter, Transportgeräte und Schränke für Lochkarten und Magnetbänder sowie andere Einrichtungsgegenstände.

Lochkarten und Tabellierpapier selbst zählen nicht zum Zubehör, sondern sind Verbrauchsmaterial. Magnetbänder, Magnetplatten und Magnetstreifen sind demgegenüber immer Zubehör und bilden im allgemeinen sogar den bedeutendsten Posten. Schon bei einer Anlage mit 4 Magnetbandeinheiten ist mit einem Bedarf zwischen 100 und 200 Bändern zu rechnen (eine Magnetbandrolle mit etwa 730 m Band kostet zwischen 120,- und 180,- DM). Der erhebliche Bedarf entsteht dadurch, daß die für die Weiterverarbeitung auf Bändern gespeicherten Daten aus Sicherheitsgründen doppelt aufzubewahren sind. Auch die Programme werden bei einer solchen Anlage meist auf Magnetbändern gespeichert. Es empfiehlt sich, die Magnetbänder entweder bei der Herstellerfirma der DV-Anlage oder aber bei einer bekannten und empfohlenen Firma zu kaufen, weil ihr Qualitätsunterschied noch immer beträchtlich ist. Zubehör- und Einrichtungsfirmen bieten besondere Stahlschränke für die Aufbewahrung von Magnetbändern und Magnetplatten an. Auf eine Luftzirkulation innerhalb dieser Schränke kann jedoch verzichtet werden, wenn die Bänder und Platten in staubgeschützten Kasetten gelagert sind.

Anhang

Begriffserklärungen

Ablaufdiagramm	graphische Darstellung eines Arbeitsablaufs mit Hilfe besonderer Symbole
Aktivität	Begriff aus der Netzwerktechnik für Vorgang, Tätigkeit
allgemeine Einschränkungen	Einschränkungen bei der Auswahl einer DV-Anlage, noch völlig losgelöst von ihrem Einsatz für bestimmte Aufgaben
allgemeine Organisation	hier: im Gegensatz zur EDV-Organisation umfaßt die allgemeine Organisation Aufgaben der Aufbau- und Ablauforganisation außerhalb der elektronischen Datenverarbeitung
ALGOL	engl. **ALGO**rithmic **L**anguage, problemorientierte Programmsprache für mathematische Zwecke
Analyse des Istzustandes	Zergliederung des gegenwärtigen Arbeitsablaufs in einzelne Arbeitsgänge und Arbeitsoperationen
Analyse des Organisationsauftrages	Zergliederung des Organisationsauftrages zur Durchführung der organisatorischen Voruntersuchung
Anlagenauswahl	Auswahl der für bestimmte Aufgaben am besten und wirtschaftlichsten geeigneten DV-Anlage
Anwendungsprogramme	im Gegensatz zu den Steuer- und Übersetzungsprogrammen Programme für die Durchführung bestimmter DV-Aufgaben
Arbeitsablauf	bestimmte Reihenfolge von Arbeitsschritten zur Erfüllung einer Aufgabe

Arbeitsablaufdiagramm	Mittel zur Darstellung eines Arbeitsablaufs in zeichnerischer Form
Arbeitsfolge	zeitliches Nacheinander zusammenhängender Arbeitsgänge für eine Arbeit
Arbeitsspeicher	siehe Hauptspeicher
Arbeitsvorbereitung	hier: Vorbereitung der Arbeiten für das Rechenzentrum, Bereitstellung der Eingabedatenspeicher und des Druckpapiers
Assembler	maschinenorientierte symbolische Programmsprache
Aufgabenbeschreibung	Ausweis aller Tätigkeiten, Voraussetzungen und Anforderungen der Mitarbeiter für die Organisation und Datenverarbeitung
Ausbaufähigkeit	die Möglichkeit, eine DV-Anlage beim Kunden mit zusätzlichen Ein-/Ausgabegeräten und externen Speichern auszurüsten
Ausbaustufe	der stufenweise Ausbau einer DV-Anlage
Ausgabegeräte	Geräte einer DV-Anlage für die Ausgabe von Verarbeitungsergebnissen
Ausgabepuffer	Pufferspeicher bei den Ausgabegeräten, insbesondere beim Schnelldrucker und Lochkartenstanzgerät
Ausrüstung	Ausstattung einer DV-Anlage mit bestimmten Ein-/Ausgabegeräten und externen Speichern
Auswahl der DV-Anlage	Aufstellung von Bedingungen und Beurteilungsfaktoren für die Auswahl der geeigneten elektronischen Anlage
Ausweichmaschine	DV-Anlage desselben Typs und der gleichen oder ähnlichen Ausstattung zum Ausweichen bei länger anhaltenden Störungen
Background-Programm	engl. Hintergrundprogramm; Programm, das beim Multiprogramming immer dann dazwischen geschoben wird, wenn das Vorrangprogramm auf die Ein- oder Ausgabe der Daten warten muß
Baukastensystem	die Möglichkeit, eine DV-Anlage ohne größere Umbauten zusätzlich auszurüsten und

	zu erweitern
Befehl	Anordnung an eine DV-Anlage, eine bestimmte Operation durchzuführen
Belegfluß	Durchlauf bestimmter Belege durch bestimmte Stellen des Unternehmens
Bestandsdaten	hier: Datenbestände, die in Speichern aufbewahrt sind und periodisch fortgeschrieben werden
betriebseigene Organisatoren	Organisatoren, die dem Unternehmen seit längerer Zeit angehören
betriebsfremde Organisatoren	Organisatoren, die erst angeworben werden, einer Beratungs- oder EDVA-Herstellerfirma angehören
Betriebssystem	Summe aller Programme, die zum Betrieb einer DV-Anlage gehören, im einzelnen Steuer-, Übersetzungs- und Anwendungsprogramme
Bewertungssystem	hier: Regeln zur Beurteilung von DV-Anlagen für bestimmte Aufgaben
Bytespeicher	Unterteilung des Arbeitsspeichers in Bytes, wobei jedes Byte einen Buchstaben oder Sonderzeichen oder zwei Ziffern aufnehmen kann
COBOL	engl. **CO**mmon **B**usiness **O**riented **L**anguage, problemorientierte symbolische Programmsprache für kaufmännische Anwendungen
Codieren	Verschlüsseln der einzelnen Programmschritte in die Sprache der Maschine oder in eine symbolische Programmsprache
Compiler	engl. Übersetzungsprogramm, zur Übersetzung symbolischer Programme in die Maschinensprache
CPM	engl. **C**ritical **P**ath **M**ethod, Methode des kritischen Weges, Methode der Netzwerktechnik
CPU	engl. Central Processing Unit, Zentraleinheit einer DV-Anlage

Darstellung des Istzustandes	Aufzeichnung des organisatorischen Istzustandes mit Hilfe der Diagrammtechnik
Datei	Bezeichnung eines zusammenhängenden Datenbestandes; Beispiele: Daten einer Stückliste, Lagerbestandsdaten, Daten für statistische Auswertungen u.a.
Datenanfall je Zeiteinheit	mengenmäßiger Anfall bestimmter Daten, wie Arbeitstag je Woche oder Monat
Datenblock	physische Zusammenfassung mehrerer Datensätze, die gemeinsam und ohne Zwischenraum gespeichert werden
Datenerfassung	Erfassung der von äußeren oder inneren Stellen eingehenden Daten und ihre Übertragung in maschinell lesbare Belege (Lochkarten, Lochstreifen u.a.)
Datenerfassungsgerät	Gerät zur Übertragung von Daten in maschinell lesbare Belege
Datenfernverarbeitung	Datenfernübertragung und anschließende Verarbeitung der übertragenen Daten
Datenfernübertragung	System zum Transport von Daten zwischen DV-Anlagen bzw. einer DV-Anlage und Ein-/Ausgabestationen mit Hilfe von Fernschreib- oder Fernsprechleitungen
Datenfluß	siehe Belegfluß
Datenflußdiagramm	siehe Arbeitsablaufdiagramm
Datenkanal	Verbindung zwischen Zentraleinheit und den peripheren Ein-/Ausgabegeräten sowie Speichern zur Übertragung der Daten
Daten-Mengengerüst	Datenanfall je Zeiteinheit
Datensatz	zusammenhängende Gruppe einzelner Daten für einen Geschäftsvorfall, z.B. die Daten eines Lohnbeleges, einer Materialentnahme, einer Bestellung u.a.
Datensicherung	Aufbewahrung von Kopien der Datenbestände auf externen Speichern, um zerstörte Daten wieder ersetzen und erneuern zu können

Dezentralisation	Trennung von Teilaufgaben mit gleichen Merkmalen
Druckpuffer	Pufferspeicher im Schnelldrucker
DV-Abteilung	Datenverarbeitungsabteilung; Abteilung zur Planung, Vorbereitung und Durchführung der Datenverarbeitung
EDV	Abkürzung für elektronische Datenverarbeitung
EDVA	Abkürzung für elektronische Datenverarbeitungsanlage (DV-Anlage)
EDV-Organisator	Mitarbeiter der Organisation und Datenverarbeitung für die Entwicklung und Einführung neuer DV-Systeme
Eingabe	hier: Eingabe von Daten in die DV-Anlage
Eingabegeräte	Geräte für die Eingabe von Daten in eine DV-Anlage
Eingabepuffer	Pufferspeicher bei den Eingabegeräten
Einmalkosten	oder Einrichtungskosten; hier: einmalige Kosten bei der Einrichtung der elektronischen Datenverarbeitung
Einrichtungskosten	siehe Einmalkosten
Ereignis	Begriff aus der Netzwerktechnik. Ein Ereignis ist ein Zeitpunkt, in dem bestimmte Einzelvorgänge beendet sein und andere beginnen müssen
Ermittlung des Istzustandes	Aufnahme der gegenwärtigen Organisation des Arbeitsablaufs
Erweiterungsfähigkeit	hier: die Möglichkeit, den internen Hauptspeicher der DV-Anlage beim Benutzer erweitern zu können
externe Speicher	im Gegensatz zum internen Haupt- oder Arbeitsspeicher zusätzliche Speicher, wie Magnetbänder, Magnetplatten oder Magnettrommelspeicher
Feinanalyse	hier: Zergliederung eines Arbeitsablaufs mit allen Einzelheiten zum Zwecke der direkten Verbesserung

Flußdiagramm	siehe Arbeitsablaufdiagramm
FORTRAN	engl. **FOR**mula **TRAN**slator, problemorientierte symbolische Programmsprache für mathematisch-technische Zwecke
feste Satzlänge	Form der Speicherung, bei der die gespeicherten Sätze innerhalb einer Datei immer dieselbe Länge haben
Frühinstallation	Bezeichnung für Erstinstallationen eines neuen Anlagentyps
geblockte Verarbeitungsweise	Form der Speicherung und Verarbeitung, bei der mehrere Datensätze zu einem Block zusammengefügt sind, um Speicherplatz und Zeit zu sparen
gemischte Untersuchungsgruppe	hier: Organisationsgruppe zur Durchführung der organisatorischen Voruntersuchung aus betriebseigenen und betriebsfremden Organisatoren
Generator	Übersetzungsprogramm
Gesamtsystem	hier: Gesamtplan für die Entwicklung und Einführung der elektronischen Datenverarbeitung, der alle Arbeitsgebiete eines Unternehmens umfaßt
Gewichtung einer Eigenschaft	zahlenmäßige Bewertung einer Eigenschaft aus der Sicht eines bestimmten Benutzers als Vergleichswert zu anderen Eigenschaften
gewünschte Eigenschaften	Hervorhebung der Eigenschaften für die Anlagenauswahl, auf die es bei der Beurteilung besonders ankommt
Grobablauf	grober Arbeitsablauf, der im Gegensatz zum detaillierten Arbeitsablauf nur eine Übersicht der geplanten Datenverarbeitung darstellt
Grobanalyse	Zergliederung eines Arbeitsablaufs, ohne auf Einzelheiten Rücksicht zu nehmen
Größenordnung	hier: die größenmäßige Einteilung von DV-Anlagen in Klein-, Mittel- und Großanlagen

große DV-Anlage	DV-Anlage mit einem monatlichen Mietwert von über 50 000 DM
Hardware	englischer Ausdruck für die eigentliche DV-Anlage mit allen ihren Geräten und (festverdrahteten) Einrichtungen
Hauptspeicher	oder Arbeitsspeicher; Speicher zur Aufnahme des Programms und Zwischenspeicherung der Daten für die Verarbeitung
horizontale Bitzahlprüfung	Leseprüfung; beim Schreiben wird, wenn die Anzahl der Bits eine gerade Anzahl ergibt, je Satz und Spur ein Bit ergänzt, so daß alle Spuren eines Satzes eine ungerade Bitzahl aufweisen, die dann beim Einlesen wieder "auf ungerade" geprüft werden
immaterielle Vor- und Nachteile	Vor- und Nachteile der elektronischen Datenverarbeitung, die sich nicht zahlenmäßig ausdrücken lassen
Indexregister	besondere Einrichtung der Zentraleinheit zur einfachen Änderung von Speicheradressen
Inhalt des Organisationsauftrages	Fixierung aller Tatbestände und Pläne, auf die es zur Erfüllung des Organisationsauftrages ankommt
integrierte Datenverarbeitung	oder automatisierte integrierte Datenverarbeitung; Stufe der Datenverarbeitung, bei der die gesamte Datenverarbeitung zentral durch eine EDVA durchgeführt wird
interne Speicher	Haupt- oder Arbeitsspeicher einer DV-Anlage
interne Übertragungsgeschwindigkeit	Geschwindigkeit für die Übertragung zwischen internem Speicher und Steuerwerk
Interviewmethode	hier: Methode für die Aufnahme des Istzustandes, bei der die einzelnen, nach dem Istzustand arbeitenden, Personen am Arbeitsplatz befragt werden
Investition	eingesetztes Kapital zur Gewinnerzielung
Istkosten	hier: Kosten des gegenwärtigen Verfahrens

Istzustand	organisatorischer Zustand, wie er gegenwärtig besteht
Kapazität	hier: Aufnahmefähigkeit des internen Hauptspeichers
Kapazitätsberechnungen	Durchführung von Berechnungen, um die Kapazität einer DV-Anlage zu ermitteln
Kapazitätsreserve	Reserve der Leistungsfähigkeit, auf eine Arbeitsschicht bezogen
Kammzugriff	Bezeichnung für den Zugriffsmechanismus beim Magnetplattenspeicher, wenn für jeden Plattenzwischenraum ein gesonderter Zugriffsraum vorhanden ist, wobei alle Zugriffsarme an einer gemeinsamen Halterung befestigt sind
Kapitalverzinsung	Durchschnittliche Verzinsung der Investition nach der Formel $\text{Kapitalverzinsung} = \frac{\text{Investition} \times \text{Zinssatz}}{100 \times 2} \times (\text{Amortisationsdauer} + 1)$
Kennsatzprüfung	Prüfung des Vor- und Nachsatzes bei der Speicherung auf externem Speicher; in den (von den Datensätzen zu unterscheidenden) Kennsätzen werden besondere Kennzeichnungen zur Bezeichnung eines Datenbestandes untergebracht, die dann beim Einlesen geprüft werden
Kernspeicherkapazität	Größe des internen Magnetkernspeichers, in K (Kilo = 1000) Stellen, Bytes oder Worten ausgedrückt
kleine DV-Anlage	elektronische DV-Anlage mit einem monatlichen Mietwert bis zu 15 000 DM
Klimakanal	Leitung für die Zufuhr und Ableitung der klimatisierten Luft
Klimatisierung	Regelung der Temperatur, Feuchtigkeit und Reinhaltung der Luft
Konferenzmethode	hier: Methode für die Aufnahme des Istzustandes, bei der die interessierenden Tatbe-

	stände im Gespräch eines größeren Personenkreises geklärt werden
Kontrolle/Abstimmung	hier: Gruppe oder Stelle für die Kontrolle oder Abstimmung der ein- und ausgehenden Belege und Listen
Kostengrenze	Angabe der höchstmöglichen laufenden Kosten für die DV-Anlage
Kosten-/Leistungsverhältnis	Verhältnis zwischen laufenden Kosten und der Leistung einer DV-Anlage
Kritik des Istzustandes	kritische Durchleuchtung und Beurteilung eines gegenwärtigen organisatorischen Zustandes
Kundendienst	die von der Herstellerfirma ohne zusätzliche Kosten bereitgestellte organisatorische und programmierungstechnische Unterstützung
laufende Kosten	diejenigen Kosten für eine DV-Anlage, die monatlich aufzuwenden sind, im wesentlichen die Mietkosten für Normal- und Überschichten
Leistungsfähigkeit	Höchstleistung einer DV-Anlage, beurteilt aufgrund ihrer Hardware und Software
Leistungstest	Prüfung der Hardware und Software einer DV-Anlage anhand von Testbeispielen für eine Aufgabe, auf deren leistungsgerechte Durchführung es für den Benutzer besonders ankommt
Lochkartenlesegerät	oder Lochkartenabfühler; Gerät zum Abfühlen von Lochkarten
lochkartenmaschinelle Datenverarbeitung	oder konventionelle Datenverarbeitung; Einsatz von herkömmlichen Lochkartenmaschinen, auch Hollerith-Maschinen genannt
Lochkartenstanzgerät	oder Lochkartenstanzer; Gerät zum Stanzen von Lochkarten
Lochstreifenlesegerät	oder Lochstreifenleser; Gerät zum Abfühlen von Daten aus Lochstreifen
Luftfeuchtigkeit	Feuchtigkeitsgehalt der Luft für die EDVA und die verwendeten Datenträger; im allgemeinen zwischen 50 und 65 %

Luftfilterung	Reinhaltung der Luft, damit die Schreib-/Leseköpfe der Magnetbandgeräte und anderer Speichereinrichtungen vor Staub geschützt werden
Lufttemperatur	Temperatur für Maschinen- und Lagerräume; im allgemeinen zwischen 18 und 21 ° C
Magnetbandgerät	Gerät zum Schreiben und Lesen von Daten auf Magnetband
Magnetdrahtspeicher	neuer Arbeitsspeicher, der unter anderem von Remington Rand Univac bei der Serie 9000 verwandt wird; hohe Zugriffsgeschwindigkeit bei niedrigen Herstellkosten
Magnetkartenspeicher	Großraumspeicher, bei dem die Daten auf Magnetkarten gespeichert werden
Magnetkernspeicher	am meisten verbreitete Typ des internen Arbeitsspeichers
Magnetplattenspeicher	externer, wechselbarer oder nicht wechselbarer Speicher, bei dem die Daten auf der magnetisierbaren Oberfläche von Metallscheiben gespeichert werden
Magnetstreifenspeicher	dem Magnetkartenspeicher ähnlich
Magnettrommelspeicher	externer Großraumspeicher, bei dem die Daten auf der magnetisierbaren Oberfläche eines Zylinders gespeichert werden
Mannmonat	Meßzahl für die Angabe Mann mal Monat
Maschinencode	die interne Verschlüsselung bei einer DV-Anlage
Maschinenkonfiguration	Ausrüstung einer DV-Anlage mit peripheren Geräten
Mehrfunktionseinheit	Lochkartengerät, insbesondere bei kleinen DV-Anlagen, für verschiedene Funktionen, wie Abfühlen, Stanzen, Mischen, Sortieren, Beschriften
Mehrkosten	hier: Kosten einer geplanten Datenverarbeitung, die über die bisher anfallenden Kosten hinausgehen
Mehrzweckanlage	Bezeichnung für DV-Anlage, die sowohl für

	kaufmännische als auch für technisch-wissenschaftliche Zwecke verwendet werden kann
Miete	hier: Miete der DV-Anlage; die Miete gehört zu den laufenden Kosten
Mietkauf	hier: Kauf einer DV-Anlage, die bisher gemietet war, innerhalb von drei Jahren nach der Installation unter teilweiser Anrechnung bereits bezahlter Miete
Mindestbedingungen	Anforderungen an eine DV-Anlage, die mindestens erfüllt sein müssen, damit die Anlage in die engere Wahl einbezogen wird
mittelgroße DV-Anlage	DV-Anlage mit einem Mietwert zwischen 15 000 und 50 000 DM
Multiplexkanal	Datenkanal für die Datenübertragung zwischen den Ein-/Ausgabegeräten und der Zentraleinheit
Multiprocessing	engl. Mehrfachverarbeitung; DV-Anlage mit zwei oder mehr Zentraleinheiten, geeignet für echte Parallelarbeit
Multiprogramming	engl. Mehrfachprogrammierung; Kennzeichnung für überlappte Verarbeitung mehrerer Programme
Netzwerk	grafische Darstellung in der Form eines Netzgitters
Netzwerktechnik	Darstellung aller Aktivitäten und Ereignisse in der grafischen Form eines Netzwerkes
Operating System	Betriebssystem für größere DV-Anlagen
Operations Research	engl. mathematische Entscheidungsforschung, auch Unternehmensforschung oder Verfahrensforschung genannt (abgekürzt OR)
Optimalplan	bestmöglicher, idealer Plan, der Wirklichkeit noch nicht angenähert
optischer Belegleser	Gerät für die Eingabe von Daten in nicht verschlüsselter Form auf Urbelegen
Organisationsauftrag	Ausgangspunkt jeder organisatorischen Tätigkeit

Organisationsvorschlag	hier: Untersuchungsbericht
organisatorische Einordnung	Einordnung der DV-Abteilung in den organisatorischen Aufbau des Unternehmens
organisatorische Gliederung	der innere organisatorische Aufbau der DV-Abteilung
organisatorischer Aufbau der DV-Abteilung	organisatorische Gliederung der DV-Abteilung und Einordnung in die Organisation des Unternehmens
organisatorischer Istzustand	siehe Istzustand
organisatorische Pläne	Bestandteil des Organisationauftrages; Aufzeichnung der Pläne für die nächsten Jahre
organisatorischer Standort	anderer Ausdruck für organisatorische Einordnung
organisatorische Tatbestände	Bestandteil des Organisationsauftrages; Aufzeichnung der Tatbestände, die unabänderlich sind und bei der Rationalisierung berücksichtigt werden müssen
organisatorische Voruntersuchung	hier: Untersuchung zur Prüfung der wirtschaftlichen Einsatzmöglichkeit einer EDVA
organisatorische Ziele	Bestandteil des Organisationsauftrages; Bekanntgabe der Ziele, die die Unternehmensführung mit dem möglichen Einsatz einer EDVA im Unternehmen erreichen will
periphere Geräte	im Gegensatz zur Zentraleinheit alle Ein-/Ausgabegeräte und externe Speichereinrichtungen einer EDVA
personeller Aufbau der DV-Abteilung	Ermittlung des Personalbedarfs, Auswahl und Beschaffung sowie Ausbildung des Personals
PERT	engl. **P**rogram **E**valuation and **R**eview **T**echnique, zu deutsch: Technik der Programmbewertung und kritische Programmprüfung, Methode der Netzwerktechnik
PL/1	engl. Abkürzung für **P**rogram **L**anguage, Bezeichnung für eine neue problemorientierte Programmsprache, die sowohl für kaufmännische als auch für technisch-wissen-

	schaftliche Zwecke geeignet ist
Problemanalyse	problemorientierte Analyse des Istzustandes
problemorientierte Programmsprache	Programmsprache, die sich an die zu programmierenden Aufgaben und nicht an die EDVA anlehnt
Programmbibliothek	Kennzeichnung für die in Speichern aufbewahrten Hersteller- und Benutzerprogramme
Programmdokumentation	Zusammenstellung aller Programmunterlagen
Programmkarten	Bezeichnung für Lochkarten, in die die Befehle für ein Programm gelocht sind
Programm-Magnetband	Bezeichnung für ein Magnetband, auf dem Programme gespeichert sind
Programmsprache	Begriff für die besondere Art der Verschlüsselung einer Aufgabe für die Durchführung auf einer DV-Anlage
Programmtest	Prüfung eines ausgearbeiteten Programms anhand von Testbeispielen
Pufferung	Bezeichnung der Verwendung von Pufferspeichern auf der Ein- und/oder Ausgabenseite
Pufferspeicher	Zwischenspeicher zur Pufferung der Ein- und/oder Ausgabedaten
Random-Access-Speicher	Bezeichnung für externe Speicher mit wahlfreiem Zugriff (= alle Speicher mit Ausnahme der Magnetbänder)
räumlicher Aufbau der DV-Abteilung	Einrichtung des Rechenzentrums, Vorbereitung der Maschineninstallation und Beschaffung des Zubehörs
räumlicher Standort	räumliche Unterbringung der DV-Abteilung bzw. des Rechenzentrums
Rationalisierung	Verbesserung des Arbeitsablaufs
Real-Time-Verarbeitung	engl. Echtzeitverarbeitung; Verarbeitungsform, in der die anfallenden Daten sofort in der DV-Ablage bearbeitet und ausgewertet werden

Recheneinheit	Teil der Zentraleinheit, in dem die logischen und die Rechenoperationen durchgeführt werden
Rentabilität	Verhältnis von Gewinn in einer Rechnungsperiode zum eingesetzten Kapital, in Prozent angegeben; beim Einsatz einer DV-Anlage entspricht der Gewinn der erzielten Einsparung
Satellitensysteme	Ausdruck für kleine DV-Anlagen, die nur zur Ein- und Ausgabe der Daten für eine Großanlage dienen
Satzformat	Bezeichnung der festen und der variablen Länge eines Datensatzes
Satzzwischenraum	nicht beschriebener Raum zwischen zwei Sätzen oder Blöcken auf Magnetband; der Satzzwischenraum dient zum Starten und Stoppen bei der Verarbeitung der auf Magnetband gespeicherten Daten
Schaltplatte	Steuerungseinrichtung bei herkömmlichen Lochkartenmaschinen
Schaltschnüre	Verbindungsleitungen bei der Schalttafelsteuerung
Schichtmiete	zusätzliche Mieteleistungen an den Hersteller für die über die Normalschicht hinausgehende Nutzungszeit je Monat
Schnelldrucker	Gerät zum Drucken der Verarbeitungsergebnisse in Klarschrift
schriftliche Befragung	Methode für die Aufnahme des Istzustandes, bei der die Sachbearbeiter Fragebogen beantworten oder Tätigkeitsberichtsblätter führen müssen
Selektorkanal	Kanal zur Übertragung der Daten zwischen Zentraleinheit und den schnellen Speichereinheiten
Serial Access	im Gegensatz zum Random Access Reihenfolgezugriff beim Magnetband
Serienanlage	Bezeichnung für serienmäßig gefertigte DV-Anlage

Service	hier: Bezeichnung für den technischen Kundendienst, der die Wartung, die Reparatur und die Ersatzteilhaltung umfaßt
Software	Bezeichnung für alle nicht verdrahteten Einrichtungen zur Benutzung einer DV-Anlage; Gegensatz Hardware
Sollablauf	geplanter Arbeitsablauf
Sollkosten	Kosten des geplanten Verfahrens
Speicherarchiv	Aufbewahrung und Verwaltung der externen Speichermittel, inbesondere Magnetbänder und Magnetplatten
Stabs-/Service-Abteilung	Abteilung, die sowohl beratende Funktionen ausübt, als auch Dienstleistungen für andere Abteilungen durchführt
Stammdaten	Daten, die über einen gewissen Zeitraum hinweg nicht geändert zu werden brauchen; Beispiel: Kunden- und Lieferantenadressen, die festen Angaben der Lohn- und Gehaltsempfänger
Standardprogramm	Programm oder Programmteil, das von mehreren Benutzern verwendet werden kann
Starthilfe	Mit dem Anlaufen des Arbeitsgebietes auf der DV-Anlage ist die Organisations- und Programmierungstätigkeit nicht beendet. Organisatoren und Programmierer müssen die Arbeit noch eine Zeit lang beobachten und überwachen und damit den Operateuren im Rechenzentrum und den Mitarbeitern in den Fachbereichen eine Anfangsunterstützung gewähren
Start-/Stoppzeit	Zeit zum Anlaufen bzw. Anhalten des Magnetbandgerätes beim Schreiben oder Lesen eines Magnetbandsatzes bzw. -blockes
Stellenspeicher	Aufteilung des internen Speichers in Stellen, wobei jede Speicherstelle einen Buchstaben, ein Sonderzeichen oder eine Ziffer aufnehmen kann

Steuerprogramm	Teil des Betriebssystems, der zur Steuerung der DV-Anlage dient
symbolische Programmsprache	Programmsprache unter Verwendung leicht verständlicher Symbole, der Maschinensprache im Aufbau angelehnt
Systemanalytiker	siehe EDV-Organisator
Systemgenerierung	Bezeichnung für das Zusammenstellen derjenigen Teile eines Betriebssystems, die für einen bestimmten Benutzer von Interesse sind
Systemspezialist	im Gegensatz zum normalen Programmierer eine Fachkraft, die sich ausschließlich oder überwiegend mit dem Betriebssystem einer EDV-Anlage beschäftigt
Testbeispiele	Daten zur maschinellen Prüfung eines Programms
Überwachungs- und Kontrollprogramme	Kern des Betriebssystems zur Kontrolle und Steuerung der DV-Anlage und zur Generierung des Systems
Übersetzungsprogramme	Programm zur Übersetzung aus der symbolischen in die Maschinen-Programmsprache
Übertragungsgeschwindigkeit	Geschwindigkeit zur Übertragung der Daten von den peripheren Geräten zur Zentraleinheit und umgekehrt
Umstellung	hier: Übernahme eines Arbeitsgebietes auf die EDVA
Umstellungsteam	Gruppe für die Umstellung eines Arbeitsgebiets auf die EDVA
Umstellungskosten	Kosten für die Umstellung auf eine DV-Anlage
Umwandlung	Übersetzung eines in einer symbolischen Programmsprache geschriebenen Programms in die Maschinensprache mit Hilfe der DV-Anlage
ungeblockte Verarbeitungsweise	Form der Speicherung und Verarbeitung, bei der jeder Datensatz einzeln behandelt wird; Gegensatz: geblockte Arbeitsweise

Untersuchungsmethode	Verfahren zur Durchführung der organisatorischen Voruntersuchung
Untersuchungsteam	Organisationsgruppe zur Durchführung der organisatorischen Voruntersuchung
variable Satzlänge	Form der Speicherung, bei der die gespeicherten Sätze oder Blöcke innerhalb einer Datei verschiedene Längen haben
Verfahrensvergleich	Methode, bei der alle Tatbestände, Vor- und Nachteile zweier oder mehrerer Verfahren oder Abläufe miteinander verglichen werden
vertikale Bitzahlprüfung	Prüfung bei der Speicherung; im Gegensatz zur horizontalen Bitzahlprüfung erfolgt die Ergänzung des Prüfbits nicht je Spur, sondern je gespeichertes Zeichen
Vertragsbedingungen	besondere Bedingungen für den Kauf oder die Miete einer DV-Anlage, die unbedingt Vertragsbestandteil sein müssen
Voraussetzungen der Anlagenauswahl	die gewissenhafte Beurteilung und Auswahl einer DV-Anlage durch Fachleute
Vorauswahl	erste Auswahl von DV-Anlagen aufgrund allgemeiner Einschränkungen und Mindestbedingungen
Vorbereitung der elektronischen Datenverarbeitung	sie umfaßt die Aufnahme des Istzustandes, die Ausarbeitung eines Sollvorschlages, die Ausarbeitung eines Organisationsvorschlages mit Programmierungsvorgabe, die Programmierung einschließlich Programmtest und die Vorbereitung der Übernahme auf die DV-Anlage
Vorrangprogramm	im Gegensatz zum Background-Programm läuft das Vorrangprogramm bevorzugt ab, sobald die Ein- oder Ausgabe für dieses Programm abgeschlossen ist
Vorstudie	erste Grobauswahl der Größe und Ausrüstung der einzusetzenden DV-Anlage
wahlfreier Zugriff	die Möglichkeit, die gespeicherten Daten in beliebiger Reihenfolge ansprechen zu können

Wartungskosten	die bei Abschluß eines Kaufvertrages zusätzlich aufzuwendenden Kosten für Wartung, Reparatur und Bereitstellung von Ersatzteilen
Wartungsvertrag	ein beim Kauf einer DV-Anlage zusätzlich mit dem Hersteller abzuschließender Vertrag für Wartung, Reparatur und die Bereitstellung von Ersatzteilen
Wechsel-Magnetplattenspeicher	Magnetplattenspeicher, bei dem die Magnetplatte oder der Magnetplattenstapel ausgewechselt werden können; Speichereinheit und Speichermittel sind nicht fest miteinander verbunden
Wirksamkeitsfaktor	zahlenmäßiger Wert für die besondere Eignung einer DV-Anlage im Hinblick auf eine bestimmte Eigenschaft; der Wirksamkeitsfaktor wird mit der Gewichtung dieser Eigenschaft multipliziert
Wirtschaftlichkeit	Verhältnis von Leistung zu Kosten in einer Periode
Wirtschaftlichkeitsberechnung	hier werden die Kosten zweier Verfahren einander gegenübergestellt; ein Sollsaldo bedeutet Einsparung, ein Habensaldo Mehrkosten des geplanten gegenüber dem gegenwärtigen Verfahren
Wirtschaftlichkeitsvergleich	Vergleich mehrer Verfahren oder Arbeitsabläufe im Hinblick auf ihre Kosten und Leistungen
Wortspeicher	Aufteilung des internen Speichers in feste Speicherworte, wobei ein Speicherwort jeweils mehrere Zeichen aufnehmen kann
Zentraleinheit	Bezeichnung für Steuerwerk, Recheneinheit und internen Speicher einer DV-Anlage
Zentralisation	Zusammenfassung von Teilaufgaben nach gleichen Merkmalen
Ziel der Anlagenauswahl	Ziel der Anlagenauswahl ist es, die für bestimmte Aufgaben am besten geeignete und wirtschaftlichste DV-Anlage herauszufinden

Ziel des Organisationsauftrages	Prüfung, ob die EDV-für bestimmte Aufgaben im Unternehmen wirtschaftlich eingesetzt werden kann
Zielvorstellungen	der Ausweis erster Vorstellungen bei der Aufnahme des Istzustandes im Hinblick auf bestimmte Erwartungen und Forderungen der EDV
Zubehör	Zubehör der maschinellen Datenverarbeitung, wie Schalttafel und Schaltschnüre sowie externe Speicher (Magnetbänder, Magnetplatten, Magnetstreifen)
Zugriffszeit	Zeit für das Auffinden (oder Hinbringen) einer Information im Speicher
zusätzliche Einsparungen	hierbei handelt es sich um Einsparungen, die über die bisher erzielten Einsparungen hinaus anfallen; sie werden ermittelt, indem man von den errechneten Gesamteinsparungen die Mehrkosten abzieht
Zweikreisklimatisierung	getrennte Klimaeinrichtung für die Maschinen- und Raumklimatisierung
Zylinderzugriff	Ausdruck für den Zugriff bei Speichern mit mehreren Zugriffsarmen auf einer Achse (siehe Kammzugriff); mit einer einzigen Einstellung aller Zugriffsarme werden die Daten auf den übereinander liegenden Platten-Spuren angesprochen

Literaturverzeichnis

1. Bücher

ACKER, H.B.: Organisationsanalyse. Verfahren und Techniken praktischer Organisationsarbeit. Verlag für Unternehmensführung, Baden-Baden 1963

ACKOFF, R.L., RIVETT, P.: Industrielle Unternehmensforschung. Ein Leitfaden für Führungskräfte. R. Oldenbourg Verlag, München-Wien 1966

ADLER, I.: So denken Maschinen. F.A. Brockhaus, Wiesbaden 1962

AHNER, K.; BODE, B.: Elektronische Datenverarbeitung in der Ökonomie, Berlin 1964

BACHMANN, K.H.: Programmierung für Digitalrechner. Deutscher Verlag der Wissenschaft, Berlin 1962

BALDUS, T.: Betriebswirtschaftliche Programmierung der elektronischen kombinierten Datenverarbeitung, Carl Hanser Verlag, München 1962

BARSOW, A.S.: Was ist lineare Programmierung? Verlag Harri Deutsch, Frankfurt/Main. 1964

BAUMANN, R.: ALGOL-Manual der ALCOR-Gruppe. R. Oldenbourg Verlag, München 1965

BEDNARIK, K.: Die Programmierer. Verlag Fritz Molden, Wien-München 1965

BELKUM-MEER: Elektronik für den Kaufmann. Betriebswirtschaftlicher Verlag Dr. Th. Gabler, Wiesbaden 1961

BERESKA, D.: Die Organisation der betrieblichen Datenverarbeitung. Verlag Moderne Industrie, München 1968

BERNHARD, A.: Von der Büromechanisierung zur Integration der Datenverarbeitung. Verlag Paul Haupt, Bern 1964

BILLETER, E.P.: Der praktische Einsatz elektronischer Rechenautomaten. Einführung in die Programmierung und den betriebswirtschaftlichen Einsatz elektronischer Rechenautomaten. Springer Verlag, Berlin 1961

BITTORF, W.: Automation, die zweite industrielle Revolution. E. Wasmuth, Darmstadt 1965

CHAPIN, N.: Einführung in die elektronische Datenverarbeitung. R. Oldenbourg, München-Wien 1962

CHURCHMAN, C.W.; ACKOFF, R.L.; ARNOFF, E.L.: Operations Research. Eine Einführung in die Unternehmensforschung. R. Oldenbourg Verlag, München-Wien 1961

COLMAN, H.L.; SMALLWOOD, C.: FORTRAN. Problemorientierte Programmsprache. Kunst und Wissen, Erich Bieber, Stuttgart 1963

COUFFIGNAL, L.: Denkmaschinen, Nest Verlag, Frankfurt/M. 1955

Datenverarbeitung außer Haus. Einführung und Entscheidungshilfen. Schrift Nr. 246 AWV Ausschuß für wirtschaftliche Verwaltung. Forkel-Verlag, Stuttgart 1967

DIEBOLD, J.: Die automatische Fabrik. Nest-Verlag, Frankfurt/M. 1955

DIEMER, A.: Das Wesen der automatisierten elektronischen Datenverarbeitung. Walter de Gruyter & Co., Berlin 1962

DIEMER, A.: Die automatisierte elektronische Datenverarbeitung und ihre Bedeutung für die Unternehmensleitung. Walter de Gruyter & Co., Berlin 1965

Elektronengehirn, Das. Theorie und Praxis der Automation. 12 Beiträge führender amerikanischer Wissenschaftlicher. Rheinische Verlagsanstalt, Wiesbaden

FRIELINK, A.B.: Buch- und Wirtschaftsprüfung bei elektronischer Datenverarbeitung. R. Oldenbourg Verlag, München-Wien 1963

FUTH, H.: Elektronische Datenverarbeitungsanlagen, Einführung in Aufbau und Arbeitsweise. R. Oldenbourg Verlag, München-Wien 1962

FUTH, H.: Organisation und Datenverarbeitung. Verlagsgesellschaft Rudolf Müller, Köln 1968

FUTH, H.; LANG, G.: Daten integriert verarbeiten. Ein Beispiel für die Betriebspraxis. Verlagsgesellschaft Rudolf Müller, Köln 1967

GERWIN, R.: So rechnen Elektronen. Reich Verlag, München 1961

Gewerkschaftliche Beiträge zur Automatisierung. Bund Verlag, Köln 1956

GERTEIS, M.: Automation, ihr Wesen und ihre Bewältigung. Forkel-Verlag, Stuttgart 1964

GÜNTSCH, F.R.: Einführung in die Programmierung digitaler Rechenautomaten. Walter de Gruyter & Co., 2. Auflage, Berlin 1963

HAAS, G.: Grundlagen und Bauelemente elektronischer Ziffernrechenmaschinen. Deutsche Philips, Hamburg 1961

Handbuch der Lochkartenorganisation. I. Teil: Einführung und Anwendungsgebiete. AWV Ausschuß für wirtschaftliche Verwaltung. Agenor-Druck- und Verlagsgesellschaft mbH, Frankfurt/M. 1956

Handbuch der Lochkartenorganisation. II. Teil: Die Lochkarte in der Praxis. AWV Ausschuß für wirtschaftliche Verwaltung. Agenor Druck- und Verlagsgesellschaft mbH. Frankfurt/M. 1958

Handbuch der maschinellen Datenverarbeitung, Herausgeber Dr. Hans Eduard Littmann, Forkel-Verlag, Stuttgart 1964

HARTMANN, B.: Betriebswirtschaftliche Grundlagen der automatisierten Datenverarbeitung. Rudolf Haufe Verlag, Freiburg 1961

HARTMANN, B.: Die elektronische Datenverarbeitung in Lehre und Praxis. Ergebnisse einer Studienreise nach den USA. RKW-Auslandsdienst A 20, Beuth-Vertrieb GmbH, Berlin

HARTMANN, B.: Elektronische Datenverarbeitung für Klein- und Mittelbetriebe, Freiburg i. Br. 1966

HEINHOLD, J.; BAUER, F.L.: Fachbegriffe der Programmierungstechnik. R. Oldenbourg Verlag, 2. Auflage, München-Wien 1962

HEINRICH, Dr. L.J.: Gemeinsame Computerbenutzung in der Industrie. Datenverarbeitung außer Haus. Betriebswirtschaftlicher Verlag Dr. Th. Gabler, Wiesbaden 1969

HEINRICH, Dr. L.J.: Mittlere Datentechnik. Datenverarbeitung zwischen Büromaschine und Computer. Verlagsgesellschaft Rudolf Müller, Köln 1968

HELLFORS, S.: Management – Datenverarbeitung – Operations Research. Die Auswirkungen moderner Datenverarbeitungstechniken auf die betriebliche Leistungstätigkeit. R. Oldenbourg Verlag, München-Wien 1967

HOFMANN: Die Auswahl von EDV-Anlagen. Robert Göller Verlag, Baden-Baden

HOFFMANN, F.: Die Einsatzplanung elektronischer Rechenanlagen in der Industrie. R. Oldenbourg Verlag, München-Wien 1961

HOLTGREWE, K.G.: Automation und Entscheidung. Möglichkeiten und Probleme eines ganzheitlichen Informations- und Entscheidungssystems. Betriebswirtschaftlicher Verlag Dr. Th. Gabler, Wiesbaden 1968

HÜRLIMANN, W.: Lineare Programmierung. Eine Einführung für Kaufleute. Joachim Schilling Verlag, Düsseldorf 1963

ILLETSCHKO, L.: Automation und Betriebswirtschaft, Manz'sche Verlags- und Universitätsbuchhandlung, Wien

JAEGGI, U.; WIEDEMANN, H.: Der Angestelle im automatisierten Büro. W. Kohlhammer Verlag, Stuttgart

KALBERMATTEN, M.: Personaleinsatz in der elektronischen Datenverarbeitung. Institut für Automation und Unternehmensforschung. Universität Freiburg/Schweiz 1963

KALSCHEUER, H.D.: Integrierte Datenverarbeitungssysteme für die Unternehmensführung, Berlin 1967

KÄMMERER, W.: Ziffernrechenautomaten. Akademie Verlag, Berlin 1960

KAUFMANN, F.-X.: Das Informationsproblem in der Unternehmung. Verlag Paul Haupt, Bern

KAUFMANN, H.: Nachrichten, Verarbeitung und Automatisierung. R. Oldenbourg Verlag, München-Wien 1961

KNÖDEL, W.: Programmieren von Ziffernrechenanlagen. Springer-Verlag, Wien 1961

KREIS, P.: COBOL. Die Programmiersprache für kommerzielle Aufgaben. R. Oldenbourg Verlag, München-Wien 1964

LEVIN, H.S.: Die Automation und das Büro. Nest Verlag, Frankfurt/M. 1967

LINDEMANN , P.: Planung von elektronischen Datenverarbeitungsorganisationen. Herausgeber: AWV Ausschuß für wirtschaftliche Verwaltung, Frankfurt 1964

LOHBERG, R.; LUTZ, Th.: Was denkt sich ein Elektronengehirn? Kosmos-Franckh, Stuttgart 1963

LÜTHI, W.: Der Einfluß der Automation auf die Absatzgestaltung der industriellen Unternehmung. Polygraphischer Verlag AG, Zürich

MACMILLAN, R.H.: Automation. Freund oder Feind. Industrieverlag Carlheinz Gehlsen GmbH, Heidelberg

MELLER, Studienkreis: Die Gliederung der Datenverarbeitungsstelle und ihre Einordnung in die Organisation der Unternehmung, Betriebswirtschaftliche Beiträge zur Organisation und Automation, Band 3. Herausgeber: Erwin Grochla, Universität Köln. Betriebswirtschaftlicher Verlag Dr. Th. Gabler, Wiesbaden 1967

MERTENS, P.: Betriebliche Dokumentation und Information. Meisenheim am Glau 1965

MERTENS, P.: Die zwischenbetriebliche Kooperation und Integration bei der automatisierten Datenverarbeitung. Meisenheim am Glau 1966

MEYER, G.: Elektronische Rechenmaschinen und ihr Einsatz in der kaufmännischen Verwaltung von Industriebetrieben. Physica Verlag, Würzburg 1960

MROSS, M.: Automation der Büro- und Verwaltungsarbeit. Albis Verlag, Hamburg 1956

MÜLLER, H.: Die elektronische digitale Rechenmaschine und Grundlagen ihrer Anwendbarkeit unter besonderer Berücksichtigung betriebswirtschaftlicher Aufgabenstellungen. Duncker & Humblot, Berlin 1959

MÜLLER-LUTZ, H.-L.: Das programmierte Büro, Betriebswirtschaftlicher Verlag Dr. Th. Gabler, Wiesbaden 1964

MÜLLER-LUTZ, H.-L.: Automation der Büroarbeiten. Die elektronische Datenverarbeitung im Büro unter besonderer Berücksichtigung des Versicherungsbetriebes. Leitfaden der Versicherung, Band 5. 2. verbesserte Auflage. Verlag Versicherungswirtschaft e.V., Karlsruhe 1968

NASLIN, P.: Aufbau und Wirkungsweise von Ziffernrechenautomaten. VDI Verlag, Düsseldorf 1961

NEIDHARDT, P.: Informationstheorie und automatische Informationsverarbeitung. Berliner Union, 2. Auflage, Stuttgart 1964

NEUMANN v., J.: Die Rechenmaschine und das Gehirn. R. Oldenbourg, München 1960

NIEDERBERGER, Alex R.V.: Leistungsanalyse elektronischer Rechenanlagen. Institut für Automation und Unternehmensforschung. Universität Freiburg/ Schweiz

PEDELL, K.L.: Elektronische Informationsverarbeitung und Fertigungssteuerung. Ein Beitrag zur betrieblichen Verfahrensforschung in der mehrstufigen Fertigung. R. Oldenbourg Verlag, München-Wien 1965

PIETSCH, M.; PIETZSCH, J.; SIEDLER, W.: Automation und Unternehmensverwaltung. Westdeutscher Verlag, Opladen 1959

PIRKER, Th.: Bürotechnik. Zur Soziologie der maschinellen Informationsverarbeitung. Ferdinand Enke Verlag, Stuttgart

PIRKER, Th.: Büro und Maschine. Kyklos-Verlag, Basel 1962

POLLOCK, F.: Automation, Materialien und Beurteilung der ökonomischen und sozialen Folgen. Europäische Verlags GmbH, Frankfurt/M. 1956

PFEIFFER, J.: Maschinen denken schneller. Kindler Verlag 1963

PÖSCH, H.: Anleitung zur Programmierung elektronischer Ziffernrechner. R. v. Dekker's Verlag, G. Schenck, Hamburg-Berlin 1961

RADWIT, K.: Kollege Roboter. Ehrenwirth Verlag, München 1965

REMUS, H.: Programmierung und Anwendung elektronischer Ziffern-Rechenautomaten. Schiele und Schön, Berlin 1963

RKW: Automatisierung, Stand und Auswirkung in der Bundesrepublik Deutschland. Carl Hanser Verlag, München 1957

RKW: Praktische Beispiele zur Automatisierung aus der Bundesrepublik Deutschland, England, Frankreich und Italien. Carl Hanser Verlag, München

ROEPER, H.: Die Automatisierung. Neue Aspekte in Deutschland, Amerika und Sowjetrußland. Verlag Dr. Heinrich Seewald, Stuttgart

ROY, B.: Ablaufplanung, Anwendungen und Methoden, R. Oldenbourg Verlag, München- Wien 1968

RUTISHAUSER, H.; SPEISER, A.; STIEFEL, E.: Programmgesteuerte digitale Rechengeräte. Birkhäuser Verlag, Basel 1958

SCHACHTSCHNABEL, Hans G.: Automation in Wirtschaft und Gesellschaft, Band 124. rowohlts deutsche enzyklopädie, Hamburg

SCHMIDT-SCHMIEDEBACH, H.: Karten, Daten, Automaten, Technik und Verfahren der Datenverarbeitung mit Lochkarten. Christiani Verlag, Konstanz 1961

SCHNEIDER, R.: Computer sinnvoll nutzen – Technik und Anwendung informationsverarbeitender Maschinen, Düsseldorf-Wien 1966

SCHWEIKER, K.F.: Grundlagen einer Theorie betrieblicher Datenverarbeitung. Wiesbaden 1966

SPEISER, A.P.: Digitale Rechenanlagen. Springer Verlag, Berlin 1961

Stand des elektronischen Rechnens und der elektronischen Datenverarbeitung in Deutschland. Herausgegeben von der Deutschen Arbeitsgemeinschaft für Rechenanlagen (DARA), Darmstadt 1961

Stand des elektronischen Rechnens und der elektronischen Datenverarbeitung in Deutschland, 2. Folge, herausgegeben von der Deutschen Arbeitsgemeinschaft für Rechenanlagen (DARA), Darmstadt 1962

STARKE, L.: Leitfaden der Elektronik. Teil I: Allgemeine Grundlagen der Elektronik. Franzis Verlag, München 1963

STEFAN, K.-H.: Technik der Automation. Safari-Verlag, Berlin 1960

STUBENRECHT, A.: Lochkarten im Klein- und Mittelbetrieb. Joachim Schilling Verlag, Düsseldorf 1960

THÜRING, B.: Einführung in die Methoden der Programmierung kaufmännischer und wissenschaftlicher Probleme für Elektronische Rechenanlagen. R. Göller-Verlag, Baden-Baden
I. Teil: Die Logik der Programmierung, 1961
II. Teil: Automatische Programmierung, dargestellt an der Univac Fac-Tronic, 1958
III. Teil: Abkürzung der deutschen Sprache als Mittel der Programmierung, dargestellt an der Univac UCT, 1962

TSCHIRREN, J.: Mechanisierung und Rationalisierung im Verwaltungsbereich der Unternehmung. Verlag Paul Haupt, Bern

ULBRICHT, H.W.: Elektronen rechnen, Einführung in die Technik und Anwendung elektronischer Rechenanlagen. Hans Burghagen Verlag, Hamburg 1957

VIEWEG, R.: Buchhaltung mit mechanischen und automatischen Datenverarbeitungsanlagen. ADL Verlag, Kiel 1964

WATSON, Th.J.: IBM – Ein Unternehmen und seine Grundsätze. Verlag Moderne Industrie, München 1964

WEIDE, E.: Organisation der automatischen Datenverarbeitung, Baden-Baden und Bad Homburg v.d.Höhe 1965

WIENER, N.: Mensch und Menschmaschine. Metzner Verlag, Frankfurt/M. 1951

WOSNIK, J.: Elektronische Rechenmaschinen. Beiheft der NTZ 4. Verlag Friedrich Vieweg & Sohn, Braunschweig 1963

WULLSCHLÄGER, K.; GELDER, E.: rechnen und elektronik. Telekosmos-Verlag, Franck'sche Verlagshandlung, Stuttgart 1965

WYLER, R.: Chefinformation und elektronische Datenverarbeitung. Verlag Paul Haupt, Bern 1962

2. Zeitschriften

ADL-Nachrichten. Herausgeber Arbeitsgemeinschaft für elektronische Datenverarbeitung und Lochkartentechnik, vierteljährlich

"Automatik". R. v. Decker's Verlag, Hamburg, monatlich

bit. bit-Verlag, Hans W. Ulbricht, Baden-Baden

BTA, Bürotechnik und Automation. Robert Göller Verlag, Baden-Baden, monatlich

BULL-Informationen. Hausmitteilungen der BULL Deutschland Lochkartenmaschinen GmbH, Köln

Bürotechnische Sammlung. Internationales Archiv und Dokumentationswerk für Bürotechnik und Büroeinrichtung. Verlag Joachim Schilling, Düsseldorf, vierteljährlich

Die Lochkarte. Hausmitteilungen der Remington Rand UNIVAC, Frankfurt/M.

Elektronische Datenverarbeitung. Verlag Friedrich Vieweg & Sohn, Braunschweig

Elektronische Rechenanlagen. R. Oldenbourg, München und Wien, zweimonatlich

Elektronische Rundschau. Verlag für Radio – Foto – Kinotechnik GmbH, Berlin, monatlich

IBM-Nachrichten, Hausmitteilungen der IBM Deutschland, Internationale Büromaschinen- GmbH, Sindelfinden

ZfD, Zeitschrift für Datenverarbeitung. Informationen für Unternehmer, Organisatoren und Programmierer. Verlagsgesellschaft R. Müller, Köln

Sachregister

PROBLEMANALYSE

Aufnahme und Darstellung des Istzustandes

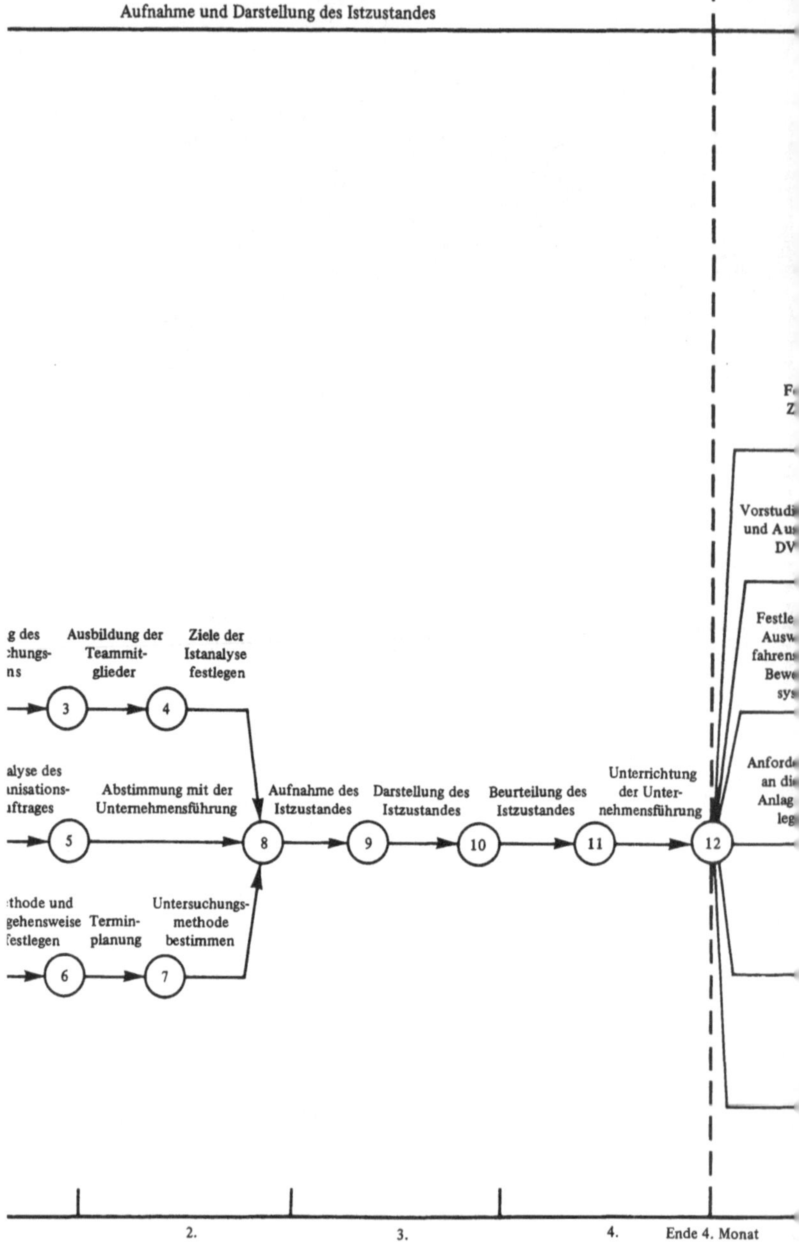

Entwurf des Gesamtsystems, Auswahl der DV - Anlage und Aufbau der DV - Abteilung

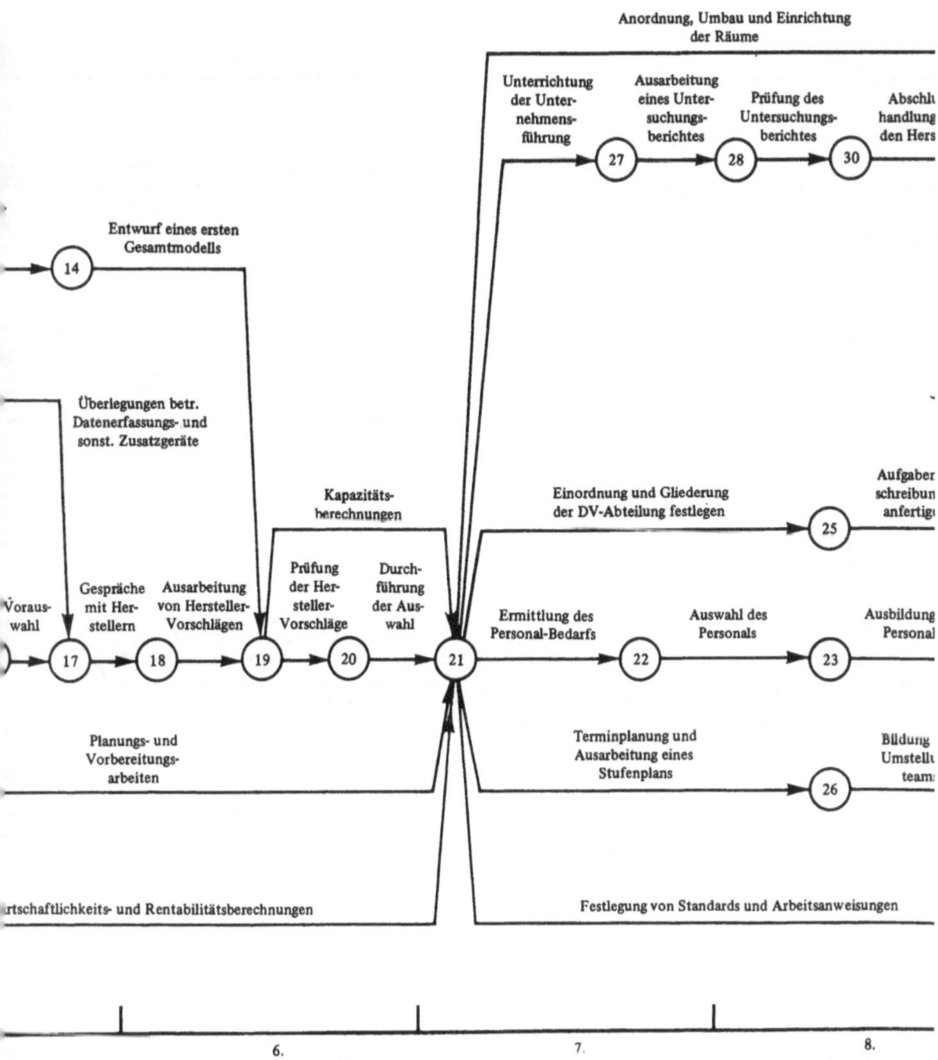

ines EDV - Systemes

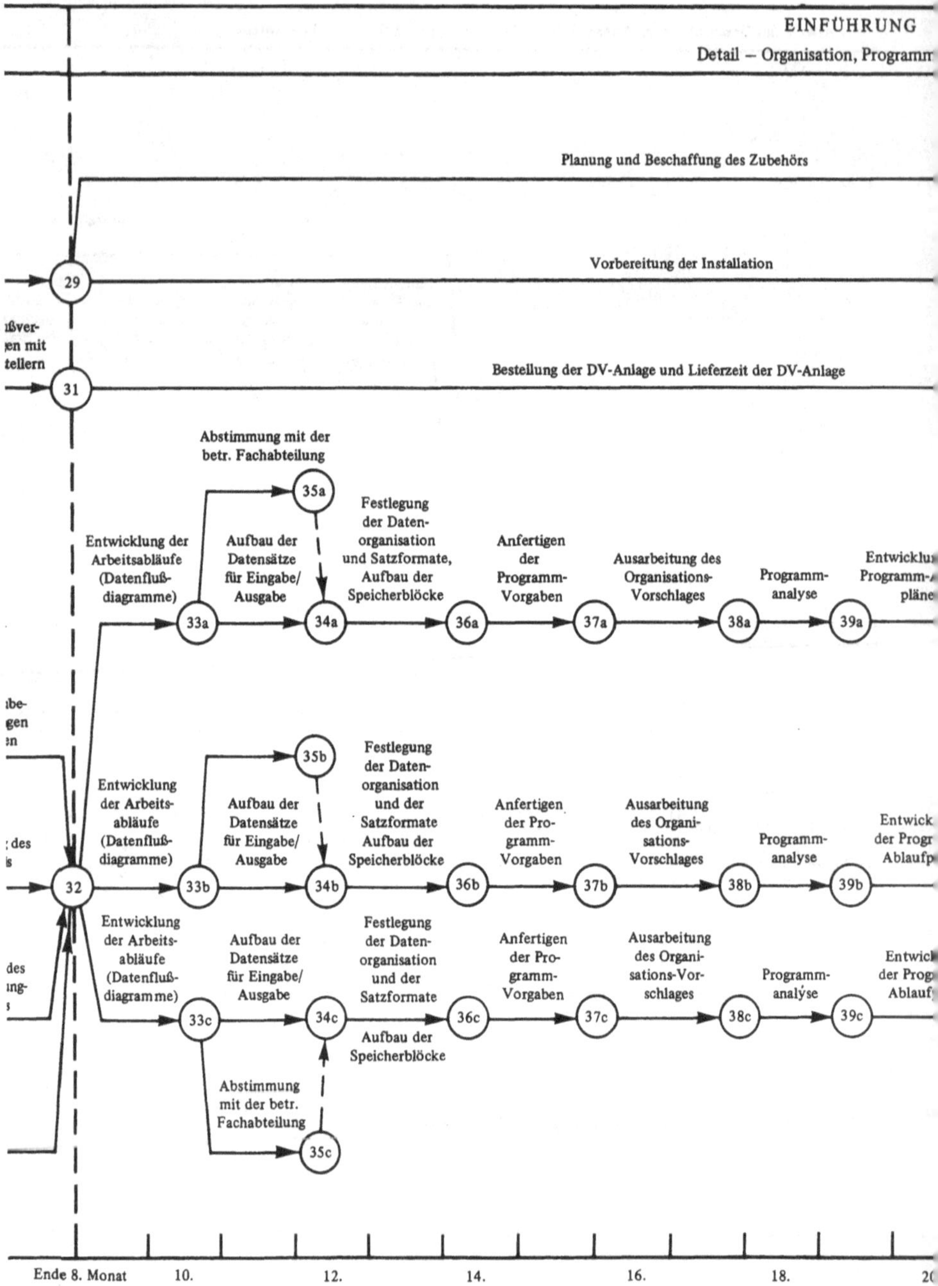

V–SYSTEMS

ɔernahme auf die DV - Anlage

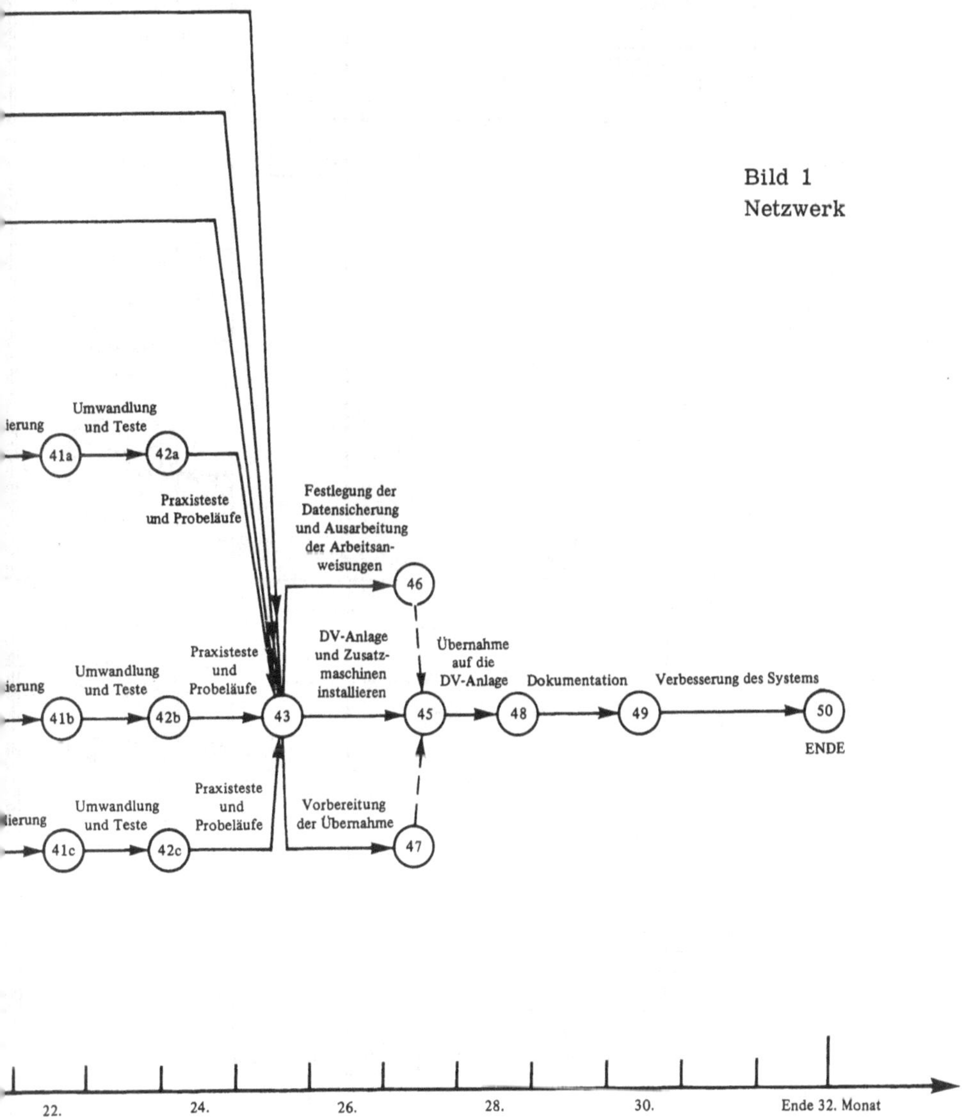

Bild 1
Netzwerk

Auftragsbearbeitung und Fakturierung

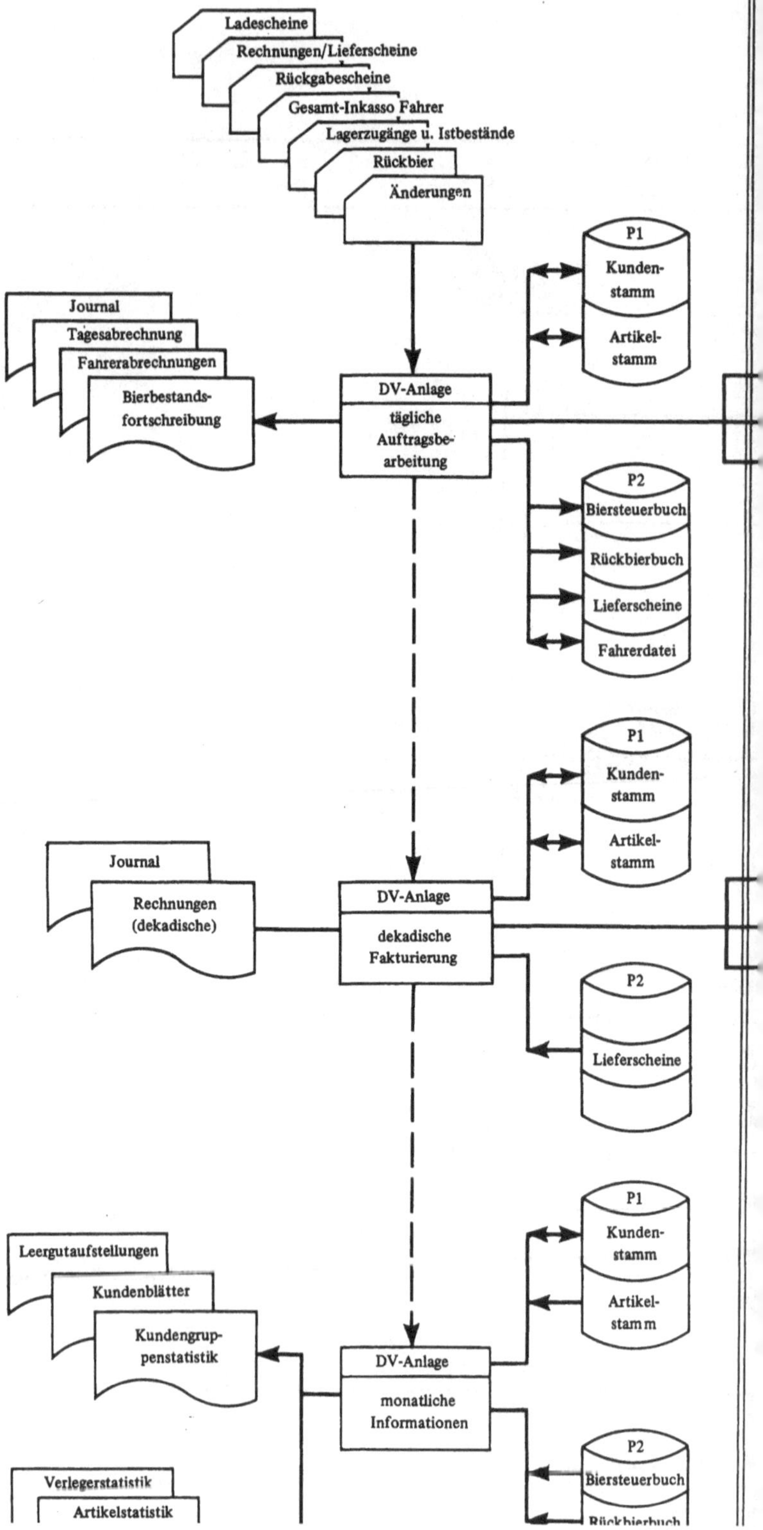

)ebitoren- und Darlehensbuchhaltung

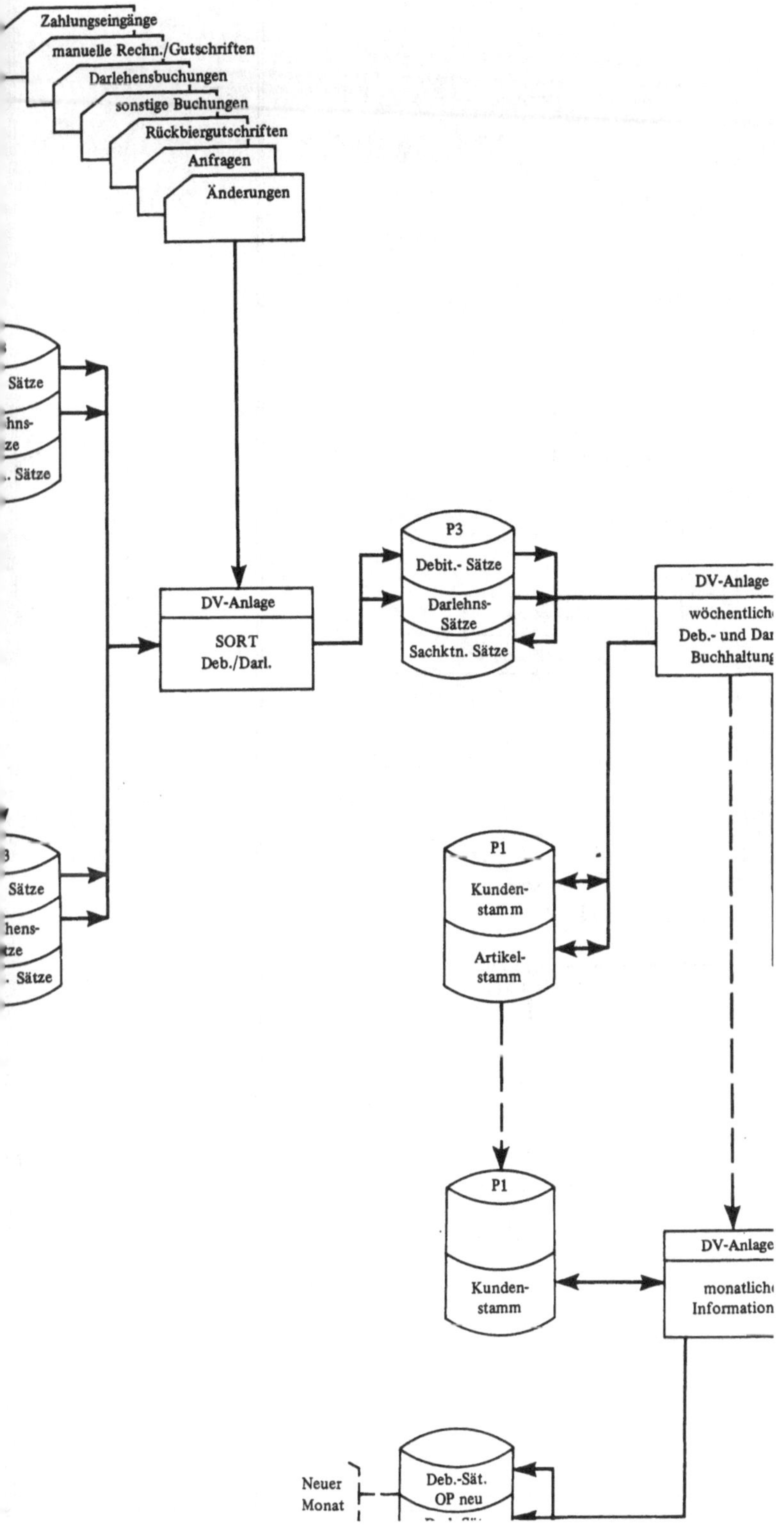

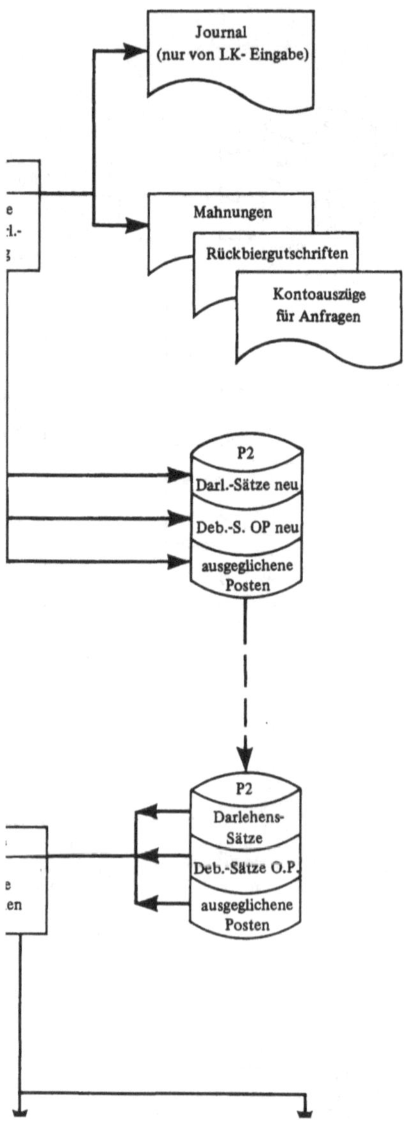

Kreditorenbu

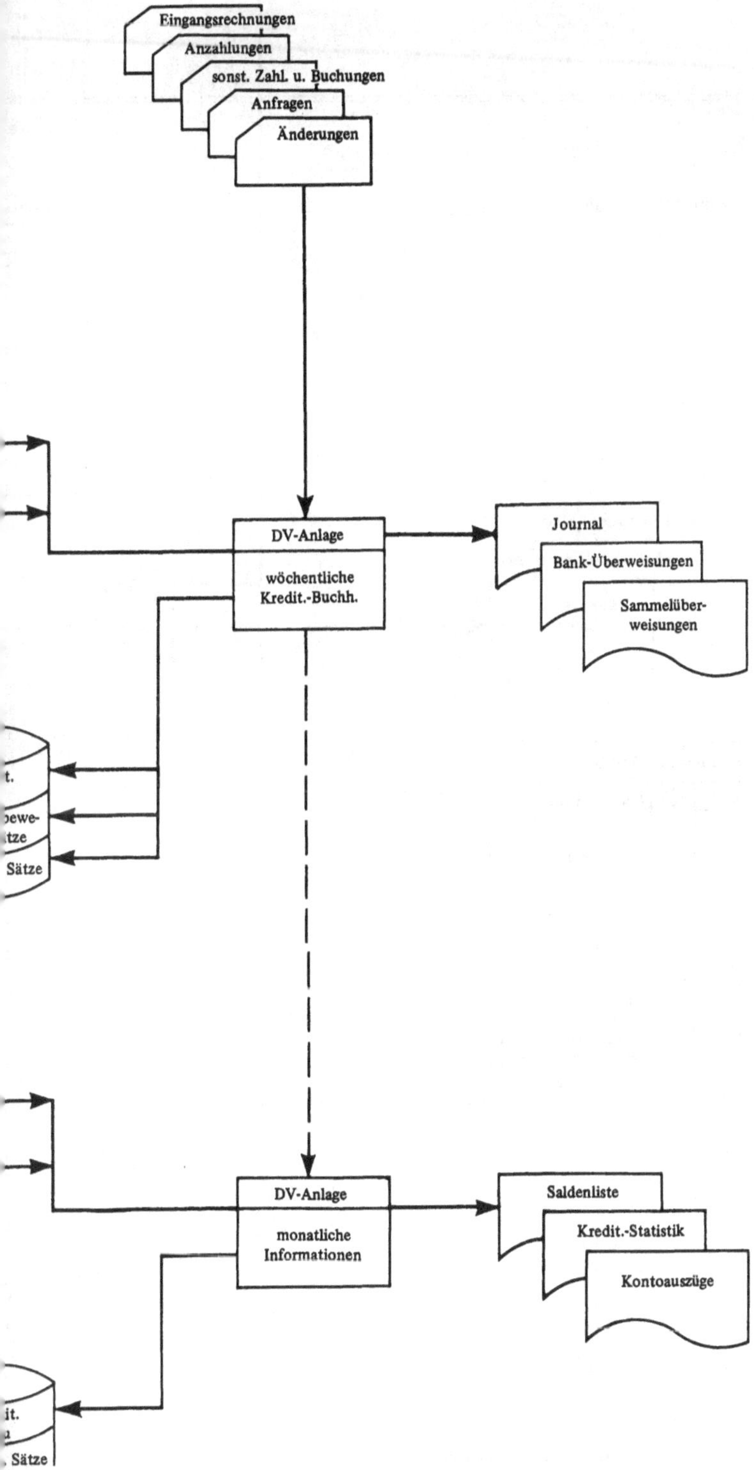
Eingangsrechnungen
Anzahlungen
sonst. Zahl. u. Buchungen
Anfragen
Änderungen
DV-Anlage
wöchentliche Kredit.-Buchh.
Journal
Bank-Überweisungen
Sammelüberweisungen
Sätze
DV-Anlage
monatliche Informationen
Saldenliste
Kredit.-Statistik
Kontoauszüge
Sätze

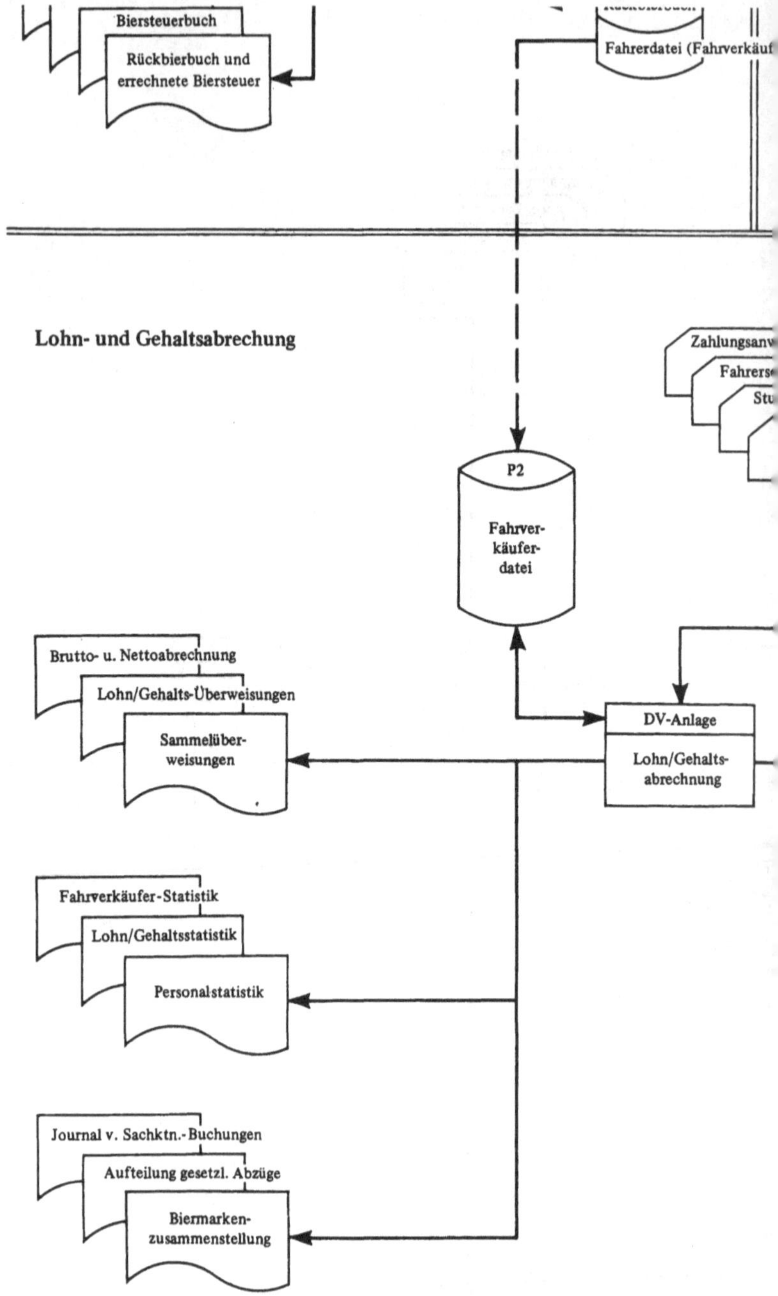

Bild 8
EDV-Gesamtsystem einer Brauerei

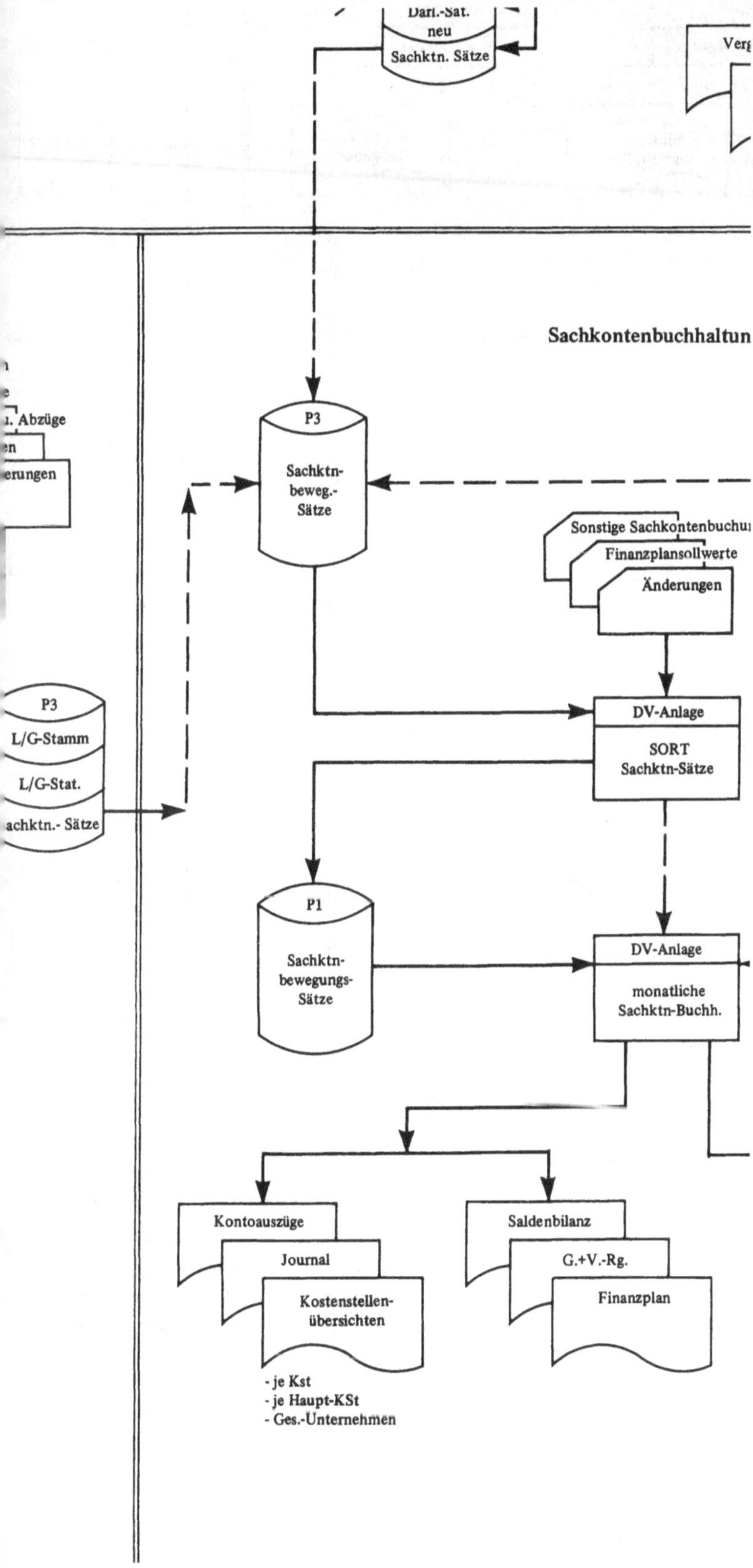

Darl.-Sät.
neu
Sachktn. Sätze
Sachkontenbuchhaltun
P3
Sachktn-
beweg.-
Sätze
Sonstige Sachkontenbuchu
Finanzplansollwerte
Änderungen
P3
L/G-Stamm
L/G-Stat.
achktn.- Sätze
DV-Anlage
SORT
Sachktn-Sätze
P1
Sachktn-
bewegungs-
Sätze
DV-Anlage
monatliche
Sachktn-Buchh.
Kontoauszüge
Journal
Kostenstellen-
übersichten
- je Kst
- je Haupt-KSt
- Ges.-Unternehmen
Saldenbilanz
G.+V.-Rg.
Finanzplan

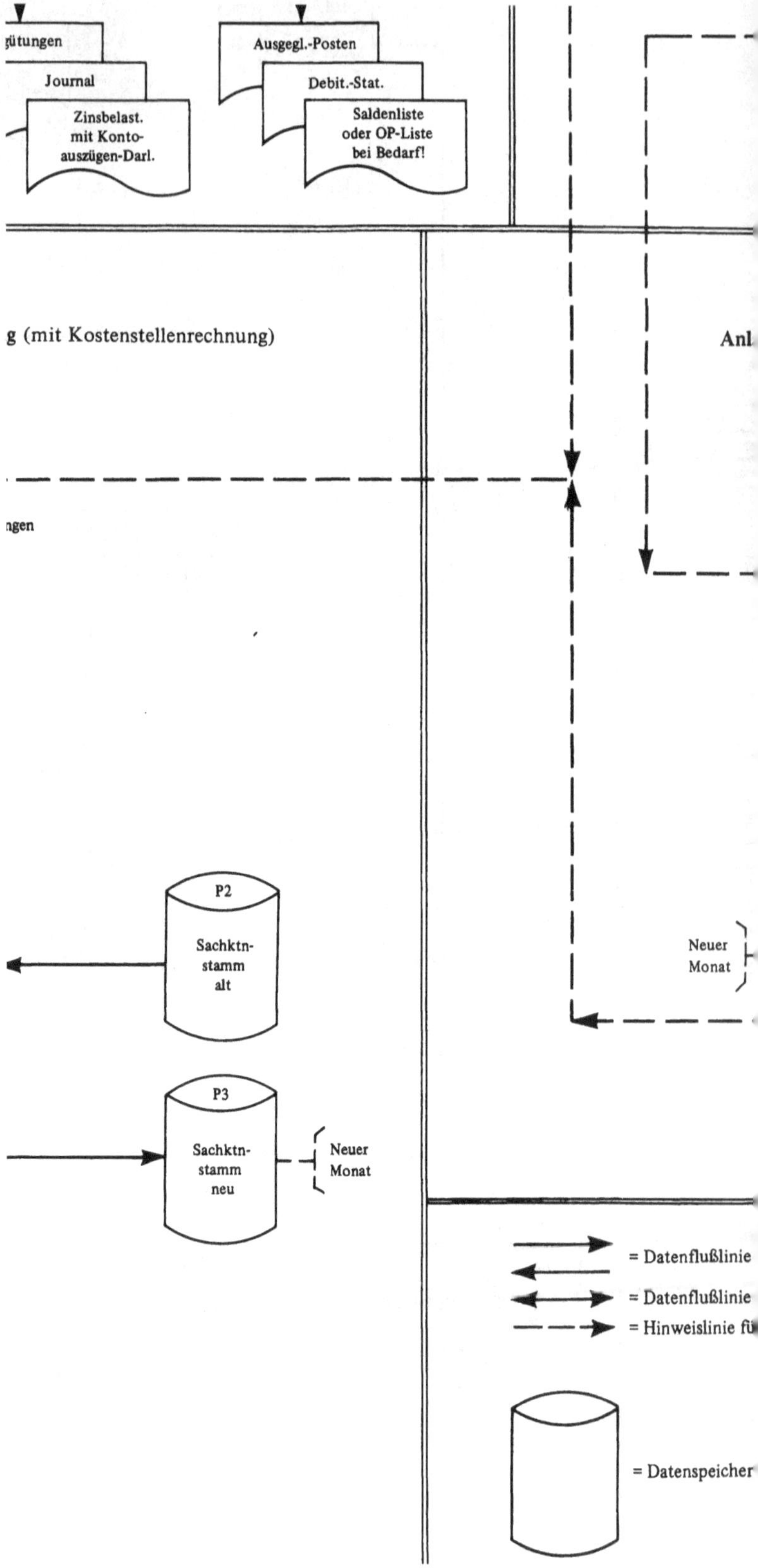

ütungen
Journal
Zinsbelast. mit Konto-auszügen-Darl.
Ausgegl.-Posten
Debit.-Stat.
Saldenliste oder OP-Liste bei Bedarf!
g (mit Kostenstellenrechnung)
Anl
ngen
P2
Sachktn-stamm alt
P3
Sachktn-stamm neu
Neuer Monat
Neuer Monat
= Datenflußlinie
= Datenflußlinie
= Hinweislinie fü
= Datenspeicher

ltung

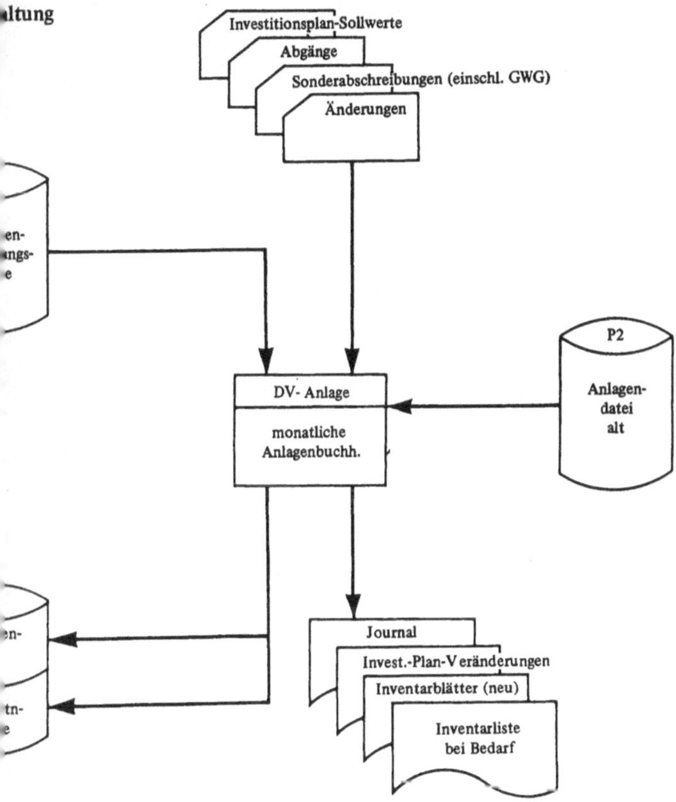

ng)

ngen)

erarbeitung

enspeicher

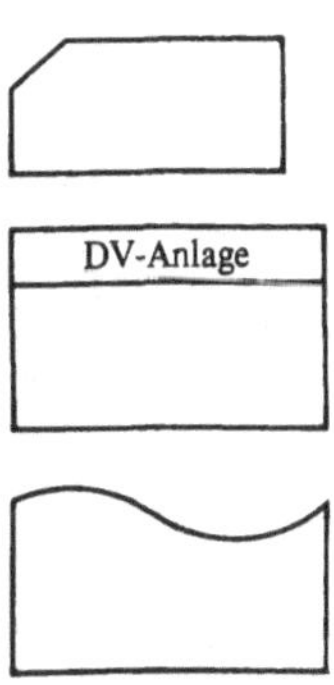

= Dateneingabe über Lochkarten

= Bearbeitung in der DV-Anlage

= Druckausgabe

FSC
www.fsc.org
MIX
Papier | Fördert
gute Waldnutzung
FSC® C083411

Zeitfracht Medien GmbH
Ferdinand-Jühlke-Straße 7
99095 Erfurt, Deutschland
produktsicherheit@kolibri360.de